JN231410

京都大学の経営学講義 III

経営者はいかにして、企業価値を高めているのか？

京都大学経済学部・人気講座完全聞き取りノート

京都大学名誉教授
投資研究教育ユニット代表・客員教授
川北英隆

農林中金バリューインベストメンツ
常務取締役（CIO）
奥野一成

発行：ダイヤモンド・ビジネス企画　発売：ダイヤモンド社

はじめに

「現代の資本家」になろう

二〇一八年春、今年も京都大学での寄附講義「企業価値創造と評価」が始まりました。二〇一四年に開始して以来五年目をむかえ、今年度も任天堂君島社長、キッコーマン茂木会長、丸井グループ青井社長、ディスコ関家社長、SBIホールディングス北尾社長といった名だたる企業経営者にご登壇いただき、その講義内容を忠実に再現したものが本書のメインパートを占めています。過去四年間にご登壇いただいた経営者の方々は次のページ以降の表の通りで、例年、講義録として出版しております。

五年間に及ぶ一連の講義を通じて、受講した京都大学の学生に伝えたいことは「投資とは何か」ということです。

日本においては一般に投資とは「カネでカネを儲ける」利殖を意味し、まじめな人間は近づいてはいけない領域のように思われているようです。実際、本講義の授業中に「株式投資をしている人、手を挙げてください」といっても手を挙げる学生はまばらです。

確かに投資を「証券の売買である」と定義した場合、「安く買って高く売る」ことが重要であり、その売買対象は株式のみならず、為替（ＦＸ）、商品、仮想通貨など、価格が変動すればなんでもよ

図表0-1 ｜過去五年の登壇者（2014 ～ 2016年度）　（講義順、役職等は当時のもの）

2014年度

組織・企業名	講義者
京都大学	川北英隆　教授
京都大学	加藤康之　教授
農中信託銀行	奥野一成　企業投資部長
オムロン株式会社	立石文雄　取締役会長
野村総合研究所	堀江貞之　上席研究員
日本電産株式会社	永守重信　代表取締役社長
株式会社産業革新機構	能見公一　代表取締役社長
株式会社ジェイ・ウィル・パートナーズ	佐藤雅典　代表取締役社長
経済産業省	福本拓也　経済産業政策局企業会計室室長
株式会社堀場製作所	堀場厚　代表取締役会長兼社長
株式会社島津製作所	服部重彦　代表取締役会長
株式会社ワコールホールディングス	塚本能交　代表取締役社長

2015年度

組織・企業名	講義者
京都大学	川北英隆　教授
京都大学	加藤康之　教授
農林中金バリューインベストメンツ（NVIC）	奥野一成　運用担当執行役員
株式会社野村総合研究所	堀江貞之　上席研究員
株式会社クボタ	木股昌俊　代表取締役社長
リンナイ株式会社	内藤弘康　代表取締役社長
株式会社京都銀行	柏原康夫　代表取締役会長
小林製薬株式会社	小林一雅　代表取締役会長
株式会社MonotaRO	瀬戸欣哉　取締役会長
株式会社大阪取引所	山道裕己　代表取締役社長
京セラ株式会社	久芳徹夫　代表取締役会長
フィデリティ投信株式会社	三瓶裕喜　ディレクターオブリサーチ

2016年度

組織・企業名	講義者
京都大学	川北英隆　教授
京都大学	加藤康之　教授
農林中金バリューインベストメンツ（NVIC）	奥野一成　常務取締役CIO
株式会社野村総合研究所	堀江貞之　上席研究員
コモンズ投信株式会社	伊井哲朗　代表取締役社長CIO
積水ハウス株式会社	和田勇　代表取締役会長兼CEO
日本生命保険相互会社	大関洋　取締役執行役員
ホシザキ電機株式会社	坂本精志　代表取締役会長兼社長
ラッセル·インベストメント株式会社	喜多幸之助　コンサルティング部長
大和ハウス工業株式会社	樋口武男　代表取締役会長
シスメックス株式会社	家次恒　代表取締役会長兼社長
カルビー株式会社	松本晃　代表取締役会長兼CEO
経済産業省	福本拓也　産業資金課長兼新規産業室長

図表0-2 ｜過去五年の登壇者（2016 ～ 2018年度）

（講義順、役職等は当時のもの）

年度	組織・企業名	講義者
2017年度	京都大学	川北英隆　客員教授
	京都大学	砂川伸幸　教授
	年金積立金管理運用独立行政法人（GPIF）	髙橋則広　理事長
	青山学院大学	白川方明　特任教授
	農林中金バリューインベストメンツ（NVIC）	奥野一成　常務取締役CIO
	サントリーホールディングス株式会社	鳥井信吾　代表取締役副会長
	ピジョン株式会社	山下茂　代表取締役社長
	みさき投資株式会社	中神康議　代表取締役社長兼CEO
	株式会社野村総合研究所	堀江貞之　上席研究員
	株式会社セブン銀行	安斎隆　代表取締役会長
	ライフネット生命保険株式会社	出口治明　創業者
	不二製油グループ本社株式会社	清水洋史　代表取締役社長
	日本政策投資銀行設備投資研究所	石田英和　客員主任研究員
2018年度	京都大学	砂川伸幸　教授
	任天堂株式会社	君島達己　代表取締役社長
	農林中金バリューインベストメンツ（NVIC）	奥野一成　常務取締役CIO
	京都大学	加藤康之　特定教授
	金融庁　総務企画局	油布志行　参事官
	キッコーマン株式会社	茂木友三郎　取締役名誉会長
	大阪経済大学大学院	堀江貞之　客員教授
	企業年金連合会	濱口大輔　運用執行理事　CIO
	近畿経済産業局	森清　局長
	株式会社丸井グループ	青井浩　代表取締役社長
	株式会社ディスコ	関家一馬　代表取締役社長
	SBIホールディングス株式会社	北尾吉孝　代表取締役　執行役員社長
	京都大学	川北英隆　客員教授

いということになります。しかしそれは「投資」ではなく「投機」です。株式投資にもそのような「投機」の要素があることは否定しませんが、株式投資には別の、そしてより本質的な意味合いが含まれています。

簡単に言うなら、株式投資とは企業のオーナーになることです。アマゾンの株式を保有することは、ジェフ・ベゾスがあなたのために働いてくれるということであり、日本電産株を買うことは、永守重信という稀代の経営者が稼ぎ出す営業利益の一部を、あなたの保有割合分だけ享受するということなのです。この、「企業のオーナーになる（＝他人に働いてもらう）」という発想は資本主義の根幹をなす概念であるにもかかわらず、学校教育できちんと教えられていません。

むしろ、一般庶民は「身体に汗をかいて糧を得る」ことが尊いことであり、投資とは金持ちの道楽・利殖のための道具であるとともに、「カネでカネを稼ぐ」ことは「ラクして儲ける」浅ましい行為であるかのように教育されてきたように思います。それも戦後復興の中で、労働力しか提供できなかった日本経済の状態、そして八〇年代のバブル崩壊（投機失敗）という歴史を考えあわせれば当然の成行きともいえます。

オーナーになることによってその企業の成長を享受する、という真の意味での投資は、マネーゲームではありませんし、決してラクなものでもありません。先進国の仲間入りをして早数十年、同時に「失われた三〇年」の中で、「脳みそに汗をかいて糧を得ることの尊さや素晴らしさを封印したままでは、先進国の国民としては大きな機会損失であるとともに、世界の文明進歩にとっての損失でもあります。

株式投資の重要性は、人生一〇〇年時代の個人にとっても不可欠といえるまでに増しています。少子化、高齢化が急速に進む日本の社会において、現行の賦課型公的年金制度では、団塊ジュニア以下の世代が引退後に今の生活水準を維持するには物理的に十分ではありません。六五歳以上の年金世代一人を何人の現役世代（二〇～六四歳）で支えているのかを計算すると、一二・一人（一九五〇年）、二・四人（二〇一二年）、一・三人（二〇五〇年）と社会保障制度を維持するための現役世代の負担は急激に増加してきましたし、これからも増加していきます。「生涯現役」という美名のもとに七〇歳まで定年を伸ばし、年金受給開始年齢を伸ばそうとする政策は、深刻な事態が示現する時期を単に先延ばししているに過ぎません。

もちろん、老人が働くことを否定するわけではありませんが、個人差はあれど身体能力は若年期をピークに確実に減退するので、能力と報酬の比例関係がますます進むビジネス社会においては、老年期になれば自らが稼ぐことのできる報酬に大きく期待することはできません。ではどうするべきでしょうか？

一つには、若い間にたくさん働いて老後に備えるということが考えられます。また複数の職を持ったり（マルチワーカー）、能力を開発したりする（リカレント教育）ことも着実なオプションだと思います。

それらと同時に重要になるのが、「他人に働いてもらう」という発想です。これから社会人になる大学生にとっては、「オーナーシップ」としての真の投資がとりわけ重要です。老後に豊かな生活を送るために重要なことは言うまでもありませんが、それだけではないのです。オーナーとして事業を視ようという努力をすれば、就職活動のみならず、就職後の働き方が全く変わってくるからです。

株主になる、オーナーになるということは、企業のビジネスモデルや競争環境を考え、自らのお金

図表0-3 ｜人生100年時代の選択肢

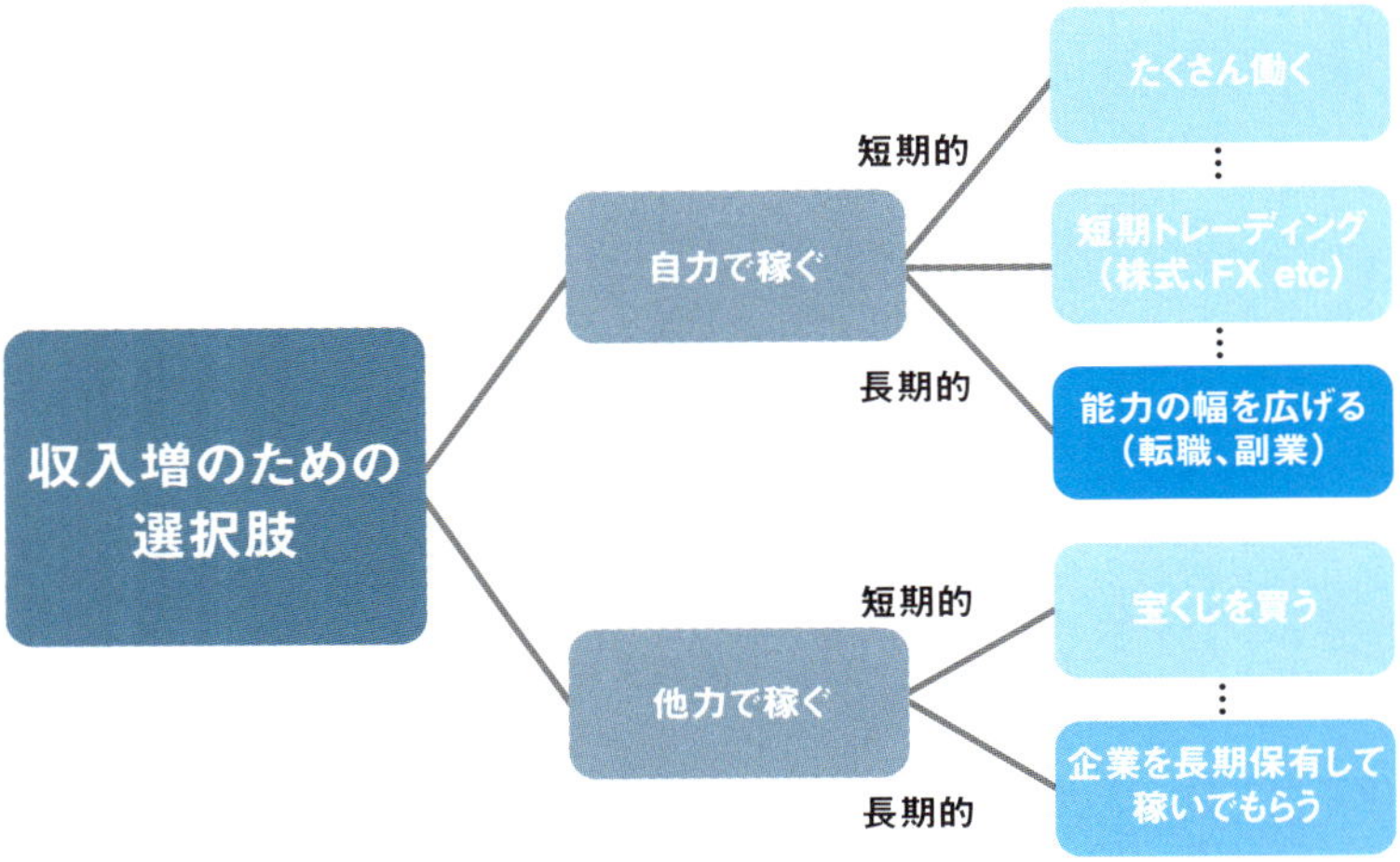

を配賦することです。自らのお金を事業リスクに晒す際には、その事業が何を作り、何を売っているのか、その競合他社はどんな企業でどこに違いがあるのか、経営者はどんな人物なのかなど、様々な情報を入手し、自分の頭で考えなければなりません。これが株式に投資するということであり、オーナーとして株主目線を持つということなのです。このような目線をもって、就職活動をするとどうなるでしょうか。

事業の経済性を見極める中で、変なブラック企業につかまることも逆に福利厚生が良いだけのゾンビ企業につかまることもなくなるでしょう。もちろん学生が入手できる情報では本当のことはわからないかもしれません。しかし、そういった主体的な就職活動の過程において、自らが進むべき道を自らの頭で考え、自ら行動して決めるという論理的、行動的な姿勢こそが、これからの人生の中で最も重要なのです。少なくとも親や周囲の眼や期待で人生の大事な一歩を決めることがなくなるでしょう。

そして、この姿勢は、学生のみならず本書を手に取っておられるビジネスパーソンにとっても重要です。株主目線をもって、広く産業構造をみわたし、ビジネスモデルについて思いを馳せながら仕事をするとなると、全く見える景色が変わってきます。

営業部門（セールス）で働くなら、顧客企業が抱えている問題が何なのか、そしてその解決策が何なのかを考え、提供することができるようになります。顧客はそのようなセールスこそを高く評価してくれますし、結果として、自社に対しても価値を提供することになります。企画部門で働く場合であれば、自社が抱えたビジネス上の問題に対するソリューションを捻りだすうえで、他社をも見わたす株主目線は不可欠です。事務部門で内勤として働く場合でも、自社のビジネスモデルを理解したうえで、事務効率化の提案ができる人物こそが求められるのです。

このように少し次元の異なる視座を持ちながら本質をついた仕事をしていれば、どの企業・どの部門にいようとも、自然に同じような働き方をする人たちが社内外で集まってきます。そうなればもはや「どこの企業で働いているのか」「どの部門で働いているのか」などという些末なことに煩わされなくなるのではないでしょうか。

資本主義は、資本家（投資家）と労働者（経営者含む）で成り立っています。したがって資本主義に参加する方法は、①資本家になる、②労働者になる、③その両方になる、の三通りしかありません。就職するということは②労働者になるということですが、単純に労働力を提供するだけでは、機械の部品になることと同じで、ちっとも面白くありません。それよりも働きながら資本家（オーナー）になるという発想の転換と少しの勇気（と少しのお金）を持つことで、ビジネスパーソンとしての未来と将来の人生における選択肢が大きく変わると信じています。

このように「現代の資本家」は、労働者として労働力を提供してその対価を受け取るとともに、資本家として「優れた企業」「優れた経営者」に働いてもらうことによって、保有する企業の価値増大を享受することができます。

この講義は、若者が「現代の資本家」になるための最初のステップになればとの想いで五年間続けてきましたし、来年以降も続けていきたいと思っています。そしてこの想いを、本書を通じて少しずつでも拡げることができれば本望です。

二〇一八年一一月

農林中金バリューインベストメンツ常務取締役（ＣＩＯ）奥野一成

目次

第二章

グローバル展開成功の鍵は、現地に根差した経営をすること　52

キッコーマン株式会社　取締役名誉会長　取締役会議長　茂木友三郎

第三章　丸井グループの価値共創経営——90

株式会社　丸井グループ　代表取締役社長 代表執行役員　青井　浩

第四章　社員の心理に着目し、パフォーマンスを最大限引き出す「内的動機経営」　134

株式会社ディスコ　代表取締役社長　関家一馬

第五章　経営理念と、その実践

―経営者に先見性がなければ成功はできない―

SBIホールディングス株式会社　代表取締役社長　北尾吉孝　186

独創し続けるための「朝令暮改」、「任天堂」、「分相応」、これが任天堂のＤＮＡ

任天堂株式会社　相談役　君島達己

挑戦的な転職を経て今へ：経験の数だけ学びと挑戦がある

皆さん、おはようございます。ただいまご紹介いただきました君島でございます。

ご存じのように任天堂の中核事業はいまやビデオゲームです。その任天堂が創業以来受け継ぎ、培ってきたもの、ＤＮＡと呼ぶものをお話しする前に、まずは、私の自己紹介から始めましょう。

私は一九五〇（昭和二五）年に東京に生まれ、東京で育ちました。高校時代も都立の西高等学校に進みましたので、京都へは修学旅行で訪ねたくらいです。京都大学には憧れをもっておりましたが、一橋大学に進学しました。卒業後は、三和銀行（注1）、現在の三菱ＵＦＪ銀行に入社しました。銀行でどのような仕事をしたかと申しますと、国内業務をひと通り習得した後に、外国為替ディーラー業務を行いました。その後、英語漬けの六カ月を過ごし、二八歳の時に海外勤務でサンフランシスコに転勤いたしました。もちろん、サンフランシスコでは仕事だけではなく、アメリカ生活を満喫しておりました。帰国後は組合、経営企画などを経験しました。また広報も経験しました。そうした経験を経て、会社全体がどのように動いていくのか、またマスコミや対外的な銀行情報の発表の仕方などを学びました。自分の所属している企業が、外部からはどのように見られているのかを知るための良い経験であったと感じます。

アメリカで現地銀行の買収の検討を経験したことや、日本で組合の執行委員長、広報、経営企画を経験するなど、普通の銀行員の経験とは違っていたことが、当時の任天堂の社長であった山内溥（注2）氏の目にとまったようです。そして「任天堂に来たらおもしろいことをするのではないか」というふうに思っていただいたのかもしれません。

任天堂に入った二〇〇〇（平成一二）年当時は、ポケモンが人気急上昇中でした。私はポケモンの知的財産を長期に持続成長できるように、株式会社ポケモンの設立などにかかわり、代表取締役に就任いたしました。現在、株式会社ポケモンの代表取締役社長である石原恒和（注3）氏とともに、

（注1）一九三三（昭和八）年に創立した株式会社三和銀行は二〇〇二（平成一四）年に東海銀行と合併し、ＵＦＪ銀行となる。その後、二〇〇六（平成一八）年に東京三菱銀行と合併をして三菱東京ＵＦＪ銀行となり、現在は三菱ＵＦＪ銀行。
（注2）山内 溥（やまうち ひろし、一九二七（昭和二）年一一月七日 - 二〇一三（平成二五）年九月一九日）：任天堂株式会社代表取締役社長。創業者の山内房治郎から数えて三代目となる。電子ゲームによって任天堂を世界的な企業へと成長させた人物。

講演者・君島達己氏。

ポケモンを組織として広げていくために動き始め、ニューヨークにあるポケモンセンターニューヨーク（注4）の設立にかかわることになりました。

ちょうど、二〇〇一（平成一三）年九月一一日のワールドトレードセンターにハイジャックされた飛行機二機が突っ込んだテロ事件のあった時です。混乱したニューヨークでしたが、その年の一一月にポケモンセンターニューヨークが完成し、計画通りに進むことを確認して日本に戻ってまいりました。

その後、アメリカのワシントン州シアトルにある米国任天堂に取締役社長として赴任いたしました。二〇〇二（平成一四）年のことです。そして二〇〇六（平成一八）年に取締

（注3）石原恒和（いしはら　つねかず）：ゲームプロデューサーとして数々のゲームソフト開発に携わり、一九九五（平成七）年に株式会社クリーチャーズを設立。一九九六（平成八）年には後に連なる全ポケモン関連商品の原点となった『ポケットモンスター 赤・緑』をプロデュースし、その後、ポケモンソフト全作品にプロデューサーとして携わる。一九九八（平成一〇）年、ポケモンセンター株式会社（現・株式会社ポケモン）設立と同時に代表取締役社長に就任。

（注4）多くのポケモングッズを取りそろえる店舗であるポケモンセンターの海外店舗。二〇〇五（平成一七）年に閉店している。現在は任天堂関連商品店舗としてニンテンドーニューヨークストアに引き継がれている。

任天堂本社外観（京都市南区）。

任天堂株式会社

1889（明治22）年創業。花札やトランプなどの製造を主としていたが、1983（昭和58）年発売のファミリーコンピュータによって世界的企業へと成長。その勢いは現在も継続されている。

君島達己（きみしま・たつみ）

任天堂株式会社　相談役

1973（昭和48）年一橋大学を卒業後、三和銀行（現三菱ＵＦＪ銀行）へ入社。2000（平成12）年から任天堂の関係会社の株式会社ポケモン代表取締役となる。2015（平成27）年より任天堂株式会社代表取締役社長。2018（平成30）年より相談役。

役会長に就任しました。任天堂はシアトルマリナーズ球団のオーナーグループの一員ですので、オーナー会議や野球観戦も私の役割の一つでありまして、様々なことを、そこでも経験いたしました。二〇一五（平成二七）年より任天堂の代表取締役社長として業務にあたり、今に至っております（二〇一八（平成三〇）年六月に退任、相談役に就任）。

このように銀行から始まった仕事の経歴は任天堂の山内氏からビジネスの教えをいただきながら、挑戦的に続いてきた訳です。そして任天堂のＤＮＡは、任天堂の社長を五〇年以上にわたって務め、世界的なビデオゲームを中心としたエンターテインメント会社に築き上げた山内溥からの教えがベースになっています。

花札から技術とエンターテインメントへ：受け継がれる質へのこだわり

現在、多くの方々にビデオゲームの任天堂として知っていただいております。その任天堂の創業は一八八九（明治二二）年に遡ります。今年で創業一二九年です。

創業時には花札などのカルタを製造していました。ポルトガルから入ってきた花札は日本では少しアウトローの世界で流行しました。勝負事に使われる商品ですから品質には細心の注意が必要でした。もし、花札に傷でもあって、そのせいで勝負に負けたとなると大変なことになる可能性もありま

太陽電池を利用したおもちゃ「光線銃」。

創業当時の主力商品「花札」。

したので、かなりのこだわりをもって、品質の確保をしてまいりました。そのような背景がありましたので、任天堂の商品の品質には高い評価を得ておりました。

また日本で初めてトランプを製造し、日本国内はもとより、東南アジアに販路を広げていきました。このような事業が半世紀近く続いた後、三代目社長となる山内溥が就任いたしました。一九四九（昭和二四）年のことです。

そして、労働集約的な家内工業では今後飛躍することができないと判断し、機械化にも取り組むことになりました。一九六五（昭和四〇）年、任天堂では初めて理科系大学卒業者の採用にも踏み切ります。電気系、機械系の大学卒業者を採用し、技術とエンターテインメントの融合をめざすことになりました。

そして開発されたのがマジックハンドや光線銃という商品です。太陽電池を使った光線銃、所謂エレクトリックトーイと言われるもので、電気仕掛けのおもちゃが世に出るようになった訳です。

例えば光線銃ですが、銃を撃ちますと豆電球が光ります。その光を標

NINTENDO 64。

ファミリーコンピュータ。

的であるライオンのボディーに仕掛けてある太陽電池に当てると電流が発生して、ライオンが動くという仕組みになっています。こうしたエレクトリックトーイは大変な好評をいただきました。当時はまだかなり高額であった太陽電池ですが、それを大量生産することで価格を思い切って下げることができたのでおもちゃにも使えるようになった訳です。

このようなことをいろいろと挑戦してまいりましたが、一九七八（昭和五三）年頃でも売上高はせいぜい一〇〇億円を超えるに留まっています。それに比して今年の売上高は、決算発表がまだですが、一兆円を超えると予想しております。当時と比べると隔世の感があると言えます。

さて、一九八〇年代に入りまして、マイクロコンピュータを使ったものが普及するようになり、産業全体を大きく変えることになります。任天堂のビジネスにおいても例外ではなく、一九八三（昭和五八）年にファミリーコンピュータ（注5）を発売いたしました。そして人気キャラクター「スーパーマリオ」が登場し、大変なブームを引き起こしました。

その後、ビデオゲームビジネスは娯楽分野の中でも大きく拡大していくことになりました。

戦火を乗り越えたゲームボーイ。耐久性の高さをうかがわせる。

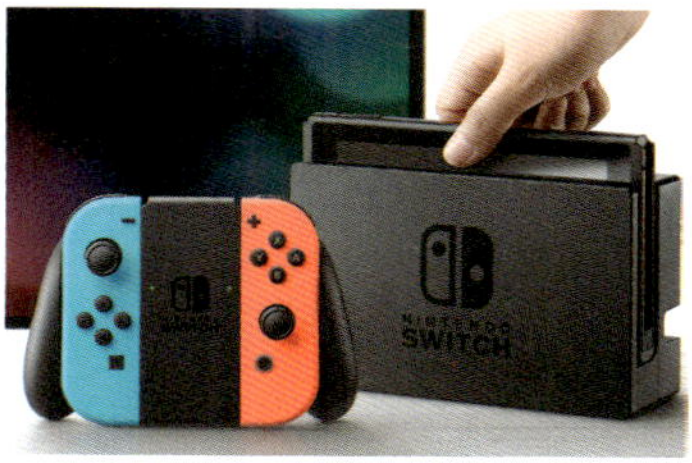

Nintendo Switch。

いろいろなゲーム機を発売してまいりました。中にはご存知のゲーム機があるかと思います。ゲームボーイやNINTENDO 64、ゲームキューブ、Nintendo Switchなど、この二〇数年ほどの間に幾種類ものビデオゲーム専用機を発売してまいりました。

ここに外側がすっかり変形して、黒く焼け焦げた物体があります。その外側の奥に画面のようなものが確認できます。電源を入れると機能いたします。これは戦場で破損したゲームボーイ本体です。このゲームボーイは一九九〇年代に中東で起こった湾岸戦争（注6）に米兵が持って行ったものです。現在ロックフェラーセンターのニンテンドーニューヨークストアに展示されています。

任天堂は花札の製造をはじめたときから、非常な精密さで品質を確保してまいりました。その精神はビデオゲームビジネスへの展開をし

（注5）一九八三（昭和五八）年に発売された家庭用ゲーム機。海外ではニンテンドーエンターテインメントシステム（NES）として発売された。
（注6）クウェート侵攻を続けていたフセイン大統領政権下のイラクに対し、国連がアメリカを中心とした多国籍軍の派遣を決定し、一九九一（平成三）年にイラクを空爆して始まった戦争。

た今も変わることなく受け継がれていることが、おわかりいただける一例かと思います。

こうした時代の変化とともに任天堂はビデオゲームを中核の事業とする世界的な企業として認められるようになりました。しかし、任天堂の一二九年の歴史の中では、まだ三五年しかたっていないことがおわかりいただけたかと思います。

ゲームビジネス：生活必需品ではないものを創造するということ

さて、今や任天堂の中核的な事業となっているゲームビジネスとはどういうものなのか、そして今までの製造業とは何が違うのかをお話ししましょう。

ゲームビジネスというのは不確定要素の多い、難しいビジネスです。ゲームは衣食住に関わる生活必需品ではありませんので、お客様に「どうしてもこのゲームをやってみたい」と思ってもらわないと購入してもらえません。いくら価格が安くても、おもしろいと感じてもらわないと見向きもされない商品です。また、どんなにおもしろいゲームであっても、いずれは飽きられてしまいます。そういう宿命をもっています。

私はゲームは生活必需品ではないと申し上げました。しかし、だからゲームビジネスは必要ないと申し上げているのではありません。むしろ逆だと思っています。人を笑顔にしますし、驚きとワクワクを与えるものです。人に笑顔を提供し続ける大変困難なビジネスではありますが、とてもやりがいのあるビジネスだと考えています。

またお客様の好みに合わせて、常に変化していくことが必要です。一方で、一旦お客様に気に入ってもらえると、予想もつかないほどの大きな需要が創造されて、売上・収益ともに一挙に増加します。これがゲームビジネスなのです。

ゲームビジネスはソフトが命です。ソフトやコンピュータシステムを使ったビジネスは他にもたくさんあります。例えば自動車、飛行機、産業用のロボットもソフトを必要とします。こうした産業用のソフトとゲームソフトとはまったく別のものです。前者は機械（ハード）を動かすためのものであります。重視されるのはハードのほうで、そのハードをよりスムーズに快適に動かすために必要なものがソフトです。

一方、ゲームにもゲーム専用機というハードがございます。しかしこれは産業用でいうところのハードとは逆に、ゲームソフトの世界を表現するための道具です。ハードの機能や性能を高くするために多くの機能をつけたり、製作にコストをかけたりしても、その一部の機能しかソフトを動かすために必要でないなら、せっかく備えたハードの機能や性能は意味がありません。

お客様はできる限りハードを安く購入して、おもしろいソフトを遊びたいと思っているのですから、多くのお客様に購入してもらいやすいハードとソフトを製造・販売することを心がけています。その観点から、ハード・ソフト一体のゲームビジネスを展開しています。

ゲームソフトのつくりかた‥一人の天才によってつくり出せるものではない

具体的にゲームソフトがどのように開発されているのかをご説明しましょう。大ヒットを生み出すゲームをつくるにはどうしたらいいのか。その答えはありません。ゲームソフトは一人の天才によって生み出されるものではありません。ゲームソフトを開発するためのチームがあります。まず、ゲームのシナリオを作成するシナリオライター、ゲームをプログラムするプログラマー、ゲーム内で使われる音声をつくるサウンドクリエイター、ゲームをデザインするデザイナー、さらに、ディレクターが一つのチームとなってゲームソフトの開発にあたります。

任天堂には、自分が作曲した楽曲だけでコンサートを開催できるサウンドクリエイターや、デザインで高い評価を得ているデザイナーなど、個人で十分に評価される開発のスタッフがたくさんいます。しかし、こうしたプロフェッショナルたちがチームを組んでゲームソフトを開発しても、三〇〇万本売れるようなヒット商品をつくり上げるのは至難の業です。仮にこのチームで大ヒットとなるゲームソフトを開発したからといって、次に同じチームが同じような大ヒット商品を生み出せるという保証はないのです。

また、ゲームソフトを開発するにあたり、幾らの予算で、いつまでに完成してほしいと私が依頼をしても、チームからは「まだ納得のいく、おもしろいゲームはできていません。あと一年は必要です」という返事がくることは珍しいことではありません。ビジネス的にはとんでもないことです。商品を販売して売上を上げるには、ある程度の期日までに商品を完成させるのが条件です。しかし、そこを優先させると、中途半端なゲームソフトができて、チームとしても納得のいかない完成度になってしまいます。ましてや、お客様の目はさらに厳しく正直ですから、ごまかすことはできません。中途半端な仕上がりのゲームソフトは支持されず、在庫の山と化します。

ですが、やはりビジネスですので、いつもギリギリのところでせめぎ合いながら質の高いもの、おもしろいと評価してもらえるものを創造し続けているのです。

ゲームビジネスが拡大し始めて三五年ほどだと先ほど申しました。その間にいくつかの企業がゲームビジネスに参入し、そして撤退していきました。

日本においては戦後から一九七〇年代までの高度成長期に、ものづくりを中心に行ってきた大企業が経済を牽引してきました。品質の良い製品をできるだけ安くお客様に提供することを使命に、成長してきました。しかし、高度成長期が終わると、企業間に技術面での競争が求められるようになりました。そして家電商品などを例に挙げても、次々と機能が追加され、最終的にはどこの企業が出す製品もほとんど機能的に差別化できないものになっていきました。そして、宣伝・広告に多くの費用をかけられる企業が残ることになった訳です。また、商品価格の競争はさらに過熱し、マージンすら残らない状況になってきました。生活必需品を中心にものづくりをしてきた企業が抱える一面かと思います。

このようなものづくりをしてきた企業が、ゲームビジネスに参入してきたのです。しかし、娯楽用のハードやソフトは生活必需品ではありませんから、一定のマーケットが存在する訳ではありません。そのため、生活必需品のものづくりをしてきた企業にとっては、わかりにくく、保証のないビジネスに参入したものの、リスクの大きさを実感し撤退していく企業が相次いだのです。そして現在のような業界の勢力図になりました。

任天堂は運良く三五年間も続けてこられました。しかし幸運にもヒット作となるソフトができれば良いですが、できないとなれば、次のヒットが出るまでの間、時間とお金をかけて、新作をつくり続けないとなりません。それでも需要を生み出せるソフトができなくなれば、ゲーム専用機（ハード）も売れなくなり、ビジネス全体が縮小することになります。

数字で見た任天堂のゲームビジネス：ジェットコースター的な売上高の状況

では任天堂はどのように経営しているのか、という点を、数字で見ていきましょう。

図表1-1 ｜ 売上高推移

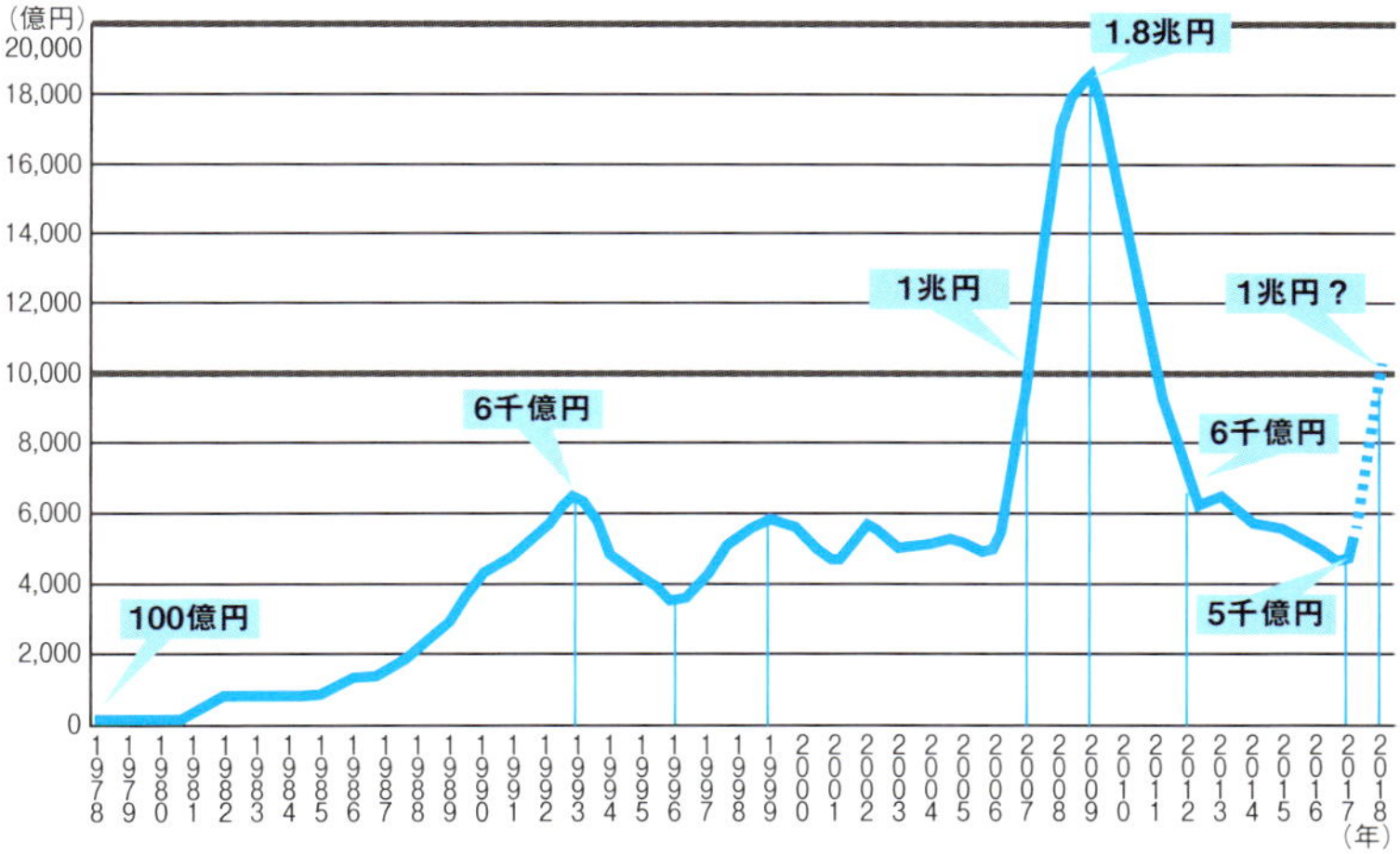

一九七八（昭和五三）年からの売上高の推移を見てみると、新商品の販売の成否によって大きく変動しています。

一九八一（昭和五六）年にアーケードゲームの「ドンキーコング」が発売されました。これはゲームセンターなどに設置されていて、コインを入れて遊ぶものです。そして、この中で人気キャラクターとなるマリオが登場します。これがきっかけとなり、一九八一（昭和五六）年から一九八二（昭和五七）年の売上が前年の二〇〇億円から六〇〇億円と三倍になっています。

一九八九（平成元）年には携帯型ゲーム機のゲームボーイを発売しました。売上高は一挙に三〇〇〇億円と飛躍的に増加しました。一九九三（平成五）年には六〇〇〇億円まで急激に上がりますが、その後、浮き沈みがあり、ほぼ五〇〇〇億円台を中心とした売上高で推移しています。

そして、据置型ゲーム専用機Wiiの発売と、Wii専用のゲームソフトで、人気となった「Wii Sports（注7）」などの発売によって、売上高は、二〇〇七（平成一九）年に初めて一兆円近くに達しました。ところが、二〇一二（平成二四）年に二〇年前の六〇〇〇億円の水準にまで急降下をしました。二〇一七（平成二九）年には五〇〇〇億円を割り込みましたが、二〇一八（平成三〇）年は、何とかまた一兆円の売上にまで戻っています。

まさにジェットコースターに乗っているような刺激的な売上の歴史をつくってまいりました。

保有キャッシュは成長を支えるためのもの

実は、任天堂は保有現金の金額が大きな企業です。二〇一七（平成二九）年一一月二九日の東洋経済オンラインに掲載された資料によりますと、二〇一七年三月時点における日本企業の保有現金ランキングで任天堂がトップとなっております。

一般的に企業は銀行借入や社債などによって資金を調達しますが、バランスシートに載っている現金、預金、有価証券などから、借入などの負債分を差し引いた残金のことをネットキャッシュと言います。これが任天堂は日本企業の中でトップでした。しかし、これは決して自慢できる話ではありません。

現金はいつか使うためのものであって、貯めておくことが目的ではありません。企業の経営者は一般的には安定的な売上の成長や資本の効率を追求し、積極的に投資を行い、事業を拡大するものです。そういう意味では私は企業の経営者としては失格と思われるかもしれません。

しかしながら、任天堂の中核ビジネスであるビデオゲームにおいては、キャッシュバランスが高いことに重要な意味があるのです。先ほどからもお話ししているように、ビデオゲームはヒット作品が出るまでつくり続けないといけません。その間にも開発費はもちろん、多くの従業員の給料なども含め、ヒット作品を開発するための準備資金が必要なのです。キャッシュを保有しているのは、こうしたリスクに備えるためなのです。

さらにマイクロコンピュータの浸透が産業の構造を大きく転換させたように、新しい技術やITの進化は必ずゲーム業界も、そして生活環境をも大きく転換させると予想されます。お客様の求めるゲームソフトの内容や新しい驚きといったものも、時代の空気とともに急激に変化するでしょう。これに対応できるような商品を開発するための投資は、ますます重要になってまいります。その意味からもキャッシュバランスを高くキープしておくことは、将来の任天堂の成長を支えていることにもなっているのです。

最近ではリスクに耐えられるだけのキャッシュバランスをキープしていることが投資家の方々や、アナリストの方々にも理解してもらえるようになってまいりました。

（注7）Wiiの専用ゲームソフトで、テニス、野球、ゴルフ、ボウリング、ボクシングが競技に近い動きで楽しむことができ、爆発的な人気となった。

もう一つ数値をご紹介しましょう。二〇一七年三月期の連結売上高の地域別内訳です。日本は全体の四分の一、米大陸と欧州で三分の二以上を占めています。近年は東南アジアや中東にも販売が広がっている状況です。

日本で作っているゲーム、Creativesが世界各国で受け入れられ、世界の多くの人々に楽しんでいただいているのは、このビジネスをしているうえで非常にうれしいことです。

私や多くの社員が世界各国へと海外出張に出かけます。任天堂のおよそ五〇〇〇人の社員の半数以上、二九〇〇人が海外で働いています。海外で働いている社員のほとんどは海外で採用され、重要な幹部も多くは海外で採用されています。こうした海外で働く社員とはビデオ会議などを使って頻繁にコミュニケーションを取っておりますが、Face to Faceでのコミュニケーションも大切にしています。

日本で作ったものがそのまま海外で売れるわけではなく、ゲームの中での表現なども言語や生活習慣に適合させる必要があります。これをローカライズと言います。これらは主に海外での業務になります。

また、キャラクターのデザインをはじめ、音楽やゲームの遊び方などの知的財産権を守る必要があります。任天堂には世界に一〇〇名を超える法務担当者がおり、弁護士も三〇名以上が日・米・欧を中心に勤務しています。こうした社員と綿密にコミュニケーションをとることは非常に大切なのです。

海外へ出張をするとき空港で厳しい表情の入国管理官の面談を受けますね。必ず入国の理由や勤務企業を聞かれます。その際、「任天堂に勤めています」と答えると入国管理官の態度が変わります。そして「任天堂か。俺も遊んでいたよ。今度は何がでるの」と笑顔で話しかけてくれます。もちろん、入国審査は完全にパスです。

この時などは、任天堂で働いていることの喜びを実感できる、嬉しい瞬間です。

任天堂のDNA：独創し続けるための三項目

任天堂では「独創」という考え方や言葉をとても大切にしています。人々に良い意味での驚きを提供して、笑顔になってもらう。そのためには新しい驚きとなるものを次々とつくり出し続ける必要があります。絶対的な驚きを提供していくことが必要なのです。他がやっているからするのではなく、他ができないものを独創し続けるのです。

ところで、多くの企業においても「独創」は重視されている考え方です。これでは任天堂も変わりがないということになってはいけませんので、任天堂の「独創」を支えている任天堂のDNAをお話ししてまいります。

朝令暮改であれ

皆さんは朝令暮改《ちょうれいぼかい》という言葉を聞いたことがありますね。一度決めたことをすぐにコロコロと変更し、周りの人を混乱させることの例えとしてネガティブな意味合いで使われます。ところが、任天堂ではこの言葉はポジティブな意味合いをもっています。私も任天堂に来て初めて知った使い方でした。任天堂で朝令暮改というと、一度これだと思って決めたことでも、間違いを見つけたら躊躇することなく、即座に施策やアイデアを修正することを指します。

もちろん任天堂の社員の中にPDCAを知らない者はいません。クイックPDCAと言って、早く回すことを重視しております。しかも、考え抜いた、その結果としてのPDCAを期待されています。任天堂では同時に、反省のない人間は進歩がない、とも言います。反省する姿勢は特に重要視されているのです。任天堂はお話ししてきましたように、ビデオゲームのビジネスを始める前から、様々な挑戦をしてきました。そうした中で、多くの失敗と小さな成功の積み重ねが今の任天堂をつくり上げてきました。この経験が朝令暮改を良しとする風土をつくって来たのかもしれません。

任天堂

次にお伝えしたいDNAは任天堂です。意味がわからない、と思われるかもしれませんが、これは任天堂の任天とは「天に任せる」という意味からきていることをお考えいただきたいと思います。

私たちの中核ビジネスであるゲームビジネスはどんなに優れた開発メンバーが、歳月をかけて完成させた製品であっても、販売してみないとその成否はわかりません。機能的にも素晴らしい製品であっても、お客様の好みに合わなければ否定されるのです。

また、他社製品との比較にもさらされます。任天堂のゲームが優れた製品であっても、同じようなゲームで他社が販売したゲームのほうがお客様の好みに適していたら、ヒット作にはなりません。

つまりヒットを生み出すかどうかは、幸運に恵まれたと言わざるをえないのです。まさに人事を尽くして天命を待つのであります。

一方、任天堂ではこうも言います。「人事は尽くせるものではない」と。これは皆さんも経験があると思います。例えば詳細に計画をし、精いっぱい努力もし、万全を尽くしたと思ったものであっても、結果が出た後で、「ああすればよかった」「こうすれば少し違った」などといった後悔する局面を経験されたことのない人はいないでしょう。

任天堂では人事は尽くせるものではないと考えています。そしてすべてやり尽くしたと言わず、徹底的にトコトン尽くす、と考えています。まさにゲームソフト開発はこの任天堂のDNAを忠実に守っているのではないかと思います。

分相応

三つめのDNAが分相応であるという考え方です。これは経営をするうえで大きな戒めになっています。

先ほど、任天堂を数字で説明いたしました。任天堂は比較的高いキャッシュバランスを保持しております。本来ですと、これくらい高いキャッシュバランスが保持できていると、本業以外で、世間が話題にしているような内容への投資を検討するところです。例えば不動産投資などは検討する課題として挙がってくるのが一般的でしょう。実は、過去に不動産投資への熱が高まった時期がございました。他の企業が皆投資を行っているのに、任天堂は何もしていない、これは経営として不自然なのではないか、という意見もありました。しかしながら、任天堂は結果的に不動産投資をはじめ本業以外への投資は行ってきませんでした。その結果、不動産バブルの崩壊の際にも痛手を被ることもなく、今に至っております。

任天堂は業務を多角化していくことに非常に慎重な企業なのです。全世界で業務を行うようになりましたが、全従業員数は五〇〇〇人強です。売上規模に比して少ない人数であると言えます。どうしてこんなに少ない人数で大きな売上を維持できるのか、とご質問をいただくことがあります。

任天堂は本業に関する提携や技術の導入については積極的な投資をしています。つまり自分の強い部分にフォーカスして、もてる力を分散しない経営をしているのです。

この方針は今後も変わることはないと考えています。自分の身の丈を知り、そこに精進してまいります。

何度も繰り返しますが、ゲームソフトづくりは決して一人の天才的なクリエイターだけで行えることでもなく、天才的なプログラマーがいたからといってヒット作品が生み出せるものでもありません。幸運にもあるチームがヒット作品を生み出しても、同じチームが次もヒット作品をつくれるという保証はありません。協働、つまりともに働く、協力して働く姿勢、考え方と謙虚な態度が常に求められます。

もちろんヒット作品が出たとき、開発チームは大いに喜びます。誇りにも思います。しかし同時に、幸運であったこと、支えがあったことに感謝をいたします。過信は禁物。これが分相応の戒めの一つかもしれません。

次の展開のために：経験したことはいつか将来の糧になる

任天堂が独創を続け、伝え続けられているのは任天堂のDNAとして「朝令暮改」、「任天堂」、「分相応」の考え方が浸透しているからだと信じています。

では、このような任天堂が今後どのように進んでいくのか。任天堂の中核であるビデオゲームビジネスは、ハードとソフトを一体としたスタイルで今後も拡大していきたいと考えています。


実はこのたび、Nintendo Laboという新商品の発売を開始いたします。まだまだこれ以外にも開発中で、発表していない商品、おもしろくて遊びたくなるものがたくさんあります。

また、スマートフォン上で任天堂のアイテム、キャラクターを使ったソフトを展開して、世界中の人に任天堂のキャラクターに親しんでいただき、任天堂のビデオゲームで遊びたいという人を増やしていきたいと思っています。現在すでにマリオのキャラクターを使ったスマートフォン用の「スー

パーマリオ ラン」が世界中から二億人以上の人たちにダウンロードされております。その他にも、「どうぶつの森 ポケットキャンプ」や「ファイアーエムブレム ヒーローズ」など、いくつかのスマートフォン向けのアプリを配信しております。

映像ビジネスでは、映画という手法を使って任天堂のゲームのキャラクターや世界観に触れていただく企画も進めております。

Nintendo Laboは、「自分でコントローラーをつくる」という、かつてない斬新さがある。

テーマパークでの展開も進んでおります。二〇二〇年の東京オリンピックまでには完成できるのではないか、と予想しております。

このように、様々な場面で、斬新なアイデアで、さらなる驚きを提供し、多くの人々に笑顔になっていただくことを追求してまいりたいと思います。

今日、私の話を聞いてくださった皆さんは、将来、経営者として活躍される方、あるいはすでに活躍されている方がいらっしゃるでしょう。そんな皆さんにお伝えしておきたいのは、一生懸命取り組んだことは、仕事であれ、交遊であれ、どんなことであっても、将来において必ず皆さんの助けになるということです。

今はどのような意味、意義がある経験なのかわからないと思います。しかし、精いっぱいやった経験は自分の助けになります。新しい局面での問題解決の力になります。人との交流が大いに助けになるのです。

さらに、海外から日本を見ること、世界を知ることは日本の良さだけではなく、世界の大きさを知ることになります。幅広い知識や体験は自分を大きくします。ぜひ海外へも積極的に出て、活動の場を広げてください。

皆さんの活躍を大いに期待しております。ご清聴ありがとうございました。

［質疑応答］

――通訳案内士をしております。アメリカからの要人をご案内するにあたり、どのようなことに興味をもっておられるのか、また習慣などで気をつけておくべきことがありましたらご経験からのアドバイスを頂戴したいです。

君島　世界中でトップの方々とお会いする機会があります。マイクロソフト社（注8）やEA（エレクトロニック・アーツ）（注9）といった企業のトップの方や米国の議員の方々とも同席する機会があります。

例えばマイクロソフト社の方とお会いした時は、日本の企業を含め、様々な国の企業に自分たちのもっているノウハウを伝え、提携を進めていくことを目的に来日されていました。またEAのトップは若い経営者ですが、様々な経験をもっておられる方です。

多様な用件、多様な個性の方とお会いすることがありますが、例えば、スポーツがきっかけになることがあります。EAのトップ（アンドリュー・ウィルソン氏）はゴルフが大変お好きなようです。サンフランシスコで一緒にゴルフをしたことがあります。ゴルフをしている間もいろいろな話をします。ゴルフをすることが主ではなくて、いっしょにゴルフを楽しむ時間を通して、エンターテインメントの世界をどのように構築し広げていくのかといったビジネスに結びつく話もします。

ここで申し上げたいのは、ちょっとしたきっかけ、例えばスポーツや趣味とか、何かビジネスに直結するとは限らない、きっかけをつくることが大切だということです。

また、任天堂はメジャーリーグのシアトルマリナーズのオーナーグループの一員ですので、私は野球場のスイートルームでゲストの方々と野球観戦したり、オーナー会議に出席したりすることがありました。ビジネスとは違う場面ですけれど、ビジネスに繋がる可能性のある出会いの場ともなっています。

アメリカは人脈が世界をつくっているとも言えます。何かのきっかけをもつことは、とても重要なことなのです。そういうことを意識しておいて、ただビジネスの話だけでことを進めようとするのではなく、広くきっかけをつくることを考えるとよいと思います。

――任天堂の売上高のお話をお聞きしました中で、売上が最大の時二〇〇九（平成二一）年には一兆八〇〇〇億円となり、そこから二〇一二（平成二四）年に六〇〇〇億円まで減少しています。おそらく原因はWii Uの失敗ではないか、と想像しました。そのことについて、任天堂ではどのように失敗を捉え、またどのように次のNintendo Switchの成功へと導かれたのか教えてください。

君島　このご質問には極めて明確にお答えできると思います。ご想像の通り、売上の減少はWii Uの失敗によるものです。

何度も繰り返しましたがゲームビジネスはお客様がおもしろいと思われなければ成功しません。つまり、Wii Uは評価してもらえなかった訳であります。

実は、発売前、発売直後から、私は、このゲーム機は売れないかもしれないと話していた一人でした。なぜなら、Wii Uの前の機種にWiiが発売されておりまして、これが非常に好評でした。「Wii Sports」というソフトは八二〇〇万本が売れております。このように多くの方に支持を受け、売れて

（注8）アメリカに拠点を置くソフトウエアを開発・販売する企業。一九七五（昭和五〇）年にビル・ゲイツとポール・アレンらによって設立。「Microsoft Office」など家庭でも企業でも利用できるソフトが世界中で利用されている。
（注9）アメリカに本社のあるビデオゲーム・コンピュータゲームの販売会社。一九八二（昭和五七）年にトリップ・ホーキンスが設立、二〇一三（平成二五）年よりアンドリュー・ウィルソン氏がCEO。

いるソフトがある状態で、Wii Uに乗り換えてもらおうとしても、難しい訳です。Wiiに比べてWii Uがどれくらいおもしろくて、どれくらい違うのかを明確に打ち出し、お客様に納得して、どうしても遊んでみたいと思ってもらえない限り、これは売れないのです。

まさにその通りになりました。

しかし、Wii Uを発売するにあたっては、多くの世界中のスタッフが、「これは売れる。なぜなら、Wiiがこんなに好評なのだから」と言うのです。ローハンギングフルーツという状況で、木に果物が熟してぶら下がり、あとは収穫するだけの状況だという訳です。

私はとんでもない、と言っておりました。今までずっとWiiで遊んできたお客様が、何で新しいものに乗り換えたいと思うのか、ということです。よほどおもしろくて斬新な遊びができることを伝えないと売れるはずがないのです。

これは非常に有益な反省材料となりました。

今回はWiiの継続というイメージを変更するため、Nintendo Switchという名前にしております。コンセプトも違っております。据置型では足りなかったおもしろさ、つまり、据置型でありながら持ち運びができるという要素も加え、大きく打ち出しました。これが成功へと繋がった訳です。

――子どもとゲームの関係について、家庭における保護者の方たちも、学校サイドでも、どう指導していくのかを含め、問題になっていたり、悩まれていたりする現状があります。子どもたちはおもしろいゲームに夢中になりますが、途中でやめて、他のこと、例えば勉強や課外活動などに切り替えることがうまくできません。子ども同士が公園で集まってゲームをしているという状況も耳にします。こうした問題は日本だけではなく、香港でも教育問題としてゲームとの付き合い方が挙げられています。この問題について、ゲーム開発者からのお考えを聞かせてください。

君島　実はアメリカでもこの問題は取り上げられております。フロリダで起きました銃乱射事件の背景にゲームがあるのではないか、暴力的な行動を引き起こす要因になっているのではないかという指摘もあります。そこで、先日、ホワイトハウスに出向きまして、関係者の方々に、どのような考え方でゲームを開発しているかを説明しました。現状、ゲームは販売中止にはなっておりませんので、説明が受け容れられたのだろうと思っております。

任天堂では、保護者の方々、特に年少のお子様の場合は、お母様が影響力をもっておられると感じておりますので、お母様に特にご理解をいただく必要を感じています。

また、私どもも、子ども時代に、ゲームに夢中になるばかりで、他の経験を積めなくなるのはまずいことだと思っております。子どもの成長には、学問を身につけるだけでなく、課外活動、友だちと遊ぶことを、室内、戸外でたくさん経験することが重要です。そういう視点からもゲームをするために室内に籠もって、他のことには時間を割かないというのは、好ましいことではありません。そのように考えております。

そこで、例えば、遊ぶ時間を決めて、機械上でコントロールできるのか、また、保護者が遠隔からでも見守ることができるのか。さらに、遠隔操作などもできるのか、など様々なことを検討しています。また、新たに発売するNintendo Laboというのは、そのまま遊び続けるだけではなく、手と頭と想像力を使って、しかも保護者といっしょに遊ぶこともできるものです。単独ではなく、誰かと協働して遊ぶことを体験するのです。

さらに、テーマパークとの連携を進めていることを、先ほどもお伝えしましたが、そうしたゲームの世界だけ、家の中だけ、といった限られた世界から多角的な体験へと繋がるようなことも工夫しております。

なかなか教育視点でのゲームとの関わり方はすぐには解決できるものではありませんが、開発側としても重要視しているという現状でございます。

――三年ほど前に、任天堂がＱＯＬ事業に関する新商品を開発する、という記事を目にしました。睡眠リズムや生活リズムなどが可視化されるという形のものかと想像しますが、これらの商品はすでに幾つも出ております。そこへもってきて、任天堂がわざわざ出すというのに、違和感を覚えました。どうやって、手垢の付いたといっては語弊がありますが、今さらと思える分野で、どのように任天堂らしさを出されるのかお聞かせいただきたいのです。

君島　良いご質問をいただきました。まさにご指摘の通り、なぜ今までその新商品が任天堂から出ていないかと申しますと、その分野の商品を開発して、今までにない驚きを加味した任天堂らしいものが開発できていないから、出ていない訳です。

実は、三年前に、このような分野の商品を出すと発表しました。二〇一七（平成二九）年にもアニュアルレポートにて、「ＱＯＬ事業の新しいプロダクト（注10）を開発中である」ことを発表しております。ですが出せていないことに、多方面からお叱りを頂戴します。

しかし、私としては、これは任天堂の製品として、他とは違う驚きがある、というものが開発できない限りは、出せないのです。

我々が追求しているのは、このテーマで任天堂が出すにあたって、新たにどのような驚き、新しさ、おもしろさが加味できるかということです。

商品になるかどうかは、そこにかかっております。おもしろいものになれば出ます。ということで、出したいとは思っておりますので、期待していてください。

――任天堂にはとても魅力を感じています。例えば今回発売をされるNintendo Laboには既存の

（注10）任天堂はＱＯＬを楽しく向上させるためのプロダクトを開発中。発表によると、これは睡眠と疲労状態を可視化して、これらの情報をもとに、多様なサービスを提供していくものになる予定。

ゲームを超えた創造性を感じます。また、世界的なビジネスと展開する人材土壌をもっているにもかかわらず、本社を京都においている。そこにもミステリアスな魅力を感じています。こういった任天堂のあり方についてトップのお考えを聞かせてください。

君島　よく質問されることです。どうして東京に本社を移さないのか、と。しかし、世界を見渡してみるとクリエイティブ企業がどこも都心に本社をおいている訳ではないことがわかります。重要なのはクリエイティブな環境があるかどうか、ということです。

京都は世界中から注目され、多くの人が訪れたいと思う都市であり、長い歴史を今に伝えている街です。京都の商売のやり方、京都で立ち上がった企業など勉強すべきことはたくさんあります。そうした街にクリエイティブ企業、クリエイターが身を置くことは非常に刺激的だと考えています。

――　eスポーツ（注11）に注目が集まっています。ゲームにおける競技性に着目した新しい展開だと思います。任天堂からも「大乱闘スマッシュブラザーズ」など、いろいろな大会のタイトルになるゲームを発売されています。今後、そうした展開に任天堂がどのように関わっていくのかお聞かせください。

君島　従来のゲームはプレイする人が一人で楽しむことを想定していました。それが二人、三人と複数のプレイヤーが楽しめるようになりました。さらにそれを対戦というスタイルをとって、観戦する人も楽しむことができる世界をつくり出した訳です。

これは他のスポーツでも同じですね。野球もプレイするチームだけではなく、チームを応援している観客も同じゲームを楽しんでいます。プレイヤー一人ひとりがキャラクターとなる訳ですね。

このようにコンテンツをプレイする人、観戦する人が同時に楽しんでもらえることは、我々としては歓迎すべき方向性だと認識しております。

ただ、問題もあると考えています。日本では法規制がありますので、今のところそれほど大きな賞金を支払うことはできないのですが、海外ではeスポーツの勝者への賞金があまりにも高額になるケースが出てきております。そして、ゲームでひと儲けしよう、あるいは生計を立てようとする人が出てきています。任天堂としては、賞金を稼ぐことができる場としての押し出し方には問題を感じております。

もちろん対戦ゲームのモチベーションとして勝者へのご褒美的なものが用意されるのは良いと思います。それが多額の金銭ではなく、何か別の目的を設定できないか、と考えています。

eスポーツは一人の勝者のためのものではなく、観客も含めた多くの人が楽しめるものである点

（注11）エレクトロニック・スポーツ：対戦型のコンピュータゲームを用いた競技を指す。一九九七（平成九）年に設立された初となるプロフェッショナルリーグをはじめ、世界中に多くの大会が存在する。中でもアメリカと韓国で盛んである。

を重視していきたいと考えているのです。

――エンターテインメント業界で働くことをめざしています。この業界はジェットコースターに乗っているように不安定な業界であるとのお話でした。

この業界で働いている人たちは、そのあたりの事情を覚悟しておられるのでしょうか。またどういった人材が働き続けられるのでしょうか。そして、不安定な業界で会社を維持し、働く人を支えるために、会社として、社長としてどのようなことを考え、重視しておられるのかお聞かせください。

君島　エンターテインメント業界とひと言で言いましても、任天堂のようにゲームをつくっている企業もあれば、コムキャストとか、ユニバーサル・スタジオとか、ディズニーとか、様々です。取り扱っているものも多様ですので、会社としての姿勢もそれぞれ異なると思います。

例えば、最近ディズニーは米国の野球の配信業務、配信権利を買い入れました。そういった部分を傘下に置くことで、他でつくっているものを総合エンターテインメントコンテンツに取り入れていくというやり方ですね。

またコムキャストは自社でもコンテンツを創造していますが、コンテンツをもっている企業をいくつも傘下にもち、それらも含めて拡大していくという方法をとっています。

こうした企業に比べると任天堂は自社で完結している。自社でコンテンツをつくり、ここで業務を行っていますので、浮き沈みは非常に大きく影響します。この点がいま紹介した二社とは大きく異なるところです。

では任天堂で働く人々はどういうモチベーションをもって働いているのか、ということです。明快です。何としてもおもしろいコンテンツをつくりたいという思いですね。そのための環境を求めています。時間と創造的な環境です。

つまり、企業、社長としては彼らが求める環境、クリエイティブな環境を整え、維持することが使命となります。

先ほど、任天堂は他に比してキャッシュバランスの保持が高い企業であるとお話ししました。そこがとても重要です。ゲームソフトはどんなに素晴らしいクリエイターたちが時間と費用をかけて開発しても、ヒットするかどうかはわかりません。ヒットしないことも、当然あります。そんな場合でも、次のヒット作を開発できるまで、お給料も支払わなければいけませんし、開発のための時間も環境も維持しなければなりません。さらに機器への投資も必要になります。それらを十分にしていくために、維持し続けるために、キャッシュバランスの高いことは重要なのです。

Column

ゲーム会社とESG

我々は、投資先を選定する条件の一つとして、「人々や社会に必要不可欠なもの・サービスを提供しているかどうか」という観点を重視します。それでは、ゲームは人々にとって「必要不可欠」といえるでしょうか？　人はゲームをしなくても生きていけるという点では、答えは「否」でしょう。講義の中でも学生から質問が挙がったように、むしろゲームをある種の社会悪として捉える向きもあります。曰く、「子供が家から出ようとしない」、「ゲームが若者による犯罪を惹起するのでは」、「長時間のプレイは脳の発達に悪影響」などです。ゲーム産業に身を置く企業にとっては、避けて通れない議論でしょう。

昨今、ESG投資（二三四ページ参照）が話題になっていますが、元々は米国における Socially responsible investment（社会的責任投資）として、宗教的な価値観に合わない産業（アルコール、たばこなど）を投資対象から外す動きから始まったといわれています。ESG投資ではより広範な要素が考慮されますが、ゲーム産業への評価は分かれるようです。年金積立金管理運用独立行政法人（GPIF）が採用する二つの総合ESGインデックスのうち、「MSCI ジャパン ESG セレクト・リーダーズ指数」には任天堂が選定されていますが、「FTSE Blossom Japan Index」には選定されていません（二〇一八年一〇月現在）。筆者は FTSE 社の評価方法の詳細を把握していませんが、他のゲーム関連企業も選定されていないことから、ゲーム産業全体に対してネガティブな評価が下されている可能性が推測されます。同様に、アサヒグループホールディングス（アルコール）、日本たばこ産業（たばこ）なども、少なくとも一方のインデックスでは選定されていません。しかし、想像してみてください。一日の仕事の後の一杯や一服が無い世界を。味気ないと思いませんか？　恐らく今後も一定数の人々は、たとえ身体には悪いとしても、ビールやたばこを嗜むでしょう。思えば、ウォーレン・バフェット氏が三〇年余りにわたって保有しており、「永久投資銘柄」の代表格であるコカ・コーラ社の炭酸飲料も健康に良いとは思えません。しかし、「チェリー・コーク」の大の愛好者として知られる氏は語っています。「私は毎日コークを飲みますが、そこから得られる幸福は、ブロッコリーから得られる健康に勝ります」と。

多くの方が、子供のころ、マリオや宇宙船を操り、インベーダーを打ち落とし、モンスターを追うことにワクワクしたはずです。恐らく今後生まれてくる子供たちもそうでしょう。そのような高揚感もまた、人々の生活を豊かにするものかもしれません。君島社長の講義からは、今後も子供たちをワクワクさせていきたいという強い意志と、一方でゲームの持つネガティブな側面からも目を背けない姿勢を感じました。「Pokemon Go」の開発者である川島優志氏も「子供たちの八〇％が運動不足と言われている現代。（中略）スニーカーを履いて、友達と町へ飛び出したくてうずうずしているような、未来。テクノロジーを否定するのではなく、活用し、（中略）そういう未来の可能性を探ろうとしている」と語っています。

もちろん、嫌煙家、嫌酒家、嫌ゲーム家の方もいらっしゃるでしょう。要は個人の価値観の問題です。投資先選定にあたっても、インデックスをうのみにするのではなく、投資家それぞれが、企業の考え方、活動を知り、自身の価値観、運用哲学に照らして、主体的に判断する姿勢が重要です。

第二章

グローバル展開成功の鍵は、現地に根差した経営をすること

キッコーマン株式会社　取締役名誉会長　取締役会議長　茂木友三郎

グローバル規模の競争社会

キッコーマンの経営についてお話を始める前に、多くの企業が向き合っている社会がどのような社会であるのかについてお話ししましょう。結論から申しますと、グローバル規模の競争が行なわれる社会です。この社会には二つの大きな流れがあります。一つはグローバル化の流れで、もう一つは市場経済化の流れです。そしてこの二つの大きな流れがグローバル規模での競争社会を形成しているのです。

今、経済的には国境がなくなりつつあります。モノや人や金、情報が国境を越えて自由に動く時代になったということです。

では、このグローバル化の流れがどのような状況であるか、ということを見ていきましょう。まずこの動きが加速されたきっかけは冷戦構造の崩壊でした。冷戦期には旧ソビエト連邦を盟主とした東欧や中国などの共産、社会主義体制に属していた国々はグローバル競争からは距離を置いていました。それが一九九〇年代の初頭に冷戦が終わったことをきっかけにして、東欧諸国や市場経済化を進めようとした中国がグローバル競争に本格的に参加し始めた訳です。ということは、世界の人口の約三分の一の人が一挙にグローバル競争に参加してきたことになります。ですから、グローバル化が急速に進むきっかけになったのです。

そして、さらに自由貿易協定（FTA）や、経済連携協定（EPA）がこのグローバル化の流れを一層促進しました。日本は、FTAやEPAには乗り遅れていたのです。かなり遅れたということになりますが、最近になって、強力にそれを推進しようという状況になっています。TPP11も日本がリーダーシップを取ってまとめ上げました。日本において発効するのも間近だろうということであります。

実は、このFTAやEPAが日本国内の改革を推進しているという側面ももっている訳です。例えば農業などはFTAやEPAを進めることによって国内の改革が進みます。いずれにしましても、こうした中にグローバル化の流れが生み出されます。これが一つの大きな流れであります。

市場経済化の流れとは

もう一つの大きな流れとして、市場経済（注1）化の流れがあります。政治のシステムで何がベストだと思いますか、と問われると、答えるのは難しいものです。しかし、他の政治システムと比べてベターなシステムは何ですか、と問われると、多くの人が民主主義だと答えます。その答えの通り、世界を見渡してみると、民主主義が浸透しています。

では経済のシステムとしてはどうなのかと、同様の質問をすると、ベストな経済システムを答えるのは難しいけれど、ベターな経済システムについては、多くの人は市場経済システムが他の経済システムに比べて良いように思う、と答えます。こちらもその答えの通り、世界中に浸透しているということであります。

講演者・茂木友三郎氏。

（注1）各経済主体が所有する財・サービスを市場を通じて自由に売買をし、価格の変動により最適な資源配分をはかっていく経済体制。資本主義経済の基本をなすもの。

キッコーマン野田本社（千葉県野田市）。

キッコーマン株式会社

1917（大正6）年12月7日、野田醤油株式会社として設立。

戦後、醤油の販売が将来、大きく伸びなくなるのをみこして、多角化、国際化を進め、現在、世界約100カ国で醤油を販売。キッコーマングループとして「新しい価値創造への挑戦」をテーマにグローバルビジョン2030を策定し、さらなる挑戦を続けている。

茂木友三郎（もぎ・ゆうざぶろう）

キッコーマン株式会社　取締役名誉会長　取締役会議長

1935（昭和10）年千葉県野田市生まれ。
1958（昭和33）年、慶應義塾大学法学部卒業後、野田醤油に入社。1961（昭和36）年にコロンビア大学経営大学院で経営学修士を取得。1995（平成7）年、キッコーマン代表取締役社長CEO。2004（平成16）年、キッコーマン代表取締役会長CEO。2011（平成23）年より現職。2014（平成26）年、公益財団法人日本生産性本部会長。

一方、中国は共産党による一党支配の政治体制です。しかし、経済システムとしては、社会主義市場経済化をめざしています。一九七八（昭和五三）年に鄧小平（注2）が政治協商会議全国委員会主席となり、彼の指導の下に社会主義市場経済の動きが始まりました。現在でも国家の権力が非常に強い経済体制でありますが、しかし市場経済化を積極的に進めている訳です。

ベトナムも共産党の一党支配の国でありますけれども、一九八六（昭和六一）年に市場経済システムの導入と対外開放化を始めました（注3）。ですから、中国やベトナムでも、政治自体は社会主義のシステムだけれど、経済面では市場経済を進めているという状況です。

では、日本はどうであるかといいますと、高度経済成長の時代は官主導で高い経済成長を実現した訳です。優秀な人たちを官僚に集めて、「欧米に追い付け追い越せ」を目標に、驚異的な経済成長を成し遂げました。ところが、欧米に追い付いてしまった訳です。そうすると、官主導で具体的に新たな目標を立てて経済を運営するのが非常に難しくなってきました。

実は日本はもっと早く、官主導の経済から民主導の経済へと転換しなければならなかったのですが、そのタイミングでバブル経済が発生しました。やがてバブル経済の崩壊を経て、非常に経済状況が悪くなりました。このような歴史的な状況のせいもあり、本格的な民主導の経済への転換が遅れてしまいました。

二〇〇一（平成一三）年に小泉純一郎（注4）氏が総理大臣に就任し、官から民へという目標を掲げ、特に、民主導の経済を実現するということで、規制改革などを本格的に始めました。その後、一時、民主党政権になり、この市場経済化への流れが若干鈍化した時期がありましたが、民主党政権もやはり自由な競争市場をつくるのが大切だと経済の方向性を見直すに至り、再び規制改革を始めることになった訳です。

二〇一二（平成二四）年に安倍晋三（注5）氏が総理になりました。彼はアベノミクスを発動して、第一の矢、第二の矢、第三の矢を打ち出しました。第三の矢は構造改革であり、「健康長寿社会から創造される成長産業」「全員参加の成長戦略」「世界に勝てる若者」「女性が輝く日本」を提唱しています。それが今、進行中です。期待したほどは進んでいないという実感ですが、構造改革は少しずつ進みつつあることに相違はない訳で、日本も民主導経済、市場経済化がさらに進んでいくだろうと思っています。

（注2）一九七八（昭和五三）年第五期全国人民代表大会で第一副総理、第五期政治協商会議全国委員会主席に就任。一九八一（昭和五六）年一一期六中全会で党副主席、党中央軍事委員会主席となる。一九八三（昭和五八）年国家中央軍事委員会主席。中国の最高実力者となり経済改革を進めた。

（注3）一九八六（昭和六一）年から推進されているベトナムのドイモイ政策により市場経済化と対外経済開放を進めた。

（注4）二〇〇一（平成一三）年四月に内閣総理大臣に就任。第八七、八八、八九代の内閣総理大臣を務める。「構造改革なくして景気回復なし」をスローガンに、道路関係四公団・石油公団・住宅金融公庫・交通営団など特殊法人の民営化など小さな政府をめざす改革「官から民へ」と、国と地方の三位一体の改革「中央から地方へ」を含む「聖域なき構造改革」を打ち出した。郵政三事業の民営化を実現。

（注5）二〇〇六（平成一八）年に第九〇代内閣総理大臣に就任。その後、第九六、九七代、九八代の内閣総理大臣を務める。彼が提示した経済政策「アベノミクス」は三本の矢として「大胆な金融政策」「機動的な財政政策」「民間投資を喚起する成長戦略」を掲げた。

グローバル規模の競争社会においてキッコーマンはこうやった

市場経済化、グローバル化が進む世界の競争社会の中で、企業がどんなことをやっていくのか。キッコーマンのやってきたことをキッコーマンの歴史を追いながら考えていきたいと思います。

キッコーマンは、今から三百年以上前に現在の千葉県野田市で醤油造りを始めました。千葉県野田市というのは、江戸川と利根川に挟まれた町です。ローカルな醤油メーカーだった訳です。この地域の一醤油メーカーがどうやってグローバルな舞台で仕事をする企業へと進んできたのかをお話ししましょう。

現在キッコーマンは、日本の食品企業の中ではグローバル化が進んでいる企業の一つであります。売上では約六〇％、営業利益では約七〇％を海外で稼いでいます。現在の時価総額が一兆円ぐらいのところでありますが、その企業価値を形成している要因として、かなり大きな部分を海外の事業が占めていると考えています。

キッコーマンがグローバル化の第一歩を踏み出したのは、アメリカでした。まず、アメリカでビジネスモデルをつくったのです。

その前に、私どもがなぜグローバル化を進めたのかということについてお話をいたしましょう。そのきっかけは一九五五（昭和三〇）年頃に遡ります。

第二次世界大戦（一九三九（昭和一四）〜一九四五（昭和二〇）年までの六年間）が終わって十年ほどの間、つまり昭和二十年代は醤油の需要は伸びていました。なぜ伸びたかというと、第二次世界大戦の間は醤油の原料が不足していました。戦争ですから、原料が入ってこない訳です。醤油の原料というのは大豆、小麦です。当時、キッコーマンでは、大豆は中国から買っていました。ところが、中国との間に戦争が始まって、大豆が入ってこなくなった訳です。さらに、職人たちが兵士としてかり出されるため労働力が不足しました。戦争が始まると、みんな、若い男性は戦争に行ったのです。そうすると、工場で働く人たちが不足しました。つまり原料の不足と労働力不足で、戦争中の醤油の生産量は減らさざるを得なかったのです。一九四五（昭和二〇）年に第二次世界大争が終わった後の十年間は、その減った生産量を回復する時期だったのです。だから、造れば売れるという時代だった訳です。

昔から醤油は、欠かせない調味料の一つであった。

ところが、戦争が終わって十年たつと、だんだん経済が復興してくるのです。醤油の生産量も戦前の生産量に戻りました。醤油は生活必需品です。生活必需品ですから、毎日使うものなのだけれども、使う量が決まっているのです。別に、今日は気分がいいからといって、醤油を使う量が増える訳ではありません。逆に、気分が悪くても減らないでしょう。つまり、醤油の消費量はある程度、決まっている訳です。ですから、生産量が以前の水準に戻り、安定した後は、醤油の生産量がぐっと増えることを期待できない訳です。もちろん戦後、日本の人口は増えていました。人口が増えれば醤油の生産量も増えるのですが、僅かなものです。特別な需要拡大の要素がある訳ではない。

一方、当時の日本経済はどうだったのかというと、高度成長期です。一九五五（昭和三〇）年頃というのはその前夜にあたるのです。経済が非常に明るい雰囲気でした。

こうした社会情勢を受けて、多くの企業は、二桁成長の計画を立てていました。例えば、うちは、販売を一〇％伸ばしましょう、一五％伸ばしましょうというような計画を多くの企業が立てる訳です。

多角化戦略

そんな状況の中で、私どものキッコーマンは、それほど醤油が伸びないのです。つまり成長率は下がる。これは大変だと、当時の経営者は思いました。そして二つの戦略を打ち立てたのです。その一つは何かというと、醤油が売れなければ他のものを作って売ろうという戦略。多角化戦略ですね。

多角化戦略として私どもは、デルモンテブランドのトマトケチャップとかトマトジュースを作り始めました。それから、私どもでもワインを造りました。マンズワインというワインです。また当時、コカ・コーラが日本に入ってきて、各地域でコカ・コーラの瓶詰めを始めたのです。私どもも千葉県と茨城県と栃木県でコカ・コーラの瓶詰めをする権利を獲得しました。

醤油というのはバイオテクノロジーの産物なのです。ですから、私どもは三百年も昔からバイオテクノロジーに関わりをもっている訳です。そのバイオテクノロジーの技術を使って、酵素（英語でエンザイム）の生産も始めました。これらは、医薬品の原料になるものです。

こういう具合に、醤油があまり伸びなければ、他のものを作って売ろう、という多角化戦略、これを一九五五（昭和三〇）年頃から始めた訳です。これが一つの戦略です。

国際化戦略

もう一つの戦略は、国内で醤油が売れなければ海外に持っていって売ろう、という国際化戦略です。まず、一九五七（昭和三二）年にアメリカに販売会社をつくりました。六一年前のことです。これは、日本の会社ではトヨタ自動車が販売会社をアメリカにつくったのと同じ年です。それから、ソニーがやはり同じ頃にアメリカに販売会社をつくっています。

私どもキッコーマンは、一九五七（昭和三二）年、アメリカのカリフォルニア州サンフランシスコに販売会社をつくりました。そして、本格的に、醤油のマーケティングを始めようということになりました。なぜサンフランシスコであったのかと申しますと、アメリカ国内で西海岸が最も東洋文化の影響を受けている地域なのです。醤油は日本の食文化の中心的な役割を果たす商品ですから、東洋文化の影響を受けている地域で商売を始めるのが良いだろうということで判断した訳です。

サンフランシスコで販売活動を行うにあたり、私どもは、日本国内における営業の責任者をアメリカに派遣しました。

この人は英語をまったくしゃべれませんでした。五十幾つの人でしたから、今さら英語を勉強してしゃべれるようになってから派遣するというのは不可能です。ですから、ずっと滞在中も日本語で仕事をしていました。通訳として現地在住の日系二世のスタッフを雇いました。

なぜ、英語のできない社員を派遣したのか。それは非常に商売がうまい人だったからです。そういう社員を派遣したのです。これが正解でした。

海外進出するにあたり、日本の企業がやった大きな間違いの一つは、英語ができるだけの人を派遣したということです。それでうまくいかなかった企業があると言われています。なぜうまくいかなかったかというと、当時、英語をしゃべれる人はものすごく限られていました。例えば、英語の先生とか、英文学を勉強した人とかです。こういう人たちは英語ができても商売に向いていない場合が多かったようです。

そういう人を現地での商売を担当する責任者として、無理にアメリカに派遣した企業が結構あり、うまくいかないケースがあったのです。

キッコーマンは、語学力よりも、仕事力。仕事のできる人、商売のうまい人を選びました。今はそんなことやったら通用しません。ビジネスマンは英語もできないとグローバルに活躍はできないでしょう。でも当時は通用したんです。

彼は、サンフランシスコに行って三年ぐらいで商売の基礎をつくりました。その後、英語ができる人をどんどん派遣して充実させました。

最初の基礎をつくるところは、やはり商売や、マーケティングを理解し、その能力に長けている人材を派遣する。この選択が成功したのだろうと思っています。

ターゲットはアメリカ人

アメリカで商売を始めるにあたり、私どもが考えた基本は、お客様は誰かということです。誰を対象にするのか。これは非常に大きなポイントになる訳です。

私どもは日本人を対象にしませんでした。アメリカ人を対象にしたのです。一般的に考えると、醤油をアメリカで売ろうとしたら、アメリカに住んでいる日本人に売るのが最も簡単です。しかし、アメリカに住んでいる日本人の数は限られています。そこをターゲットにしていると先は見えています。

なぜそんなことを考えたのかといいますと、戦争が終わって間もなくのこと、たくさんアメリカ人が日本に来ました。軍人もいました。しかし軍人はアメリカの基地の中に住む訳です。ですから、日本人とは接触する機会が少ない。つまり、日本の食文化になじむ可能性も低いのです。

一方、アメリカのビジネスマンやジャーナリスト、学校の先生、役人、そういう人たちもたくさん日本に来ました。彼らは日本の町の中に住みました。そうすると当然、日本人がどんな生活をしているのかについて知ることになります。食生活についても同様です、日本人は、皆、同じ調味料を、毎日のように使っているが、あれは何だろう、となる訳です。そして、それが醤油だと知ると、使ってみようかと思うアメリカ人が出てくるのです。実際使ってみると、これはなかなか使えるということになりまして、アメリカ人が日本の国内でアメリカ料理に醤油を使い始めたのです。

これを、私どもの先輩たちが見ていました。「これならばアメリカ人の間にも醤油の潜在需要があるに違いない」と考えたのです。それで、アメリカに販売会社をつくった際に、日本人対象ではなくて、アメリカ人を対象に勝負すると決めたのです。これが非常に良い判断でした。

インストアデモンストレーションとレシピ開発で醤油を広める

しかし、アメリカの食文化の中になじみのない醤油を使ってもらう訳ですから、ただ、黙って店頭に並べ、買ってもらうのを待っているだけでは売れません。そこでいろいろとやってみました。その中で効果のあったものが二つあります。その一つはインストアデモンストレーションです。

これは、店頭試食販売です。スーパーマーケットの店頭で醤油を使って肉を焼きました。肉を醤油でマリネード（漬ける）する、そして焼く訳です。焼けた肉を小さく切って、楊枝に刺して、スーパーに買い物に来ているアメリカ人に差し出して食べてもらうのです。この方法が醤油の味を覚えてもらうために非常に役立ちました。

私は当時、ニューヨークにあるコロンビア大学の経営大学院、ビジネススクールに留学していたので、夏休みなどに試食販売の手伝いをしました。最初はおっかなびっくりで、醤油で味付けして焼いた肉をアメリカ人に差し出す訳です。何か文句でも言われるのではないか、とドキドキした記憶があります。ところが、この肉は非常に反応が良いのです。食べたアメリカ人たちは、「おいしいね」と、醤油を一本買っていくのです。私の実感としては、二人に一人ぐらい買ってくれただろうと思います。これはいける、と感じました。アメリカ人に醤油の味を覚えてもらう機会になった訳です。

1964年頃のインストアデモンストレーションの様子

実のところ、この経験をするまでは、醤油を海外で売ることに疑問をもっておりました。ところが、初めての醤油を口にしたアメリカ人の反応を体験したことで、醤油はおもしろい食品だと、国際的に相当売れる商品だろう、と強く思うようになりました。

それ以来、醤油への興味をもち続けて仕事をしています。あのインストアデモンストレーションのときに体験したアメリカ人の反応の良さが、私の仕事の原点になっています。

もう一つ、販売促進の手段として効果があったのはレシピ開発です。

サンフランシスコにある販売会社の中にテストキッチンを作りました。そこにアメリカ人のホームエコノミストたちを何人か雇いました。ホームエコノミストというのは、大学の家政学部を卒業した人たちのことを指します。圧倒的に女性の多い職業です。彼女たちには、アメリカ料理に醤油を使うにはどのような使い方があるか、という研究をしてもらった訳です。そしてそのレシピを作ってもらうのです。そして、彼女たちの作ったレシピを新聞社に売り込みました。

新聞の家庭欄は、記事になる情報がそんなに多くありません。経済欄とか政治欄などにはニュースがたくさんありますから、ビッグニュースや興味を引くような情報でなければ記事になりませんが、家庭欄というのは記事が少ないので、レシピを持ち込むと掲載してもらえるのです。

つまり、新聞を通してアメリカ人に醤油の使い方、醤油を使ったアメリカの家庭料理を広めることをやったのです。それから、クックブックも作りました。醤油のレシピを、小さいレシピブックにまとめ、それを、醤油の瓶の首の所に付けることもしました。醤油を買うとレシピが付いてくるという販売方法です。これによって、アメリカ人に醤油の使い方を知ってもらおうと考えたのです。

私どもにとって幸いだったのは、醤油と肉との相性が良かったことです。アメリカ人は肉をよく食べます。肉料理で醤油の味を覚えたアメリカ人は、段々と他の料理にも醤油を使ってくれるようになりました。

アメリカでは日本食が随分と普及しているから、醤油の販売をするにも楽だったでしょう、とよく言われますが、アメリカ進出当時は日本食はそれほど普及していませんでしたし、段々に日本食が普及しても、家庭料理として普及している訳ではなく、日本食レストランが増えたということです。その状態では醤油の販売が伸びるとは思えません。販売を伸ばすには家庭の中で使われる調味料となることが重要なのです。

こうした二つの方法はジワジワと広がり、醤油がアメリカの食文化の中に浸透するようになりました。

アメリカ工場建設のメリット

私どもは、まず西海岸からスタートしました。次にニューヨークに支店をつくって、東海岸、そしてシカゴにも支店をつくりました。さらに南部のアトランタにも支店をつくり、アメリカ全土にマーケットを広げていきました。

私はコロンビア大学のビジネススクールを終え帰国し、長期計画の担当に就きました。先輩たちが打ち出してきた国際化路線は間違いがない、と分析の結果から感じたのですが、その国際化路線が赤字だったのです。これは何とかしなくてはいけないということで、温めてきた構想を進言することにしたのです。それは、アメリカに工場を造ることの必要性についてです。つまり、アメリカに工場を造って、現地で生産しないと本当の国際化にはならない、と訴えたのです。そして、社内に委員会を立ち上げて検討してくれるように上司である当時の管理課長に訴えました。一九六五（昭和四〇）年のことでした。

結果は、委員会をつくり検討はしたけれど、時期尚早ということになりました。なぜ、時期尚早なのかというと、醤油は装置産業なのです。ですから、設備投資が非常にかかるのです。だから醤油工場を動かすには一定の需要がないと成り立たないのです。

それでも、現地で瓶詰めだけやろうということになりました。そしてしばらくの間、日本から醤油をアメリカに輸送し、現地で瓶詰めをしていました。これによってかなり採算が改善されたのですが、利益が出るまでには至らず、最終的に、アメリカに工場を造ろうという話が再び出てまいりました。

一九七一（昭和四六）年の春にアメリカに工場を造ることを決定し、そのプロジェクトを私が担当することになったのです。

アメリカに工場を造るメリットは三つありました。第一は、海上運賃がゼロになることです。それまでは、日本で造ったものをアメリカに輸出していた訳ですから、海上運賃がゼロになると、大きな経費削減になります。第二は、関税がゼロになるということです。当時、醤油の関税は一二％でした。その後六％に下がって、現在は三％ですが、この関税がゼロになるということです。

第三には原料コストの削減です。醤油の原料である大豆を、戦前は中国から、そして戦後はアメリカから買っていました。アメリカが世界最大の大豆産地です。アメリカから大豆を買って、日本で醤油を造って、またアメリカに持っていって売る。無駄が多いですね。原料の産地が近いところで造って売る。そのことによってコストが安くなるのです。

つまりアメリカに工場を造ることには、海上運賃がゼロになる、関税がゼロになる、原料も安くなるというメリットがあるのです。

当然、デメリットもあります。一つは陸上運賃です。アメリカ国内を陸上輸送しなくてはなりません。アメリカは大きな国ですから、各地に醤油を運ぶのには結構、陸上運賃がかかりました。これはマイナス要因です。さらに設備が高くつきました。アメリカで汎用機械を買うときは、そんなに高くはありません。汎用品は高くないのです。しかし、特注すると、ものすごく高くなります。醤油の機械は、ほとんどが特注なのです。ですから、設備投資に金がかかる、これもアメリカに工場を造るときのデメリットでした。

アメリカ中西部に初の海外生産拠点設立

メリット、デメリットを比較検討して、最終的にアメリカに工場を造ることにしたのです。私どもの、当時の資本金が三六億円でした。これ以上の資金がかかりました。工場を造るのに四〇億円以上。これは、なかなか取締役会で決まりませんでしたね。三回目でやっと決まった。大きな投資であり、大きな決断でしたね。

次にアメリカのどこに工場を造るのか。用地の選定をしなくてはなりません。私はアメリカの大学院で学んでいましたから、アメリカのことはある程度知っているつもりでいたのですが、アメリカ人の知恵を借りたほうが良いと思いました。そこで、コロンビア大学のビジネススクール時代の同級生で、コンサルタントをやっているマルコム・ペニントン氏に依頼をすることにしたのです。

彼にはアメリカに工場を造るべきかどうかを決める段階から相談に乗ってもらい、どこに工場を造るかについては、いろいろと調査を手伝ってもらいました。最終的に、ウィスコンシン州の南部にあるウォルワースに工場を造ることに決定しました。工場が完成したのは、一九七三（昭和四八）年、販売会社設立から一六年後のことです。

ウィスコンシン州はシカゴの近くにあります。シカゴがあるのがイリノイ州で、ウィスコンシン州は、そのイリノイ州の西北に位置します。ミシガン湖の南にあたるのがシガコ、ミシガン湖の西側にミルウォーキーという町があります。これはビールで有名な町です。このミルウォーキーがあるのがウィスコンシン州です。このウィスコンシン州の南部にあった一九〇エーカー（二三万坪強）のトウモロコシ畑だったところに、私どもは工場の用地を選びました。

なぜか？　それはアメリカの全土に醤油を運ぶのに便利だったのです。醤油の原料である大豆、小麦、食塩の入手にも便利でした。さらに労働力の質が良いのです。ウィスコンシン州の人々はとても勤勉です。さらに地域社会が非常に友好的でありました。しかも犯罪が少ない町でした。私どもの工場のある地域は車に鍵をかけない人がいるぐらいですから、非常に安心していられるのです。そういう所を工場建設地に選んだということです。

ところが、そこで一大問題が発生しました。工場建設の反対運動が起こったのです。日本の企業だから反対された訳ではありませんでした。また、醤油だから反対された訳でもない。

反対された理由の根本は住民感情でした。つまり第一の理由は、私どもが工場を造ろうとしていた土地が完全な農地だったのです。周りを見渡す限り農地です。車で三〇分ぐらい行かないと工場はないような地域でした。そういう農村、農業地帯の真ん中だったのです。農業地に工場を造られると困る、いかなる工場でも駄目だと言われました。

第二の理由は、やはり農地を手放したくないという農業従事者の素朴な思いです。これはもう世界万国共通です。反対に対して説得するのに約二カ月かかりました。

まず、絶対に公害を出さないと約束をしました。さらに、農家の皆さんと共存共栄できることを伝えました。要するに、私どもは農場で作る大豆、小麦を使う訳です。地元の作物を使って醤油を造ることで、共存共栄できます。最終的には地元の理解を得て工場の建設が可能になりました。

良き企業市民になる：経営の現地化をめざす

この反対運動が、私どもに大きな教訓を与えてくれました。それは、企業が永続するためには良き企業市民でなければならないということです。このことを強く学んだ訳です。それでは良き企業市民になるためにはどうしたらいいか。それは、できるだけ経営の現地化をすることです。

何をやったかというと、第一に取引です。機械を買ったり原材料を買ったりする場合は、条件がほとんど変わらなければ、日本の企業でなくてアメリカの企業から買いましょう、さらにアメリカの企業の中でも、できるだけ現地に近い企業から買いましょう、という方針を打ち出しました。

第二に労働力も、日本から行く人をできるだけ少なくして、現地で採用し登用しました。

第三は、現地の活動にできるだけ参画しました。

第四は、現地にできるだけ溶け込みましょう、ということです。これを進めることによって、良き企業市民になるべく、そういう努力をした訳です。

一九七三（昭和四八）年六月、アメリカ法人キッコーマン・フーズ社は操業を開始しました。ところが、その年に第一次石油ショックに見舞われる訳です。金利が二〇％、物価がやっぱり二〇％ほど上昇しました。これは日本でもアメリカでも同じ状況でした。この影響で最初の決算は大赤字でした。この結果には驚きましたし、ショックでしたね。しかし、私はインストアデモンストレーションで得た醤油に対するアメリカ人の反応を見て、売れると確信をもっていましたから、状況が落ち着けば大丈夫だろうと思っていました。

そして、私の予想通り、石油ショックの影響が落ち着いてくると利益が出てきました。一九七五（昭和五〇）年八月期には単年度黒字となりました。販売額はその後も順調に伸び、一九七七（昭和五二）年八月期の時点では累積損失を一掃できたのです。

一九五七（昭和三二）年にアメリカに販売会社ができて以来、ずっと赤字続きだった海外での商売が、初めて黒字が出るようになったのは一九七六（昭和五一）～七七（昭和五二）年あたりです。そこで初めて、キッコーマンとしての利益にプラス貢献が多少できるようになりました。一九九八（平成一〇）年にはカリフォルニア州にも工場ができ、安定した成長が続いています。現在では、キッコーマン全体の営業利益の約七〇％を海外で稼ぎ出しています。

世界へ、グローバル化を本格化

アメリカでの経験を一つのモデルとして、世界でキッコーマンの事業活動を広めてきました。

アメリカの次はヨーロッパへ展開しました。ヨーロッパ市場はアメリカと比べるとかなり保守的です。アメリカは、多くが移民であるという国民構造も影響しているのでしょうか、新しいもの、外部からのものを取り入れることに積極的な国民性が感じられます。

一方、ヨーロッパは、それぞれの国が独自の食文化をもっています。ですから、新しい食品、調味料が入ることは非常に難しい市場なのです。そういった意味ではヨーロッパで醤油の存在を確立するまでに、ずいぶんと苦労いたしました。

一九七九（昭和五四）年にヨーロッパの販売会社ができました。工場ができたのが一九九七（平成九）年です。一八年かかった訳です。アメリカでは一六年間で成し遂げた行程を一八年要したということです。しかし、おかげさまで、ヨーロッパでもだんだんと醤油が受け入れられるようになりました。現在では二桁成長が続いています。そしてアメリカに追い付いてくるという状況になってきています。

アメリカに工場ができた後、私どもは二カ所でマーケティングを本格的に始めました。一つがヨーロッパで、もう一つはオーストラリアです。

オーストラリア市場は人口が少ないので、工場を造るようなマーケットではありません。しかし非常にアメリカと似た市場だと考えています。食に対してあまり保守的ではないことも似ている要因の一つです。新しいもの、良いものは外部のものでも、どんどん取り入れるというのがオーストラリア人、オーストラリア市場の特徴です。さらに、オーストラリア人はバーベキューが好きです。海岸に大都市がありますから、バーベキューをする環境が身近にあるのでしょう。

バーベキューのときに使う調味料として醤油を使ってくれる可能性も高いのです。ということで、ヨーロッパとオーストラリアでマーケティングを始めました。ヨーロッパでは初めのうちは、かなり苦戦したのですが、オーストラリアは順調に伸びていきました。

また、オーストラリアやアジア市場にも醤油を広めるため、シンガポールに工場を造りました。一九八四（昭和五九）年のことです。

シンガポールは年間通して気温が高いので、日本で造っている醤油と同じ品質のものができるかどうか、心配でした。一年半の研究の結果、暑い所でも同じ品質の醤油ができるようになったのです。おかげでシンガポールに生産拠点をつくるという運びになりました。

苦戦していたヨーロッパでも、だんだんと醤油が売れるようになり、一九九七（平成九）年にはオランダに工場を造りました。オランダはヨーロッパの中で物流が非常に便利なのです。労働力の質も良い、さらに英語が通じる国なのです。多くの日本人にとって、英語でスムーズに会話をすることだけでも大変です。そこへもってきてドイツ語とかフランス語とか、その国の言葉を使い分けないといけない環境はかなりのストレスになるのです。言い換えれば、ビジネスにおいても、日常的にも問題なく英語が通じる国というのは、非常にやりやすいと言えます。もちろんオランダでもオランダ語が国語ですけれども、オランダ人はほとんどの人が英語を話せます。ですから、そういった意味でもオランダに工場を造るということを選択した訳です。

こうした行程を経て、現在、世界の約百カ国で醤油を売っております。海外の醤油の生産拠点は七カ所あります。アメリカに二カ所、オランダ、シンガポール、そして台湾、中国に二カ所です。

アメリカでつくったビジネスモデルをヨーロッパで展開、アジアでも展開してきています。そして将来的には南米、さらにアフリカにももっていきたいと考えています。

こうしてキッコーマンのグローバル化は着実に進んできました。そして売上の六割、営業利益の七割が海外事業で成り立っているという状況に成長しました。

グローバル経営の重要ポイント

私どもの経験からして、グローバル経営を展開する場合の要点は何かということを最後に伝えたいと思います。

グローバル経営の第一の要点は需要の確認、あるいは創造です。当然のことながら、商品の需要があるかどうか確認する必要があります。しかし、需要がなくても諦めてはいけません。創造できる、需要をつくり出すというチャンスがあるかどうかを確認します。需要をつくり出せるチャンスがあれば、それに挑むことです。私どもの場合、当初アメリカ人の食文化の中には醤油の需要はほとんどありませんでした。知ってもらう工夫をすることで、需要をつくり出したということです。

需要をつくり出すと、付加価値が高まります。需要が存在しないところに、需要をつくり出すほうが手間暇はかかるし、努力も必要なのですが、結果的には付加価値が高まるということです。

第二の要点は、技術優位性があることです。技術優位性のない商売は、砂上の楼閣になる可能性があります。他社と同じ程度の技術力で展開をし、最初はうまく商売ができたとしても、すぐ真似られる可能性があります。ですから技術優位性がないと続かないのです。私どもは、醤油を三百年造っておりましたので、バイオ技術など、かなり技術の蓄積がありました。実はアメリカにも醤油の競合会社が、初めの段階で二社あったのです。この二社ともにアメリカの大手の食品会社です。スタートした段階ではキッコーマンはマーケットシェア第三位でした。しかし、技術的にはキッコーマンのほうが優れていたため、今では大体六〇％ぐらいのシェアを占めています。

グローバル経営の三番目の要点は、経営の現地化、良き企業市民になることです。良き企業市民にならないと、トラブルを起こす可能性があります。

四番目の要点はコンプライアンスです。法律を守ることです。非常に重要なポイントです。

グローバル規模での競争がある社会を、もう少し厳密に定義すると、グローバルな規模でのルールに基づいた競争社会ということになります。ですから、競争はルールに基づいて行なわなければならない訳です。スポーツでも当然、国が違っても同じルールで戦う必要があります。ビジネスでもそうです。ルールに基づかないで競争すると、市場から締め出される結果になります。

ぜひ、広い視野と緻密な努力、工夫をもって、海外へ挑戦していただきたいと思います。

［質疑応答］

ルールに縛られない競争社会で戦うために、マナーのある社会人であることを望む

——例えば、海外の醤油を知らないお客様に、醤油を知って、試してみようと選んでもらう、というように、消費者が知らないものを、知って、それを選んでもらうためにしている工夫はありますか。

茂木　醤油に限って言えば、アメリカの一般家庭でも使われていますよと説明するのが効果的ですね。やはり、誰かが使っていると言うと選びやすくなります。あとは、実際に少し試してもらうといいですね。醤油に限らず、お客様にとって知らないものというのは、やはり選びにくいものですから、少し試して、その良さを自分で納得してもらうことが大切だと思いますね。

——所謂おふくろの味として肉ジャガとか、筑前煮とか、醤油を使った料理があると思うのですが、そういう料理も技術の進化によって簡単に作れるレトルトや冷凍の食品、混ぜるだけで作れるソースなどが出てきていますよね。そういうレトルトのものはおいしいのですけど、やっぱり家庭の

味という感じがしないという感覚があるんです。そういうことについて、会長が何か思うところがあれば教えていただきたいです。

茂木　確かに、一九七〇年代、あるいは八〇年代頃までは、多くの家庭で醤油を買ってきて、自分の家の味に合った料理を作っていた訳です。例えばそばつゆを作るとか、焼き肉のたれを作るとか、サラダドレッシングを作るというのも、家庭独特な調合というか、そういうものがあった訳です。ところが時代と共に、女性の社会参加が進みました。女性が働くようになると、料理に使える時間が少なくなりますね。

料理をする時間がなくなりますと、どうするかって。やっぱり我々メーカーがその代行をすることになる訳です。だから、キッコーマンでも、手軽に使ってもらえるそうざいの素を商品化しています。確かに、全部の人のおふくろの味という訳にはいかないでしょうね。でも、ある程度はやむを得ないことだと考えています。

ただ、例えば日曜日とかには、お母さんに特定することなく、家族で料理をするとか、自分たち家族の味を作っていただく時間をつくる、そういう工夫があると、問題の解決がある程度図れるかなと思います。

まだまだ画一化された味で、おふくろの味には遠いかもしれませんが、私どもとしても、いろんなレシピを多くの方々に提供できるように、知恵を絞って、今後もやっていく必要があると考えています。

――今後のグローバル展開としてこれから経済成長が見込まれるアフリカ市場についてはどうお考えでしょうか。

また、醤油を製造する過程でどうしてもアルコールが出てきてしまう訳ですが、戒律でアルコールの摂取が禁じられているムスリム圏の市場においてはどのような展開を考えていらっしゃるのでしょうか。

二〇〇八（平成二〇）年にグローバルビジョン二〇二〇を出されていますが、それより進展したことなどがあればお聞かせください。

茂木　二〇一八（平成三〇）年四月に、グローバルビジョン二〇二〇の次の二〇三〇（注6）をつくりました。

まずアフリカですが、現在アフリカはまだ、今すぐに良い市場になるというようには考えていません。ただそれは、これから私ども自身がマーケットをつくっていけるということでもあるので、そういう点では楽しみだと思っています。初めは、アフリカの人たちの中でも高所得者向けのレシピを開発することで入り込めるのではないかと考えています。

あるアメリカ人の靴屋の社長が、アフリカにセールスマンを派遣したのだそうです。そしたらセールスマンはアフリカの人たちを見て帰ってきて、「アフリカ人はみんな、何十年も前からはだしで歩いています。だから、靴なんか売れません」と言ったそうです。それを聞いた社長はセールスマンに向かって「ばか者」と一喝したのです。そして、「それだからいいんだ。これから靴という新しい需要が開拓できるんだ」と説いたそうです。

私どもも同じです。今アフリカではほとんど醤油が売られていませんから、これから売る市場ということで注目したいと思います。

それと、ご指摘の通り、醤油にはアルコールが入っています。これは醤油を造る過程で発酵させるときにアルコールが作られるからなのです。そのままでは中東のムスリム圏では売れないのです。ですので、発酵した後にアルコールを抜く作業をやっています。そういうアルコールを含まない醤油を造る工場がいくつかありまして、その工場で造ったものを中東で売っているのです。

――アメリカへ進出するにあたり、アメリカ市場への進出の有用性は社内で認められていたとしても、伝統的な日本企業だからこその、革新的な展開に対する反発のようなものはあったのでしょうか。

また、当時は海外進出を助けるようなコンサルティングファームもなければ、そもそも資本金を上回るような巨額の投資額が必要であったということで、そういった難しい状況の中で、アメリカへの

（注6）二〇一八（平成三〇）年四月に策定した、新たな長期ビジョンで、二〇三〇年を目標とするキッコーマングループのめざす姿とその戦略を示したもの。二〇三〇年に向けて「新しい価値創造への挑戦」をテーマに大いなる挑戦をすると宣言している。

進出を英断することができたのはどういった要因が大きかったのか、お聞かせください。

茂木　アメリカ市場への進出を考えていた時というのは、日本国内での醤油需要が伸び悩んでいるという状況でした。そういった状況があったからこそ国際化を検討する姿勢が社内に生まれました。これはやらなきゃいけない、という強い要請が社内に存在していたことが大きな要因であったと思います。

ただ、やはり工場を造るということになると、当時の資本金以上の投資額になった訳ですから、随分議論はしました。それでも工場を造ることができたのは、国際化に生き残りをかけた姿勢があったからだと思いますね。

――グローバル化戦略の中で、コンプライアンス、あるいは経営の現地化は企業において重要だというお話をされましたけれど、茂木会長自身の長い社会生活の中で、これは学生たちにとって重要であるというような、人生の指針みたいなものを教えていただければと思います。

茂木　私が大切にすべきだと思うことはやはり、コンプライアンスですね。それに加えてマナーということも重要だと伝えておきたいです。

まず、最低でも守らなければいけないのはコンプライアンスです。経済社会は競争がありますから、誰しも勝ちたいと思う訳です。だからといって皆が好き勝手にやったのでは大変なことになってしまいます。だからそこにはルールがある訳です。ルールを破る人が増えてしまうと自由主義経済自体が危うくなってしまいます。だから誰もがルールは守らなければならない。これがコンプライアンスですね。ただ、注意しなければならないのは国や地域によってルールが違うということです。ですから国際的に仕事をする時には、よほど注意してやらなければ、ルールを破った意識がないままに破ってしまっているということも起こります。

しかし、ルールを守るというのは最低でも必要なことであって、私が皆さんにお話ししたいことは、マナーを守る国際人になってもらいたいということです。どういうことかというと、ルールは最低限のことを決めている訳です。その他の部分はマナーでカバーしなければいけない。マナーを守らない人が増えると、ルールが増えることになります。ルールで何もかも縛られたような社会になってしまいます。そういう社会の住み心地はよくないし、仕事していても良い仕事ができない訳です。だから、ルールをできるだけ少なくしても、成り立つ社会が理想です。さらに言えば、ルールで決められていなくても、これはおかしいっていうことを個人個人がわかっていて、誰かが困ること、ずるいと批判されるようなことはやらない社会ということです。

そういうマナーを大切にしてほしいと思います。

――茂木会長はこれまで、六〇年代から、多角化、国際化など大きな意思決定に臨んでこられたかと思います。そうした意思決定の時に、不安なことや迷うことが当然あったかと存じます。そうした時に、茂木会長の背中を押した経営の哲学、信念のようなものがあれば、ぜひご紹介していただきたいのです。

茂木　私がコロンビア大学のビジネススクールで習ったことは、まずはできるだけ情報や知識を集めて事実関係をはっきりさせろということでした。ですが、世の中はいろいろなものを集めたからといって、それだけでことが決められるほど簡単ではありません。調べても探しても、まだわからないことが多い中で決めなければならないこともあります。その時はできるだけ論理的に考えろと教わりました。ですからそれを守っています。

実際、何かものを決める時は、販売の予測にしたってデータがすべて揃っている訳ではありませんからね。

――　たくさんある醤油メーカーの中で、キッコーマンと他の醤油メーカーとの差は、どういう点が一番大きいでしょうか。キッコーマンといえば醤油メーカーの中で日本最大のメーカーになられて、国際化もされている訳ですけれど、他のメーカーとはどういう点が違うのかお聞かせください。

茂木　醤油メーカーでいうと企業規模が一位と二位以下とで大きく違うのです。ですから、規模の差というのが存在するでしょうね。では、どうしてそういう状況になったかというと、私どもの会社は、今から一〇一年前の一九一七（大正六）年に八つの醤油醸造家が合併して株式会社をつくりました。そのためある程度の規模が、最初から存在した訳です。これが要因としては大きかったと思います。もしこの合併がなければ、今ぐらいの規模にはなっていなかったでしょう。

ある程度の規模があったので、一九五五（昭和三〇）年頃、醤油の需要が伸び悩んだ時に、多角化と国際化を両立することができたのです。他のメーカーで何十年かたってから国際化をしたところはあるのですが、私どもと同時期に国際化を実現できたところは一つもない訳です。

またキッコーマンは一九四九（昭和二四）年に東京証券取引所に株式を上場しました。これもある程度の規模が確保できていたから可能だった訳です。

Column

文化・ニーズとの融合による需要創造

一般的に、調味料のように「おいしい」や「香りがいい」といった感覚的・情緒的な価値に訴求する財は、「早い」、「便利」といった機能的な価値を訴求する財と比べて、既に存在する製品の中で競合していくのは難しいと考えられます。

企業名 マコーミック
(MKC)

企業名 スパイスやハーブ等の調味料をグローバルで販売する、世界最大の調味料メーカー。

創業 1889年　**本社** 米国メリーランド州

時価総額<18.9> 1兆9,000億円

財務<17.11> 売上高：5,000億円

営業利益（率）：900億円（16.6%）

ROA：7.7%

株価（ドル, 四半期毎, 配当再投資）

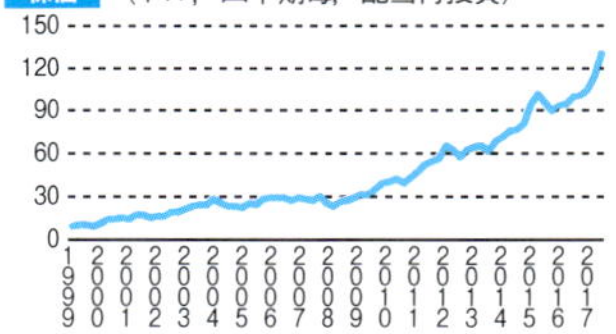

例えばスパイスで世界トップシェアを持つマコーミック社は、長きにわたりトップシェアを維持し続けています。これはひとえに料理の基本的な味を規定するマコーミックのスパイスが顧客の継続的な支持・ロイヤリティを獲得し続けた結果であるといえるでしょう。

特にスパイスは、基本的な味を規定するという役割に比して、料理の総コストに占

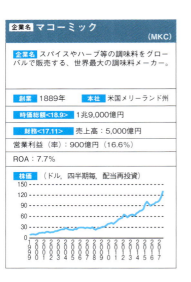

図表2-1 ｜ Herbs and Spices 市場のシェア推移（世界）

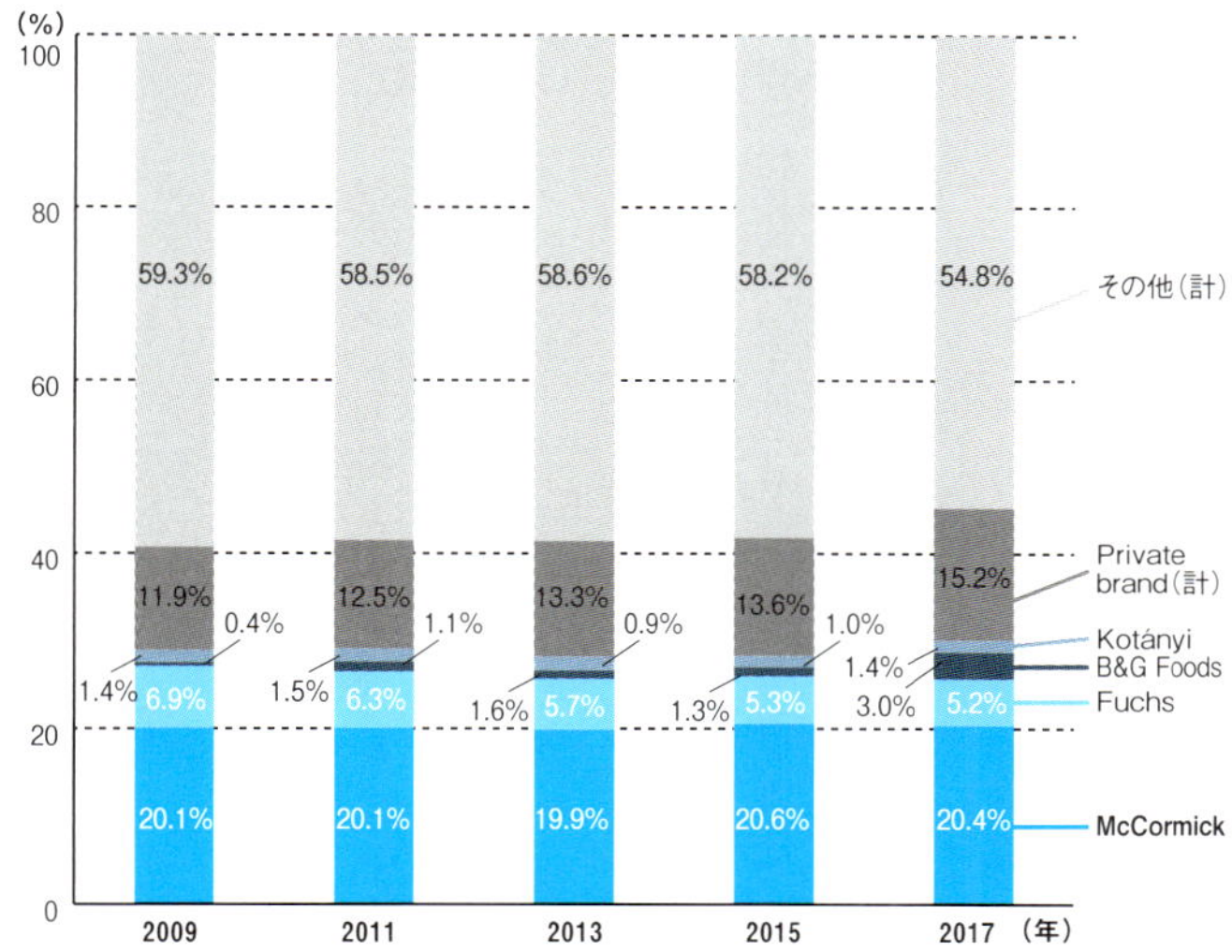

出所：EuromonitorよりNVIC作成

める金額の割合が低いため、一旦その味に慣れる・気に入ると他の製品を使う理由が無くなってしまう、という特性もあり、意識的か無意識的かは別にして顧客ロイヤリティが高くなりやすいといえます。

では、このように顧客ロイヤリティが高くなりやすい調味料の市場の中で、なぜ日本固有の醤油は現在のように普及するに至ったのでしょうか？　その背景には、“現地の文化・ニーズとの融合”、そしてそれを実現するための長期的な取り組みがあると考えられます。

茂木友三郎会長が講義でも述べられたように、アメリカでは店頭で醤油に漬けた肉を焼くインストアプロモーションやレシピの普及を通して、アメリカ人の好む肉と醤油の相性の良さが浸透していったことが醤

Column

油需要の拡大につながりました。また、欧州ではアメリカでの経験を元に進出当初に鉄板焼きのレストランを開店し、醤油を使った料理を現地の消費者に体感してもらう取り組みを進め、普及を進めていったようです。

このように現地の食文化に馴染み、根を張る取り組みは短期間で結実するものではありませんが（実際にアメリカも欧州も販売会社設立から現地工場設立まで十数年かかっています）、その取り組みの結果、醤油が現地の食文化の一部として一旦根付いてしまうと、その後は非常に安定した需要を持つ必需品に変化すると考えられます。

実際に、“KIKKOMAN”は米国でのSoy Sauceの代名詞のように使われる言葉となり、家庭の味の一部として母親から子供に受け継がれる、といったこともみられるようになりました。

調味料のような日用品・生活必需品のグローバル展開において、“現地の文化・ニーズとの融合”はKSF（Key Success Factor、事業を成功に導く要因）のひとつといえます。そして、“現地の文化・ニーズとの融合”を実現させるには長期的な取り組みが必要であるがゆえに、それを実現した企業は非常に強い事業を持つことになるのです。キッコーマンの醤油はそれを実現した稀有な事例といえるでしょう。

89　第二章　グローバル展開成功の鍵は、現地に根差した経営をすること

丸井グループの価値共創経営

株式会社　丸井グループ　代表取締役社長 代表執行役員　青井 浩

はじまりは家具の月賦販売

はじめまして。丸井グループの青井です。本日は、「企業価値創造と評価」というお題をいただいております。それを真っ正面から受け止めて、直球で投げ返したいという気持ちを込めまして、丸井グループの「価値共創経営」についてお話しいたします。

まず、丸井グループの創業時の話から始めましょう。創業は一九三一（昭和六）年です。祖父が興した会社で、家具を月賦販売で販売していました。

月賦販売という言葉になじみのない方も多いかと思います。これは月々の分割払いで商品代金をお支払いいただくという販売方法のことです。当時、家具はとても高価な商品でして、場合によっては一生使うものですから、価格も高額だった訳です。そこで購入するときの代金をお貸しして、それを月々、分割してお支払いいただく商売をしておりました。

つまり、家具の販売という小売業と、購入代金をお貸しするという金融が一体となっているところが特徴だったのです。私たちはこの小売・金融一体の独自のビジネスモデルを創業以来八七年間、世の中の変化、消費者の変化に合わせて、進化させ続けてまいりました。これが丸井グループです。

講演者・青井 浩氏。

信用はお客様と共に作っていくもの

当社の業績は、バブル経済のピークを迎えた一九九〇（平成二）年に最高益を記録しました。ところがバブル経済が崩壊するとともに、売上も急落しまして、その後、長い停滞期に入りました。さらに二〇〇七（平成十九）年に入りますと、貸金業法改正（注1）やリーマンショック（注2）の影響で、経営危機に陥りました。この経営危機状態は実に七年もの長きにわたるもので、赤字決算を二度も強いられるなど、とても厳しい時期でした。

業績が回復したのは二〇一四（平成二六）年三月期からに

なってからです。その後はおかげさまで増益が続き、今期は二七期ぶりに、過去最高益を更新する見通しです。

私たちの経営の中核を成す考え方は、「共創」です。共に創る。この考え方は、創業者の「信用は私たちがお客様に与えるものではなく、お客様と共に創っていくもの」という言葉に由来しております。そして、この言葉通り、私たちは商品、店舗、クレジットカード、その他様々なサービス、あるいは広告に至るまですべてをお客様と共に創っております。

さらに、近年では、この考え方をお客様だけではなく、すべてのステークホルダーにも広げて、ステークホルダーと共に、企業価値を創造する価値共創経営を進めています。

企業価値の共創

企業価値をすべてのステークホルダーの利益が重なる部分と定義

そもそも、企業価値とは何か。私たちは私たちなりの答えを出すために、一年ほど時間をかけて、全社員で話し合いを重ねてきました。そして、企業価値を「すべてのステークホルダーの利益の重なり合う部分」と定義しました。そして、その重なり合う部分を広げていくことが企業価値の向上であると考えています。

図表3-1 ｜ 企業価値視点の「共創経営」：私たちの考える企業価値

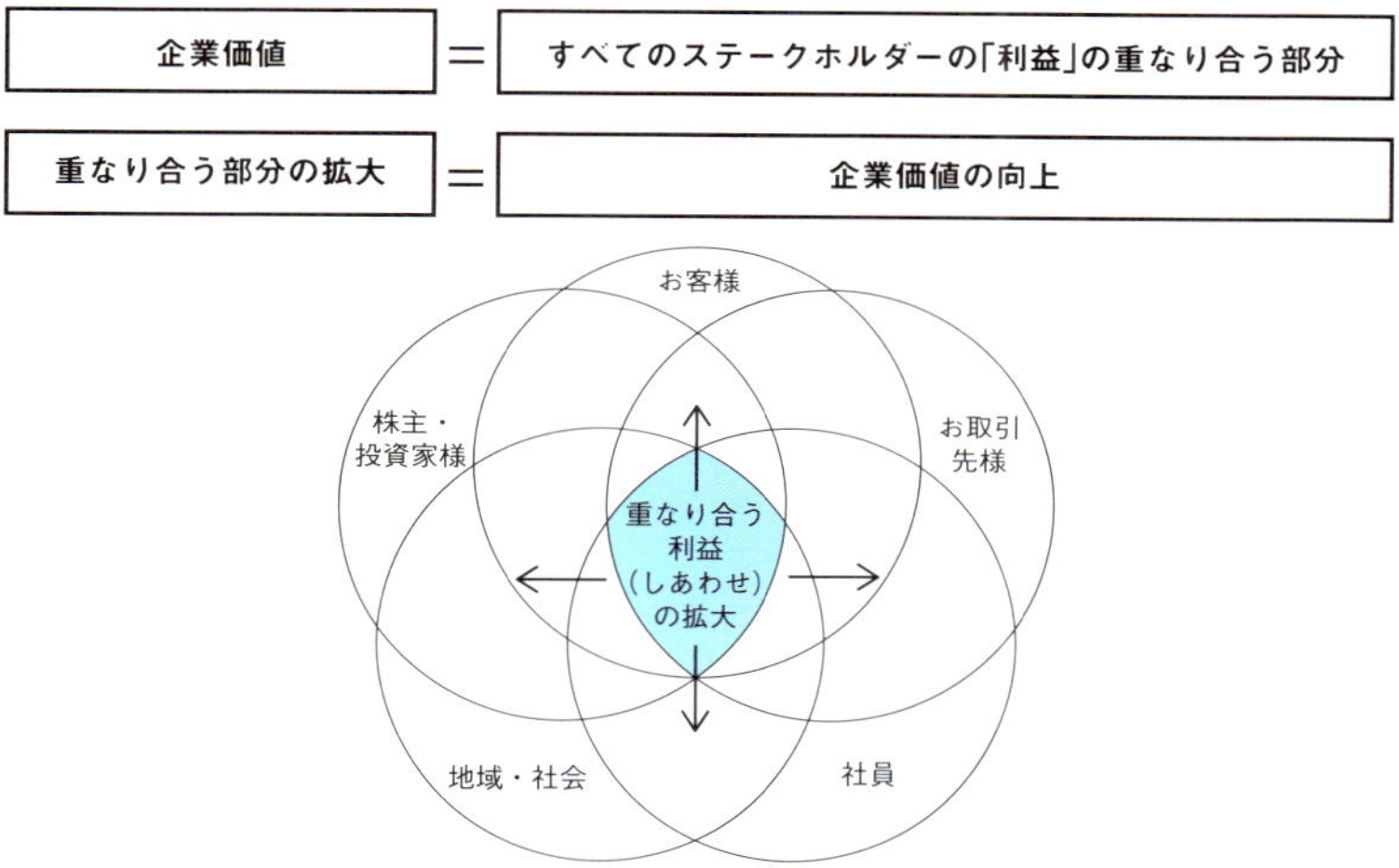

企業を取り巻くステークホルダーは、お客様、株主・投資家様、お取引先様、地域・社会、社員など多岐にわたります。こうしたステークホルダー間の利益はしばしば相反する、対立すると言われます。しかし、よく目を凝らして見ると、ステークホルダー間には利益が重なる部分も見出されます。

私たちはその利益の重なり合う部分に注目をして、それを拡大していくことが企業価値の創造であると考えております。

（注1）貸金業法というのは、消費者金融などの貸金業者の業務などについて定めた法律で、二〇〇六（平成一八）年に可決・成立し、二〇一〇（平成二二）年六月に完全施行された。これによりキャッシング業者などに大きな影響が出た。

（注2）二〇〇八（平成二〇）年アメリカの大手投資会社・証券会社のリーマン・ブラザーズ・ホールディングスが経営破綻し、世界に金融危機が顕在化した出来事。この出来事をきっかけに、世界経済の停滞が加速度的に広まった。

企業価値を拡大するポイントは信用の共創である

どうすればステークホルダー間の利益の対立を乗り越えて、利益の調和としての企業価値を創造することができるのか。そのために私たちが大切にしているのが「共創」という考え方です。

この考え方は創業者が残した「信用は私たちがお客様に与えるものではなく、お客様と共に創り上げるもの」という言葉を基礎としています。

金融業界においては、お客様を与信という考え方で判断します。つまり、お客様に対して、企業側が信用できるかどうかの判断を与えるという考え方です。私たちの創業者は、この与信という考え方を否定したうえで、信用はお客様と共に創るものだ、と言い切っています。私たちはこれを「信用の共創」と呼んでおります。

そして、この信用の共創こそ、丸井グループのコアバリュー（中核的な価値、価値の源泉）だと考えています。

コアバリューは玉ネギの芯のようなもの

では、コアバリューとは何か。それは玉ネギの芯のようなものではないかと思います。玉ネギは表面のパリパリとした茶色い皮から、内側の白くてみずみずしい部分まで、何枚もの皮が折り重なってできています。企業価値も同様に、外から見えやすい価値と、その内側にあって見えにくい価値が、幾重にも折り重なるようにしてできています。

有楽町マルイ（東京都千代田区）。

株式会社　丸井グループ

1931（昭和6）年に家具の月賦商として創業し、当時から顧客との信用の共創を打ち出したビジネスモデルを展開してきた。現在、事業内容は小売り事業、フィンテック事業であり、小売・金融一体の独自のビジネスモデルで多くの顧客に支持されている。すべての人のしあわせを共に創るという理念に基づき、インクルーシブで豊かな社会をめざし、さらなる進化を進めている。

青井 浩（あおい・ひろし）

株式会社マルイグループ 代表取締役社長 代表執行役員

1986（昭和61）年当社入社、常務取締役、副社長等を経て、2005（平成17）年4月より代表取締役社長就任。
創業以来の小売・金融一体の独自のビジネスモデルをベースに、ターゲット戦略の見直しや、ハウスカードから汎用カードへの転換、SC・定借化の推進など、様々な革新を進める。ステークホルダーとの共創を通じ、すべての人が「しあわせ」を感じられるインクルーシブで豊かな社会の実現をめざす。

丸井グループの場合でいうと、外側の茶色い皮に当たるものは、例えば都心の一等地にある店舗や、六五〇万人のカード会員や、六〇〇〇人の優秀な社員などでしょうか。これらは、誰から見てもわかりやすく、すぐに思い浮かぶ価値ですが、当社独自の価値かというとそうでもありません。同じような価値をもつ企業はたくさんあります。

では、他社とは違う自社独自の価値を求めていくと、どうなるか。一枚一枚皮をむいていくごとに、他社とは違う自社独自の価値に近づいていきます。そして、ついにもうこれ以上はむけないというう芯のところに行き当たります。この芯の部分、つまり他のいかなる企業とも異なる、自社を自社たらしめている独自の価値、これを除いてしまうともはや自分たちではなくなってしまうような価値、これがコアバリューだと思います。

そして丸井グループにとっては、「信用の共創」こそが玉ネギの芯、つまりコアバリューなのです。

「信用の共創」と「与信」の違い

私たちがコアバリューとしている「信用の共創」と対比する考え方が「与信」です。では、具体的にどう違うのかを考えてみましょう。

例えば金融機関が発行するクレジットカードにAさん、Bさん、Cさんが同時に申し込んだとします。金融機関では、この三人の年齢、職業、年収などに応じて審査をして、信用供与額（利用限度額）

図表3-2 | 与信：金融業の考え方

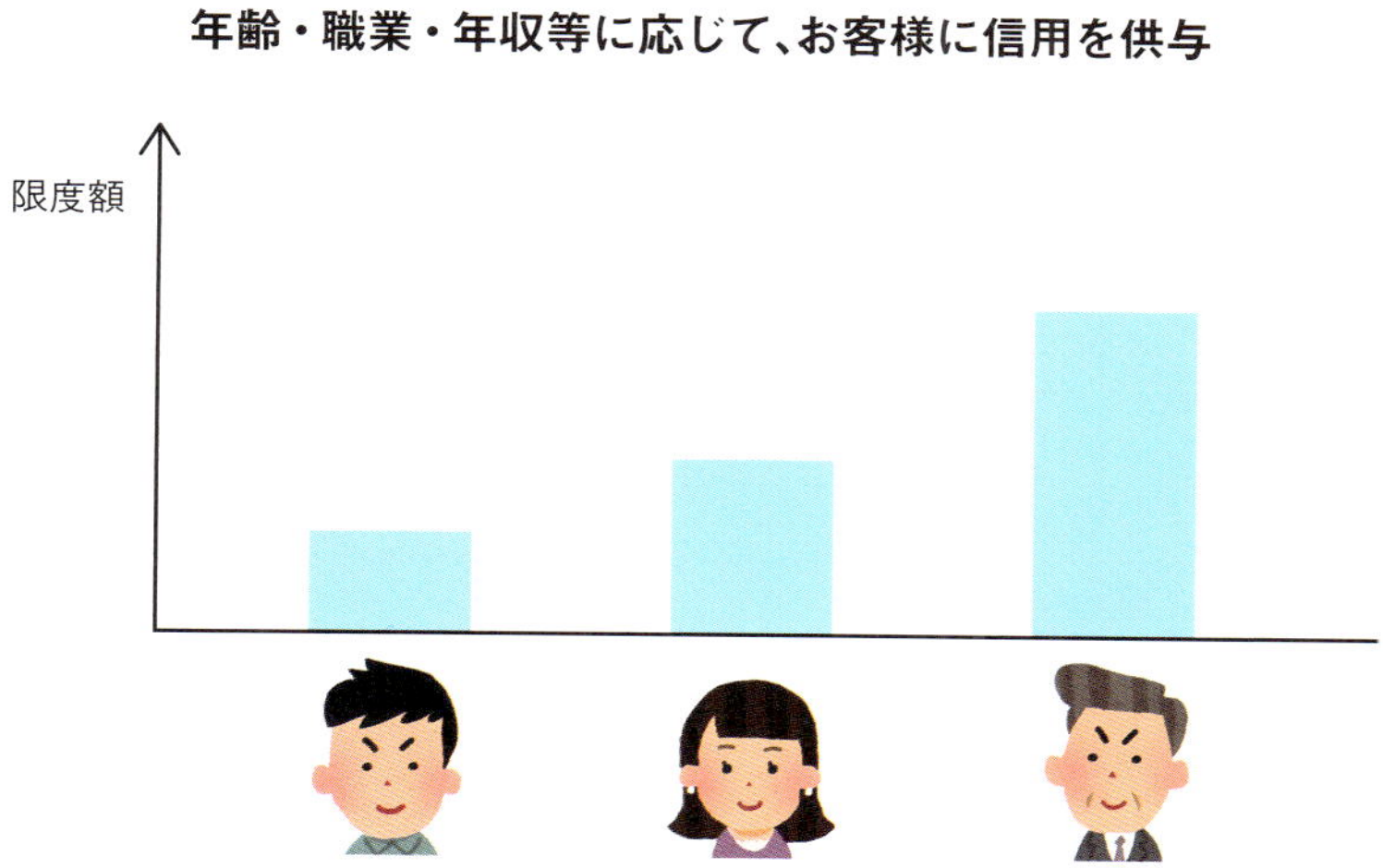

を決めます。

例えばAさんが二三歳の新入社員で年収が二三〇万円とすると、Aさんの信用供与額は三〇万円ですね、と決まります。Bさんは二八歳の会社員で年収が四〇〇万円とすると、Bさんは五〇万円ですね。Cさんは四〇歳の管理職だとすると、この人は一〇〇万円まで利用可能としましょう、と決まります。つまりお客様の信用を金融機関が審査をして決めます。判断するのはあくまでも金融機関ということで、金融機関がお客様に信用を与えます。これが与信です。

一方、丸井グループは、お客様の年齢や職業、年収などの外形的な基準によって信用を判断しません。ここが重要なところです。

では、何で判断をしているのか、と言いますと、AさんもBさんもCさんも原則同じご利用限

図表3-3 ｜ 信用の共創：丸井グループの考え方

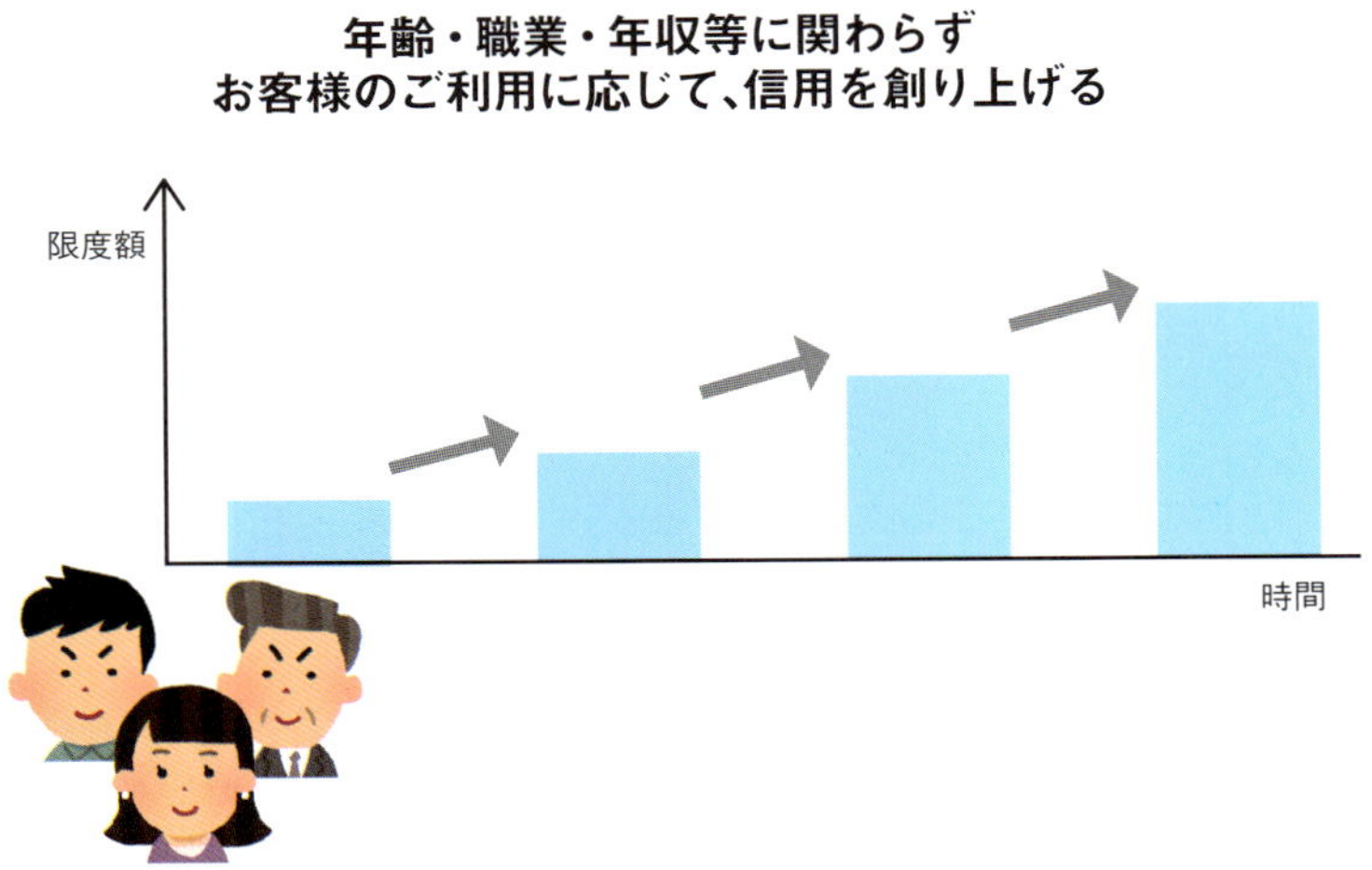

度額からスタートして、その後はご利用の実績に応じて限度額が上がっていきます。このようにご利用実績に応じて、お客様と共に信用を創っていくのが、私たちの信用の共創です。

それでは、次に、「信用の共創」というコアバリューが、実際に企業価値にどのくらい貢献しているのかをみてみたいと思います。

信用の共創だから実現できる高利益率

私たちのクレジットカードビジネスのROIC（注3）は三・九％と、競合他社の一～二％に対して二～四倍高くなっています。一般的にクレジットカードのビジネスは薄利、利益率の薄い商売だと言われています。そうした中で、当社は例外的に高い利益率を実現しています。その理由は、他社に比べて、私たちのカードをご利用いただいているお客様の半数以上が三〇代以下の若いお客様だということです。若い方はお財布が小さいわりに、いろんな出費の機会が多いので、年配の方と比べると、カードのご利用が多くなる傾向にあるのです。そこが高利益率の要因になっています。

このような話を投資家様に説明すると、他社が顧客化できていない若い層を掴んでいることは素晴らしいと言われます。一方で、若い人は収入も少ないし、資産もあまりないので、信用が低い。信用が低いということは、リスクが高いということ。つまり、貸倒率も高くなってしまうのではないか、と必ず言われます。

では、私たちの貸倒率はどれくらいなのかというと、一・四五%です。業界平均が二%ですので、私どもは業界最低水準です。しかも、最も低い水準をずっと以前から維持しています。

この数字と先ほどのROICをお見せすると、ほとんどの投資家様は、納得できないなという表情を示されます。なぜかと言いますと、彼らの常識に反するからです。

投資家様には、若い人や収入の低い人は、信用が低い人という等式が頭の中にあるのです。だから彼らにとっては、若い人を顧客とすると貸倒率が高くなるのが当たり前なのです。

ではなぜ、若い人を中心にしたカードビジネスで、リスクを抑えて、高い利益率を実現できるのか。その秘密はもうおわかりのように「信頼の共創」にあります。利益率と貸倒率がトレードオフ

(注3) Return On Invested Capitalの略。投下資本利益率。企業が事業活動のため投下した資本に対し、どれだけ利益を生み出したかを示す指標。

（一方を立てると他方が立たない）の関係にあるというのは金融業界の常識です。ですが、私たちはお客様の信用を審査して、一方的に与信するのではなく、低い限度額からスタートして、お客様と共に信用を創ることによって、このトレードオフ関係という金融業界の常識を覆すことができるのです。

信用の共創から価値共創経営へ

ではもし、私たちにこのコアバリューがなかったとしたら、丸井グループの企業価値はどうなっていたのでしょうか。仮にカードビジネスのＲＯＩＣが他社並みだったとします。現状、私どものカードビジネスは、丸井グループの営業利益の大体七割を占めていますので、それが三分の一になる計算です。つまり営業利益に占める割合は二〇％になります。小売りが占める営業利益の割合が三〇％ですので、あわせて五〇％。要するに利益が半分になってしまいます。

もしＰＥＲ（注４）（株価収益率）が変わらなかったとすると、時価総額は、現状五〇〇〇億円ほどなので、二五〇〇億円程度になると試算できます。

コアバリューの力がこのように凄まじいものだとすると、この力をさらに活かすことで企業価値を高められないだろうか、という思いが生じてきても不思議ではありません。こうした中で、自然と注目が集まってきたのが、「共創」という考え方そのものです。私たちは共創の対象をクレジットだけでなく、ビジネスの領域に広げました。また、共創のパートナーも、お客様だけではなくすべてのステークホルダーに広げていきました。
この拡大されたコアバリューが、私たちの「価値共創経営」です。

商品の共創

それでは、価値共創経営の取り組み事例をご紹介します。まず、商品の共創です。

「ラクチンきれいシューズ」という愛称で呼ばれているプライベートブランドの婦人靴をご紹介します。商品開発のきっかけとなったのはお客様へのアンケートでした。アンケートを行うまで私たちは靴の履き心地に不満を感じているお客様が八九％もいらっしゃるとは思ってもいなかったのです。つまり想像以上に靴の履き心地へのニーズが高かった訳です。これをきっかけに、デザインだけではなくて、履き心地も良い靴を作るために、お客様に協力をしていただくことになりました。

具体的にどのように共創したかと言いますと、年に六〇回ぐらい、お客様座談会を開催しまして、新しい木型から起こしたサンプルを試着していただきながら、対話を重ね、文字通りお客様と共に創ってきました。

（注４）税引き後の利益を、その会社の発行済株式数で割ると、一株当たりの利益が計算できる。この一株当たり利益に対し、株価が何倍まで買われているかを表したのが株価収益率（Price Earnings Ratio）。一般に、成長が期待できそうな株式のＰＥＲは高くなる。

図表3-4 ｜ 商品の共創：ラクチンきれいシューズ

・お客様へのアンケート結果を基にお客様参画型の商品開発を実施

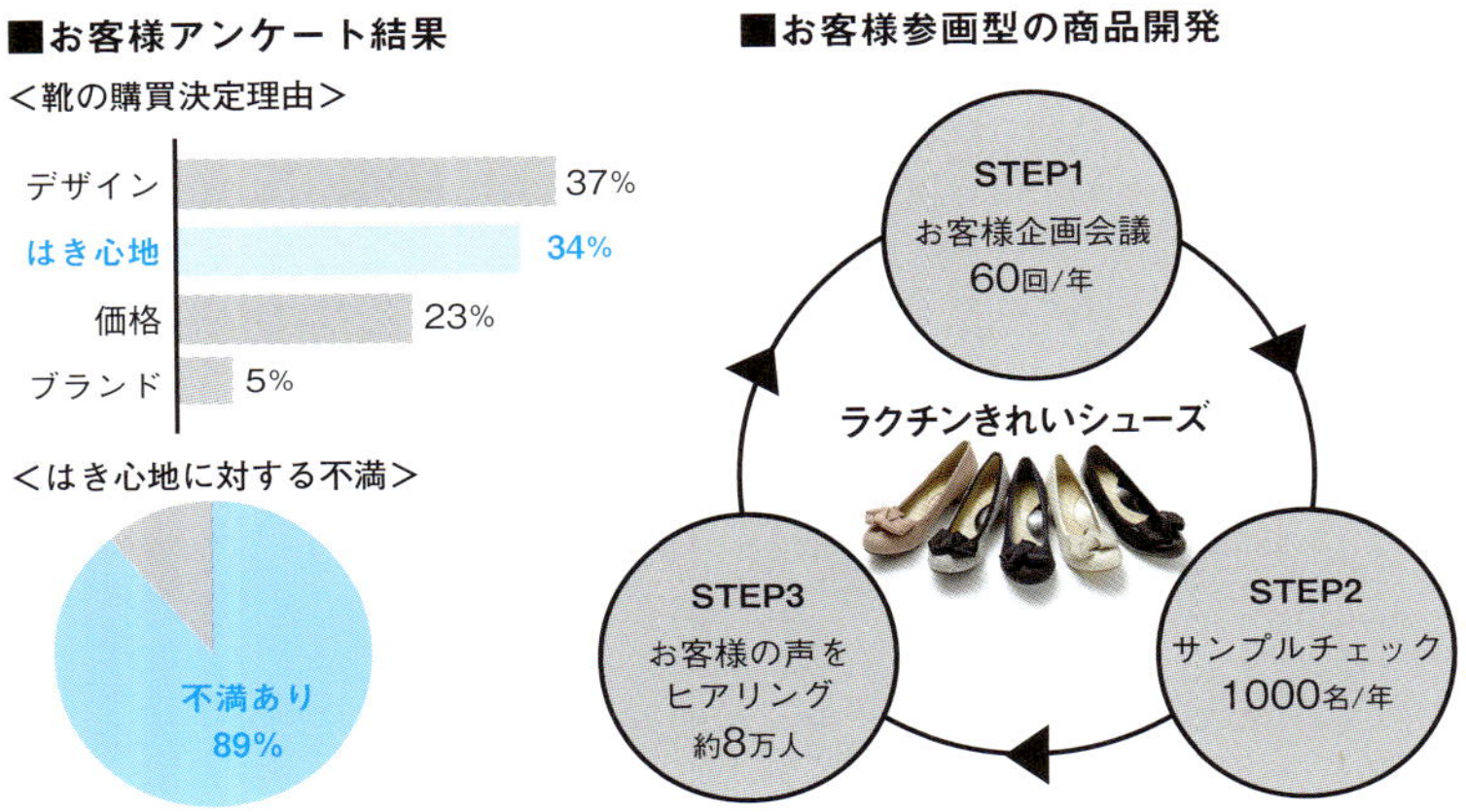

さらに、今までよりも大きいサイズや小さいサイズに潜在的なニーズがあることが、お客様との対話から発見できたので、サイズの展開をそれまでの七サイズから思い切って一六サイズまで拡大しました。つまり一九・五cmから二七・〇cmまで〇・五cm刻みで一六サイズを作りました。成人女性のほぼ一〇〇%の方をカバーできるようになりました。

共創の取り組みの結果、「ラクチンきれいシューズ」は、おかげさまで、累計四〇〇万足以上を販売する、業界でも異例のベストセラーとなりました。二〇一〇（平成二二）年にゼロからスタートした売上高は七年間で五二億円に達しました。

店舗の共創

次に、店舗の共創です。

二〇一六（平成二八）年に博多マルイが開店し

図表3-5 | 店舗の共創：博多マルイの店づくり

・お客様との企画会議でコンセプト・品揃え・モノづくりや
接客サービスまでを議論した結果に基づき店づくりを実現

■お客様企画会議（延べ15000人・600回開催）

「服ばかりだと楽しくない」
「**雑貨・食品**が揃うと気軽に使える」

▼

カテゴリー構成

	ライフスタイル	アパレル
博多マルイ	70%	30%
マルイ都心店	40%	60%

■開店後のお客様の声

「手頃な商品が多く**毎日ふらっと立ち寄りやすい**」
「食や雑貨が多くあり**年齢・性別問わず楽しめる**」

ました。開店の一年半ほど前から、延べ一万五〇〇〇人のお客様と約六〇〇回の企画会議を開催して、店づくりを進めてまいりました。

その中でわかってきたことは、私たちが主力のカテゴリーだと考えていたアパレルに対して、お客様のニーズが少ないということでした。お客様の興味・関心は飲食に集中していたのです。

また、お店の入口に当たります導入階、つまり一階は、主力ターゲットである女性向けのフロアではなくて、老若男女みんなが楽しめるフロア、家族と来ても、お友だちと来ても、みんなが楽しめるフロアにしてほしいという強い要望があることもわかりました。

このようなやり取りの結果、博多マルイでは、これまでの丸井では考えられなかった画期的な店づくりが実現しました。導入階がすべて飲食で構成された店舗です。これがどのくらい画期的なことかと言いますと、およそ百貨店は世界中どこへ行っても、導入階は、化粧品やラグジュアリーブランドなどのショップが入ると相場が決まっているのですが、博多マルイはその常識を覆してしまったのです。その結果、博多マルイの客数は、私どもの歴代の開店の最高記録を更新することができました。また、博多マルイの成功事例を、他の店舗にも導入することで、店舗の客数、売上も拡大させることができました。

エポスゴールドカードの共創

私たちは二〇〇八（平成二〇）年にエポスゴールドカードを発行しました。これは世界初の年会費無料のゴールドカードで、多くのカード会員の方々にお申し込みいただけると期待しておりました。ところが、申し込み率が想定の半分にも届かなかったのです。特に会員の七割を占める女性会員からの申し込み率が極端に低かったのです。

エポスカード経営陣は慌てました。そこで協議をして幾つかの仮説を導き出しました。

その仮説の一つは、そもそもゴールドカードそのものが、おじさん的なイメージがあり、女性に支持されていない、というものです。もう一つは、そのゴールドカードのデザインや色、特に金色が女性のもつカードとして好印象ではなかったという仮説です。そこで早速デザインなどを変更しようかという声も上がりましたが、お客様の意見を聞きながら考えてみよう、ということになりました。

すると、おもしろいことがわかりました。女性のお客様の意見は、ゴールドカードは憧れだし、評価をしていて、ぜひ欲しいと思っておられました。デザインも色も、他社のものと比べて高評価だったのです。では何が申し込みを躊躇させたのか、ということです。

お客様から返ってきた答えは、エポスゴールドカードは、年会費が無料だという触れ込みだったけれど、それが信じられないというものでした。


よく考えると当然のことなのです。世界中で年会費が無料のゴールドカードというのは、私たちのエポスカードだけなのです。中には、ご家族に相談したら「初年度だけ無料という意味で、次年度からは会費が発生する仕組みだから、注意しないといけない」と忠告されたという方もいらっしゃいました。

そこで、それまでは通常のクレジットカード会社と同じように、郵送でインビテーションを送り、ゴールドカード会員へのお誘いと内容説明をしていたのですが、加えて店頭でお客様に、マルイの社員が直接、内容をご説明することにしました。その結果、最初は九万人程度までしか増えなかったゴールドカード会員が年平均二四万人の勢いで年々増加し、二〇一八（平成三〇）年三月期で一八四万人になりました。ゴールドカードの会員数は会員の二八％を占め、取扱高では七〇％を占めています。これがもし半分の三五％だったとしたら、クレジットカードの利益が三分の二になってしまう訳です。

ステークホルダーとの共創

私たちは、投資家様、株主様との対話の機会を積極的に設けています。また、対話のツールとして、統合レポートやESG投資家様向けのレポートなど、情報開示にも力を入れています。

これらを通じた株主様、投資家様との共創としてご紹介したいのは、私たちが「めざすべきバランスシート」と呼んでいるものです。実は、私どもは投資家様と対話を始めるまで、バランスシートというのは経営の結果だと思っていました。私は入社のときは財務部でしたが、先輩からも、バランスシートというのは経営の結果だと教わっていましたので、バランスシートをみずからデザインする経営という発想は全然ありませんでした。そのような状況でしたから、投資家様から「めざすべきバランスシートをちゃんと示してください」と言われたときには、正直言って何を言われているのか、よくわからなかったのです。

しかし、よく考えてみますと、企業価値というのは、財務的に言えば、WACC（注5）を上回るROIC、つまり超過利益を拡大することで向上する訳ですので、そもそもめざすべきバランスシートがなければ、めざすべきWACCもROICも設定できません。そこでさっそくめざすべきバランスシートを作ってみました。

おかげで、一昨年はROICがWACCを上回り、昨年度はこれをもう少しだけ改善することで、ようやく企業価値の向上を実現できるようになってきました。

図表3-6 ｜ 株主様・投資家様との共創事例

経営の結果としてのバランスシート

▼

意思をもってバランスシートをデザインする経営

	ROIC		WACC
2016年3月期	3.3%	≦	3.3～3.7%
2017年3月期	3.1%	＞	3.0%
2018年3月期	3.2%	＞	3.0%

共創サステナビリティ経営

次にＥＳＧ（注６）の取り組みについてお話しします。

私たちは二年半ぐらい前に、ＥＳＧ経営のフロントランナーになることをみずから宣言し、取り組みを開始しました。ちなみにＥＳＧは投資家様から見た表現ですので、私どもはサステナビリティと呼んでいます。その共創サステナビリティ経営についてお話しします。共創という意味では、主に社員と社会との共創の話です。

（注５）Weighted Average Cost of Capitalの略。加重平均資本コスト。借入にかかるコスト（借入利率）と株式調達にかかるコスト（株主の期待利回り）を加重平均したもの。

（注６）Environment, Social and Governanceの略。環境、社会、ガバナンスの頭文字をとったもの。企業の長期的な成長のためには、ＥＳＧが示す三つの観点が必要だという考え方が世界的に広まってきている。

この写真の左側の車椅子の男性は、障害《バリア》をバリューに変えるビジネスを進めている起業家の垣内俊哉《かきうちとしや》氏。右の方はLGBTの人権啓発活動であるレインボープライド代表の杉山文野《すぎやまふみの》氏で、トランスジェンダー。二名とも丸井グループの取り組みをサポートしている。

共創サステナビリティ経営のミッションは、「すべての人が幸せを感じられるインクルーシブ（包括的）で豊かな社会」の実現です。

私どものメインテーマは、インクルージョンです。このメインテーマを国連のＳＤＧｓ（注７）と関連させることで、四つのテーマに編成をしまして、取り組みを進めています。一つめは「お客様のダイバーシティ＆インクルージョン」二つめが「ワーキング・インクルージョン」三つめが「エコロジカル・インクルージョン」そして四つめが「共創経営のガバナンス」です。

今回はその中から一つめの「お客様のダイバーシティ＆インクルージョン」と、二つめの「ワーキング・インクルージョン」について説明します。

お客様のダイバーシティ＆インクルージョン

私たちは二〇二〇年の東京オリンピック・パラリンピック

に向けて、年齢や性別、身体的特徴などを超えて、すべての人に楽しんでいただける店舗、商品、サービスをご提供することをめざしています。

この目標に向けて、二〇一八（平成三〇）年五月には東京レインボープライドに参加しました。パレードのコースに当たります渋谷の店舗では、テナントの方々にも協力してもらい、ＬＧＢＴをはじめとする様々なお客様をお迎えしました。

また、障害（バリア）をバリューに変えるというビジネスを進めている起業家の垣内俊哉さんに協力いただいて、研修を実施した他、障害者や高齢者向けの接遇を学ぶユニバーサルマナー検定も、店舗に勤務する社員のほぼ全員が受け、その資格を取得しております。

商品についても、先に紹介した婦人靴だけではなくて、スーツのプライベートブランドにおいても幅広いサイズを展開している他、障害のある方やＬＧＢＴの方も含めて、様々な方にご利用いただけるものを提供しています。例えば、ストレッチ素材を使って動きや体形にフィットしやすい商品、ジェンダーレスなスーツを提案しています。

次に、ファイナンシャルインクルージョンです。

（注7）二〇一五（平成二七）年に国連で全会一致で採択された「持続可能な開発目標（Sustainable Development Goals）」。二〇三〇年までに達成をめざす一七分野の目標が示されている。「食品廃棄を半減させる」や「育児や介護、家事という家庭内の無報酬労働を評価し、責任を分担する」など日常生活でも取り組めるものが多数含まれている。日本は、ジェンダー平等や貧困対策、クリーンエネルギーなどの分野で課題があると指摘された。

私たちは、これまで一部の富裕層向けに提供されてきた金融サービスを年齢や収入に関わらず、すべての人にご提供するファイナンシャルインクルージョンにも取り組んでいます。これまでも日本で初めての在日外国人・留学生向けのクレジットカードの発行などに取り組んできましたが、二〇一八(平成三〇)年の夏からは証券事業に参入をいたします。私たちの証券事業のミッションは、将来に向けてお金に不安をもっている若者をはじめとしたすべての人に、積立投資を提案することで、不安を希望に変えること、そして日本の社会的課題でもあります、貯蓄から投資へという流れに貢献していくことです。

このミッションを実現するために証券会社を設立しました。日本で初めてクレジットカードで投資信託を購入できるというサービスも開始いたします。

ワーキング・インクルージョン

これは主に社内で社員と一緒に取り組んでいる共創の取り組みです。

私たちは、一〇年ほど前から、働き方改革に取り組み始めました。具体的には残業の削減です。二〇〇八(平成二〇)年にみずから手を挙げて参加した社員によるプロジェクト活動を開始して、中期的な目標の設定と、五〇から一〇〇近くに及ぶ多様な勤務パターンの設定などを行いました。

その結果、二〇一七(平成二九)年には残業時間が四二時間になり、退職率も六・八%から二・三%へと改善しました。この四二時間という数字を社外の方にお話ししますと、「それって月間ですよね」

と聞かれるので、「いいえ、年間です」と答えると大変驚かれます。私どもは、自称日本で一番残業の少ない会社です。

その次に着手しましたのが、女性活躍の取り組みです。当社はもともと社員の約半分が女性です。顧客接点であるお店を中心に、女性が大いに活躍しています。その一方で、管理職以上の意思決定層では女性の登用が遅れておりました。そこで、この課題解決をめざし、二〇一三（平成二五）年から、みずから手を挙げて参加した社員を中心にプロジェクトを結成し、同時に社外取締役でダイバーシティの専門家でもある岡島悦子《おかじまえつこ》（注8）さんにご協力いただき、様々な取り組みを始めました。

そのおかげで、二〇一六（平成二八）年には、ＫＰＩ（注9）として設定した七項目について理解浸透度や男性の育休の取得率などが一〇〇％近くまで高まりました。課題だった女性の上位職志向、上位職をめざしたいという意向も六〇％を超えて大きく改善いたしました。結果、女性管理職の比率はまだまだ低いのですが、一〇％を超えました。引き続き取り組み中です。

こうした取り組みが外部からの評価に繋がり、二〇一八（平成三〇）年の三月には「なでしこ銘柄」に選定されました。

（注8）株式会社プロノバ代表取締役社長、株式会社丸井グループ社外取締役他、複数の企業で社外取締役を務める。筑波大学国際関係学類卒業、ハーバード大学経営大学院修士課程を修了（ＭＢＡ）し、「日本に〝経営のプロ〟を増やす」ことをミッションに活動している。
（注9）Key Performance Indicatorの略。企業目標の達成度を評価するための主要業績評価指標のこと。

健康経営への取り組み

これらを踏まえて、二〇一七（平成二九）年からは健康経営にも取り組んでおります。

私たちは、WHOの健康の定義に近いウェルネスという意味合いで取り組んでおります。つまり社員一人一人にとっては活力や成長の喜びであり、チームにとってはチーム力の向上や業績の向上、そして企業から見るとすべてのステークホルダーの幸せを実現すること、これらを通じて企業価値の向上に繋げていくことをめざしています。

具体的には、役員や店長を主体としたレジリエンスプログラムなどを実施しております。これはP&Gなどのグローバル企業でコーポレートアスリートという名称で実施されているプログラムを参考にしたものです。アスリートが自分のコンディションを管理して最高のパフォーマンスを発揮できる状態をめざすことを、ビジネスマンに応用しようとした発想です。

また、グループ横断のプロジェクト活動を行っており、健康マスター検定などにも多くの社員がチャレンジしています。

こうした取り組みが、どのようにして企業価値の向上に繋がるかを評価するのは難しいのですが、できるだけデータを取ることで可視化し、社内で共有できるようにしています。また、他の会社とも共有できるように心がけています。

図表3-7 ｜ 健康経営推進の取り組み①

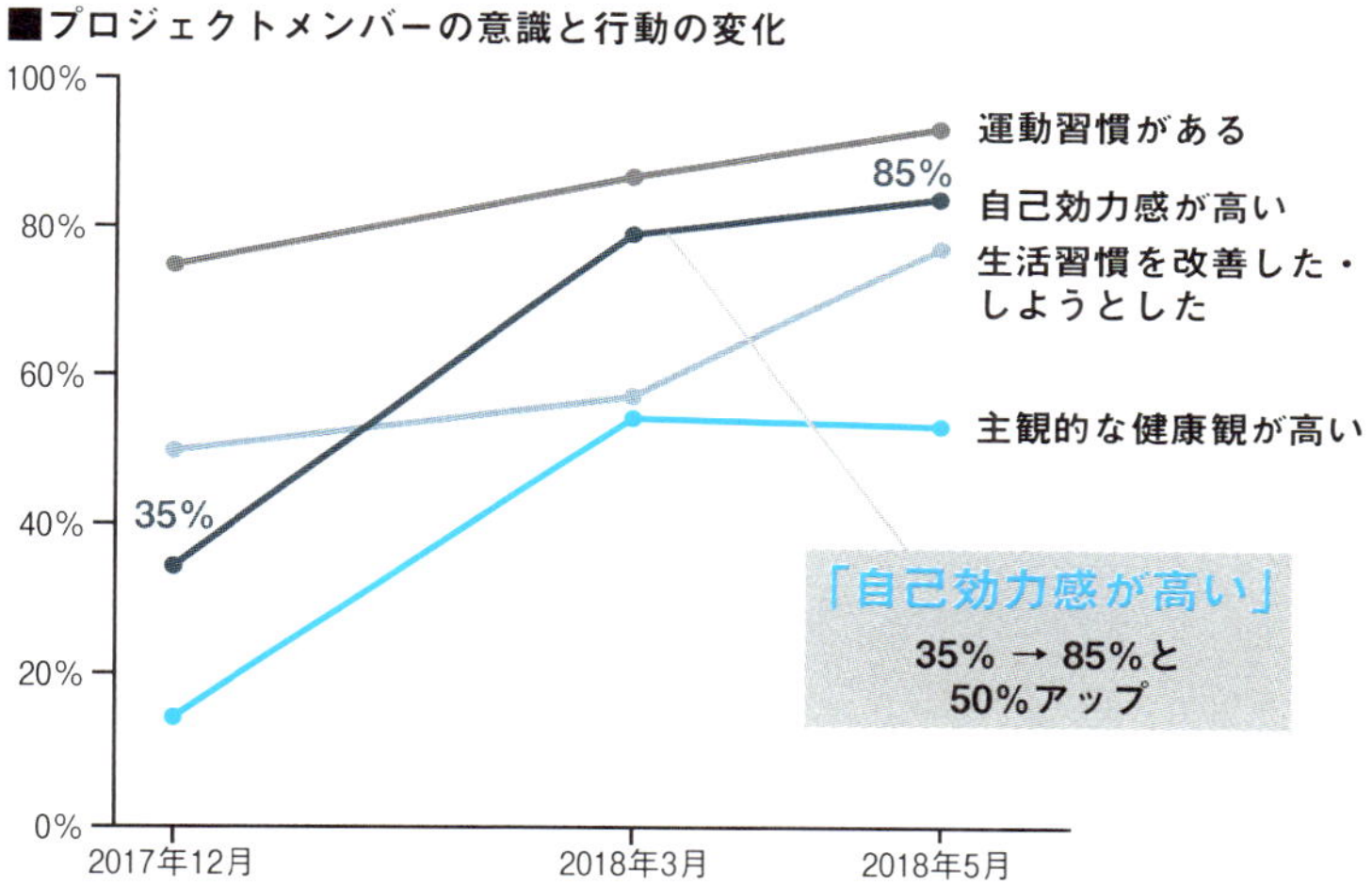

例えば、プロジェクトメンバーの意識と行動の変化をデータ化してみると、活動を通じて自己効力感が高まったことが顕著に表れました。自己効力感というのはイノベーションの創出にもっとも重要な資質だと言われているもので、周囲の環境や人間関係によって、高めていくことができるとされています。つまり、一人一人の社員の自己効力感が高まったということは、イノベーションを起こしやすい組織になってきたのだと理解しています。

もう一つ、レジリエンスプログラムに参加した役員の三六〇度評価を見てみましょう。これは一緒に参加した人、参加してない部下、同僚あるいは家族にも評価してもらったという意味で三六〇度評価としています。図表3－8によると、フィジカルの面の改善はもとより、左側のメンタルな

図表3-8 ｜ 健康経営推進の取り組み②

■レジリエンスプログラム参加者の「活力360度調査」

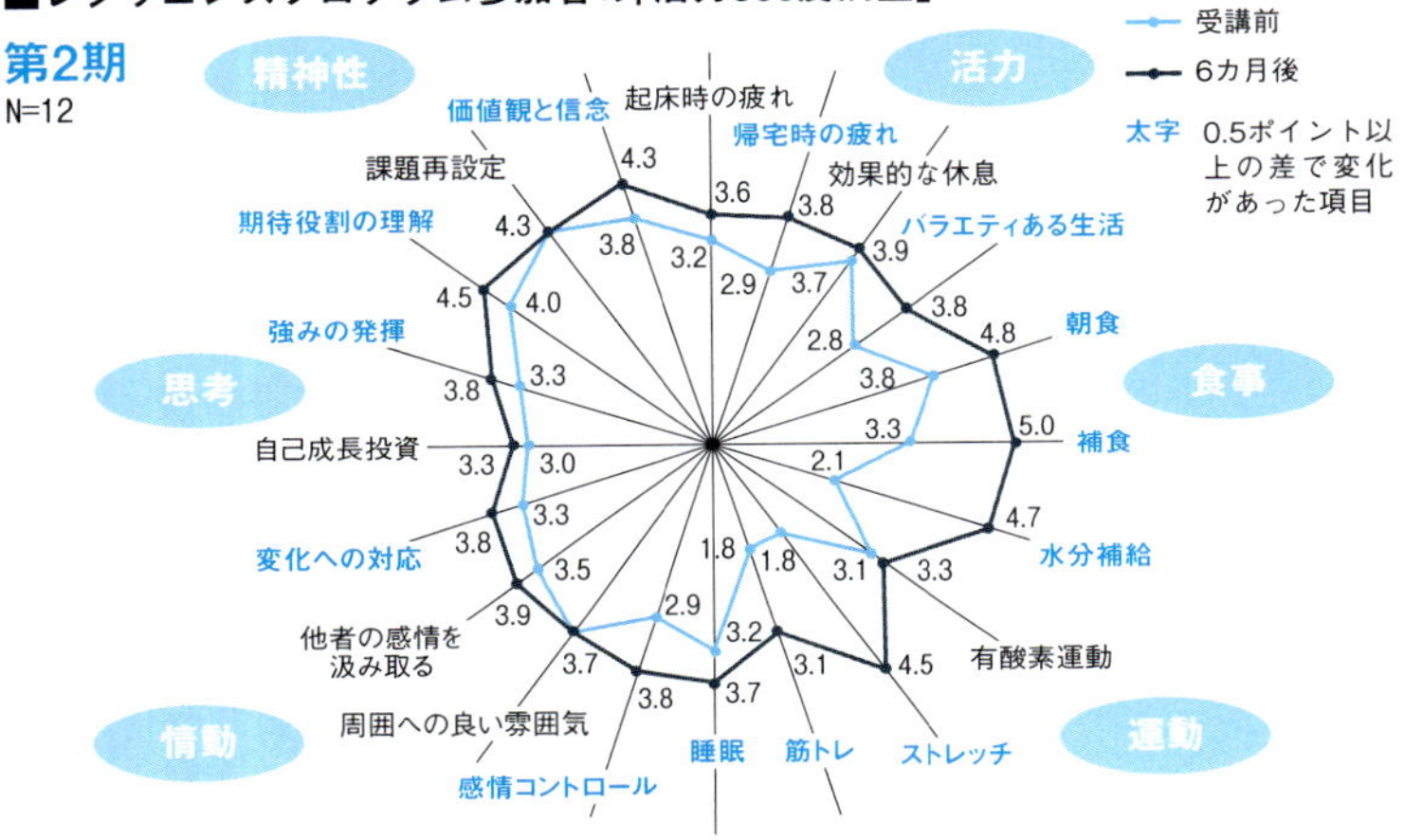

面でも、例えば感情のコントロールや変化への対応力が上がりました。価値観と信念が強化されたという項目では、本人のみならず、同僚や部下、家族からの評価も上がっています。

　こうした取り組みが外部からも評価いただき、二〇一八（平成三〇）年二月には健康経営銘柄に選ばれました。

みずから手を挙げる組織づくりがＥＳＧの取り組みの基盤をつくる

　これらの取り組みは、みずから手を挙げた社員が中心となったプロジェクト活動です。現在、三つのプロジェクト（多様性推進プロジェクト、マルイミライプロジェクト、健康経営推進プロジェクト）が同時進行しています。その中で、最も人気なのが健康経営推進プロジェクトです。約五〇名の社員を募集したところ五倍以上、二六〇名が手を挙げてくれました。五倍の確率で選出されたメンバーは、かなりモチベーションが高くて、各職場での活動は大変熱気を帯びております。

二〇一七（平成二九）年八月には、この三プロジェクトが合同でインクルージョンフェス二〇一七を開催しました。家族も含めて一五〇〇名が参加しました。楽しみながら活動しているのも特徴の一つです。

おかげさまで、昨年度はGPIF（年金積立金管理運用独立行政法人）が選んだ三つのESG指標のすべてに採用された他、グローバルな格付機関のDow Jonesにも採用されました。二〇一八（平成三〇）年に入りましてからは、健康経営銘柄となでしこ銘柄にも選ばれました。当社の株価は年初比で一五一％となり、日経平均の一二〇％を三一％上回ることができました。ESGの取り組みが企業価値として評価していただけるようになってきたと認識しています。

ご清聴ありがとうございました。

［質疑応答］

共創を生み出す企業風土をつくることが重要

――働くということ、あるいは組織の中で、やりたくないけれどやらなければならない作業、一種の雑務に時間を取られることがあると思います。働き方改革を進める上で、丸井グループとして、そのような作業にどう向き合っていらっしゃるのか、どのように向き合えばいいのかお聞かせください。

青井　無駄な残業が好きな人はいないでしょう。私の根本的な発想は、残業は基本的に誰もが嫌いであることを前提にしています。

しかし、改革にあたり難しかったことは、残業代が自分の収入のかなりの部分を占めており、それが生活費に組み込まれている中堅層の社員が多かったことです。それを急に減らすと生活水準を変えなくてはならず、ここの反対がとても大きかったのです。

そのため、残業の削減については時間をかけて、少しずつ実行することが必要でした。逆に言えば、時間をかけて実行すれば、誰も残業したい人っていうのはいませんので、できることなのです。

よって、やりたい人はいないという前提の上で、例えば、この雑務は本当に必要なのかとか、一人が作業をするのではなく複数人で分担して負担を軽減できないかを組織に投げかけ、具体的に解消していくことが良いのではないかと思います。

――企業価値はすべてのステークホルダーの「利益」の重なり合う部分であると定義されていましたが、各ステークホルダーがもっている、他とは重ならない部分というのは具体的にどういったものでしょうか。

青井　すべてのステークホルダーにとって利益が重なり合う部分を重視しているので、重ならない部分については注目していないのですが、例えば、株主様から見ると、レバレッジをもっときかせて、ROE（注10）を大きくするのも良いということになりますが、債券の投資家様から見ると、あまりレバレッジをきかせすぎると自己資本比率が下がって安全性が下がるので、債券の投資家様としては、それはあまり嬉しくない状況ということになります。なので、対話を通じて、バランスを探るということになります。そういった自分の利益だけを考えた部分が重ならない部分ということになりますね。

（注10）Return On Equityの略。企業の収益性を見る指標の一つ。当期純利益を自己資本で除した数字で表す。自己資本がどれだけ効率的に使われているかを示す数値で、これが高いほど収益力が高いことになる。

――御社のカード事業において、若い顧客が多いということでした。若い顧客は財布が小さい割に支出回数が多いと。それは若い顧客はリボ払いとか分割払いで利用するので、手数料で利益が出ているということですか。

青井　まず一つには、若い方はカードでご利用いただく額が多いということです。

もう一つは、ご指摘のあった通り、そのご利用の中でも分割払いとかリボ払いが多いということです。クレジットカードは、基本的に、利用時に加盟店が負担する加盟店手数料が主な収入です。しかしこれは二％とか三％と非常に薄利です。もう一方で、分割払いとかリボ払いをご利用いただくと、金利がつくので、加盟店手数料と金利が収入になります。私どもの場合は、この金利のつく分割払いとリボ払いのご利用が、他社に比べると大きいので、利益率が高くなっているということです。

――信用の共創のお話にすごく共感しました。私は通訳をやっております。お客様は単発案件ですが単価がすごく高い仕事です。払う側からしたら、初対面の通訳者に高額な仕事料を支払うのは不安だという思いがあるようです。

しかしこちらとしては、かなり準備をするので、踏み倒されると困る訳です。そこで必ず事前にお金を払っていただける方としか契約しないようにしています。何回もお取引があれば、信頼関係が築けると思うんですけども、初めてのお客様で、しかもその単発案件という業態の場合、どういうソリューションで双方が納得する信用が積み重ねられるでしょうか。

青井　私どもも海外ＩＲを年に二、三回ほどやっており、そのときに通訳をどうするか考えます。ある日本のカンファレンスで通訳をしてくれた方が、なんと私どものプライベートブランドのスーツを着てくれていたのです。また、そのカンファレンスでエポスカードの話をしたら、これですね、と言って自分の持っているゴールドカードを投資家の方々に見せてくれたのですね。この通訳の方、すごく良いなということになりました。

そこから、通訳が必要なときはこの人に決めた、ということになりまして、契約し、三年間ずっと一緒に行動しております。今ではもうチームの一員みたいになっています。

つまり、一見、単発のような案件であっても、例えば長期で契約を、中長期で契約を結ぶような形態に繋げられる可能性はあるということです。そのための仕事のセンスとかは必要になりますが、きっかけを掴む努力の仕方次第では、相互に信頼を築き上げていって、結果的にパフォーマンスもさらに向上するという環境が築けると思います。

――　博多マルイの店舗づくりのお話の中で、アパレルよりも飲食、雑貨のほうにお客様のニーズがあると説明されていました。確かに、デパートで洋服を買うという人は少なくなっていると実感しています。そこで、店舗で服を売ることに対して、将来の見通しとお考えをお聞かせください。

青井　おっしゃった通り、店舗で洋服を買う人は、日本だけでなく、アメリカなどでも減少しています。アメリカではAmazon、日本ではZOZOTOWNのような、eコマースで洋服を買うケースが増加しています。アパレル以外にも、書籍やパソコン関連商品なども実店舗での展開は厳しい状況です。

今後、商業施設は、物を売る場というよりも、サービスを提供する場や体験を提供する場になっていくだろうと見ています。またそうなっていくべきだと考えています。

私どもは、テナントに入っていただいている各お店に対して、不動産賃貸借契約をして、仕入れを伴わないビジネスを展開しています。

例えば、この前、Appleが新宿マルイ本館に入りました。Appleは販売もしていますが、売るための店ではありません。Apple製品の使い方を学んだり、Appleの世界を体験したりするためのお店です。つまり体験を提供するためのお店です。テナントに入って、マルイの店舗を活用して、ビジネスを行うお店も、このように窓口として体験や実感を提供する場として利用されることが多くなるのではないかと考えています。

――　小売りとしての店舗が厳しい状況にあり、テナントも体験や学びを提供する場としての利用を進めておられる中、テナントに入るお店の方に丸井グループが掲げる共創というビジネススタイルを理解してもらうために、研修などを行っておられるのでしょうか。

青井　お客様との価値の共創が、当社にとってとても大事なことだとすると、テナントが増えるということは、自分たちが運営する売り場面積が縮小しているということです。つまり、店舗においてのお客様との接点が少なくなっているのではないか、という心配がでてきますね。そこをどうしているのか、というご質問として回答いたします。

二つあります。

一つ目は、お取引先様も、お客様との共創の座談会や企画会議に、参加させてほしいというところが増えてきています。ですから、お客様を囲んで、私どもとお取引先様が具体的な商品についての意見交換などを行っています。

博多マルイの事例をご紹介しましょう。「かつおだし」が人気の商品の、「味の兵四郎《ひょう》」さんという地元のだし屋さんがテナントに入っておられます。商品展開では、以前はお徳用サイズとして大きめのサイズをお安くご提供するのが良いと考え、展開していました。

しかし、お客様に意見を聞いてみると、核家族や単身世帯、あるいは夫婦二人だけという家族が多く、大きいサイズだと、かえって使い切れなくて困るという事実がわかりました。「小分け袋にして一人用サイズにしてください」とか、「贈り物に使いたいから、もう少し洒落たパッケージのものが欲しい」とか様々な意見が出てきました。

それを受けて、商品展開を変更したというケースがあります。

また二つ目としては、私どもの売り場も現状は縮小しておりますが、今後は、これまでとは違った形で、例えばレンタルとかシェアリング、あるいはｅコマースの窓口みたいな形で、自分たちが運営する売り場を計画しております。このような展開を進めて、お客様との直接的な接点も拡大していこうと思っています。

――証券事業への参入を計画している中で、若い世代をターゲットにされるというお話を聞きました。カード事業においても三〇代から若い世代が客層の中心を占める事業展開をされています。カード事業もそうですが、証券事業を展開するにあたり、現在の他の事業の客層の活用もお考えですか。

青井　そうですね。今の客層は他の会社と比べると若い方の割合が高い顧客構成になっています。しかし、若い方だけにターゲットを絞っているという訳ではありません。

例えば百貨店の主要顧客は、五〇～七〇歳代が中心となるでしょう。やはり富裕層が主要顧客になっています。その中で、私どもの場合には、若い方でもご利用いただける展開をしているということです。

実際、私どもの大型店になりますと、年齢ごとの人口分布通りにご利用のお客様がおられます。

ご質問の金融事業で言いますと、金融サービスは所得別のピラミッドで表すと、数が少ない富裕層中心にいろんなサービスが提供されていて、ここでいろんな金融関連の会社が競争している状況です。富裕層は年齢も高い傾向にあります。一部、若くてもお金持ちのベンチャー経営者とか存在しますが、例外です。

今はまだ収入が多くない若い方や低所得層の方も含めて、この方たちにも金融サービスや投資信託、積立投資というサービス、つまり資産形成サービスが提供されてしかるべきではないかというのが私どもの考えです。そういう意味でミッションという言葉を使っている訳でもあります。

私たちはお店でもクレジットカードでも若いお客様が多いのが特徴です。その強み、特徴を生かして、証券事業においても若い方にサービスを提供できるようにしようと考えています。

——私は韓国人です。韓国の百貨店業界一位がロッテ百貨店です。ロッテ百貨店は海外進出を盛んに行っています。五カ国で八店舗。最近、ベトナムのハノイで開店しました。

丸井グループは海外進出についてどのように計画されているのでしょうか。

青井　海外進出は、これからしていきたいと思っています。ただ、どちらかというとロッテ百貨店のように店舗で開設していくというよりは、eコマース、インターネット通販のほうで海外に出ていきたいと思っています。今、実験的に台湾で、eコマースにおいてお客様を増やすように取り組みを行なっています。

一方、店舗を通じた小売りのビジネスは、これからはチャンスよりはリスクだと考えています。例えばアメリカでは去年、アマゾンエフェクトとか、アマゾンショックという言葉が流行りました。多数あったショッピングモールがどんどん閉鎖に追い込まれて、テナントや専門店が倒産に追い込まれました。世界中で実店舗は減少している状況です。

今、大きな転換点です。これからはやはりeコマースが中心になっていくだろうと考えています。

――丸井グループは昨年から決済にビットコインを使いますという記事を拝見しました。しかし仮想通貨に関しては様々な問題や課題が出てきています。そのうえで、方針には変更なし、ということでしょうか。

青井　仮想通貨は、bitFlyer（ビットフライヤー）（注11）のビットコインを新宿の店舗でご利用いただけることをお伝えしました。海外の方のご利用の多いお店ですので去年提携したのですが、コインチェックの事件もあって、今は中止している状態です。

しかし、コインチェックの事件とは関係なく、実はビットコインをお買い物にご利用される方は少ないようです。どちらかというと投資対象、投機対象でビットコインを考えている方が多いのでしょう。これは実際にやってみてわかったことでした。

――百貨店の顧客の中心層が、五、六〇代、あるいは富裕層の方である一方で、エポスカードはお客様との共創によって、三〇代以下の若い顧客の割合が高くなっているというお話でした。実店舗をあまり利用しないであろう三〇代以下の客層にたいして、どのような広告をし、カード会員を獲得されたのか、お聞かせください。

青井　私どもの業績がピークだったバブルに向かう一九八〇年代とか、バブル後の一九九〇年代は、今では考えられないぐらい、ほとんど若い人のための店でした。売上の七〇%が二九歳までとか、極端に若い人のための店でした。東京でいうと109（イチマルキュー）とか、ルミネとか、ルミネエストとかがそうですね。洋服ばっかり、若い人ばっかり、という店舗だったのです。

その後、若い人に洋服を提供するというのは、儲かるビジネスということになり、競合が増えました。やがて、そうしたやり方が通用しなくなりました。そこで私どもも一〇年間ぐらいかけて年齢別人口構成にほぼ合ったような、店舗のご利用の状況を構築してきたのです。年齢としては幅広い方がご利用されています。

ただ、クレジットカードの場合、競合他社と比べて、どうして若い方のご利用が多いかをざっとご

（注11）仮想通貨の交換取引所の一つ。ビットコインなど仮想通貨の購入、売却などのサービスを提供している。二〇一四（平成二六）年に設立された。

説明しましょう。他の金融機関は若い人にクレジットカードを発行したがりません。収入も低いし、資産もあまりなくて、リスクが高いので、あまり出したくないのです。
しかし私どもは年齢に関わらず発行しています。できるだけ多くの人にカードを発行したい、お使いいただきたいと考えているのです。その差でもって、私どもには若い会員の方が多くなっているのだと思います。若い人にもご利用いただけるという差別化が、若い人の支持を受けた結果ということです。

―― 共創をするうえで、お客様の意見を集積する場合、例えばアンケートなどを実施し、分析するという方法があるかと思いますが、具体的にどのような工夫をされているのか、教えてください。また、現状で課題だと思われていることや、それをどのように解決されるのか、お聞かせください。

青井　お客様にアンケートを取るようなときは、何でも、聞くようにしています。例えば、先般株主総会を実施したのですが、株主総会の運営についてこういう運営とこういう運営だったらどっちの運営のほうがいいですかとか、証券会社を今度スタートしＷｅｂを通じて申し込んでいただこうと思っているのですが、アプリの画面についてこちらとあちらだったらどっちのほうが良いと思いますかとか。
なぜ、何でも聞くのかというと、プロフェッショナルである我々の仮説が、しばしば間違っている、現状と食い違っているという事実があるからです。サービスを実装してから、商品を販売してから、お店を開店してから修正するのではなく、できるだけ、そのサービスを実装する前に、検証を重ねて、お客様のご期待に沿っているかどうかの判断の精度を上げたいと考えているからなのです。

――そうした聞く、調べるという作業は、青井社長の発想で、いろんな質問を考えられているのか、それともプロジェクトメンバーを選定されていて、そこで行われているのでしょうか。

青井　こうした行動は、企業文化になりつつあります。

実はお客様に一つのことを聞くのは簡単なのですが、コツがあります。お客様に「これについて、どうですか」と聞いても、答えは返ってきません。私たちは、ただ聞く訳ではなく、仮説をもって、お客様の潜在ニーズ、お客様が望んでいらっしゃるニーズの、もうちょっと深いところ、先にあるものはおそらくこれなのではないかという仮説を組み立てて、それをお客様に投げかけるのです。

そして、その反応から、お客様の根底にあるニーズを読み解いていくことをしています。ですから仮説を組み立てる力と、お客様の反応を見る洞察力がとても重要です。これを培うのは、時間がかかります。

しかも、うまくできる人とできない人がいます。できる人を増やして、そういう組織もつくっています。ようやく、企業風土的になりつつあると感じています。

――丸井グループの組織風土について、社員の自主性とか主体性が大きな要素だと感じました。そうした環境をつくるうえで、ふだん意識されていることとか、取り組みとかがあれば教えてください。

青井　ひと言で言うと、強制しないことが、ESG（環境・社会・企業統治）を進めていくうえで大事なことだと思っています。

これまでの私の半分以上の職業人生は、指示、命令、徹底という世界でした。上司が部下に指示して、命令して、徹底させる。それが定石でした。自分もそれに従ってきたし、自分もそれをやっていましたが、職業人生の後半においては、まったく考え方とやり方を変えました。とにかく強制しないです。

特にESGは、世のため、人のため、地球のために配慮すべきことを考える訳ですから、誰も反対する人などいない訳です。

これを嫌な人、やりたくない人というのはほとんどいないでしょう。環境に良いことも、社会の役に立つことも、人に喜んでもらうことも、皆やりたいという大前提があって、やりたいことを、これまでの昭和のやり方で、強制すること自体がおかしい訳なのですね。

だから、みんながやりたいっていう気持ちを発揮できるような環境をつくることができれば、その思いがエネルギーになって、結果に繋がっていくと考えています。

自分の興味、関心に従って、やりたいものに自主的に参加して、その人たちが誰に言われた訳でもなく、自分がやりたいからやるのだというモチベーションで、職場のリーダーになって取り組むと、その熱量に周りの人が感化されて、あんなに一生懸命言うなら、私もやりましょう、と協力の輪が広がり、活動が盛り上がるのです。

そういう環境、組織風土をつくることが大事だと思います。

Column

小売業のビジネスモデル

「マルイ」と聞くと新宿や渋谷にあるファッションビルをイメージし、小売業者と捉える方が多いと思います。しかし、講義でも述べられている通り、既に利益の大半をクレジットカードビジネスから稼いでおり、「小売店舗を持っている金融業者」と考えることもできます。実際の店舗網という「顧客との接点」を持ち、顧客のニーズをダイレクトに捉えながら、小売業と金融業を行き来して収益機会を掘り起こすことができる、この点に当社の強みがあります。

Amazonが圧倒的な品揃えと低価格を武器に小売市場を席巻し、米国でも百貨店などの従来型の小売業者の多くが苦戦を強いられています。独自の強みを創出し、顧客に対して単純な商品数や低価格以上になんらかの「価値」を提供できなければ、生き残っていくことは難しいでしょう。

例えば、日本では「コストコ」として知られるCostco Wholesale Corporationは、倉庫型のディスカウントスーパーですが、モノを売ることで儲けている訳ではありません。実は当社は、営業利益の大半を会員顧客から受け取る年会費によって稼いでいます。すなわち、当社のビジネスモデルは、所謂サブスクリプション（定期購読）モデルだと考えることができます。そうだとすると、当社が注力すべきポイントは、一般的な量販店が得意とする「安く仕入れ、大量に売る」ことではなく、「いかに顧客を魅了し続けるか」ということになります。当社は、この観点からの事業運営を徹底しています。

企業名 **コストコ・ホールセール**
(COST)

企業名 世界11カ国で展開する会員制小売店。売れ筋商品に品数を絞り，原価を抑えて提供することで会員のロイヤルティを高め，会員からの年会費で稼ぐビジネスモデル。

創業 1983年 **本社** 米国ワシントン州

時価総額<18.9> 11兆3,000億円

財務<18.8> 売上高：15兆6,000億円

営業利益（率）：4,900億円（3.2%）

ROA：11.0%

株価 （ドル，四半期毎，配当再投資）

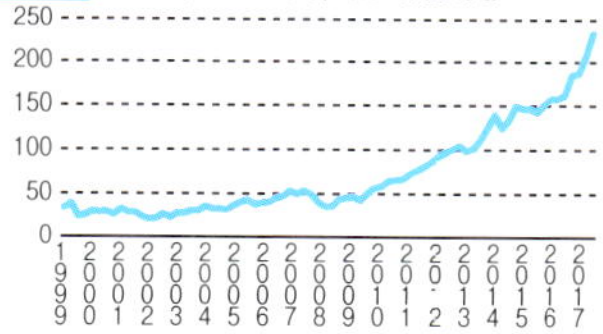

一般的な同規模のスーパーマーケットが数万種類の商品数をそろえるのに対し、当社ははるかに狭い日本のコンビニと同程度の四〇〇〇種類程度の商品しか扱いません。顧客にとって本当に価値のある売れ筋商品のみを並べることで、「あれもこれも欲しい」と思わせる売り場を作っているのです。同時に、一商品当たりの購買数を増やすことで仕入れ値を下げ、在庫管理や陳列の手間を圧縮することで運営コストを下げています。そもそも商品の販売で大きく儲けようとは思っておらず、粗利率が極端に低く設定されていることもあり、「素敵な商品が圧倒的な低価格で並ぶ」魅力的な店舗になっているのです。我々は、売れ筋商品を見極め、四〇〇〇点にまで絞り込む「目利き力」こそが、当社の強みであるとの仮説を持っています。

オフプライスストア大手のRoss Storesもまた、独自の価値を顧客に提供しています。当社は、アパレルのサプライチェーン上、不可避的に発生する余剰在庫を安く買い取り、定価の二〇～六〇％引き程度の低価格で販売するディスカウント衣料品、雑貨店です。商品カテゴリーごとに八〇〇名以上の熟練のバイヤーを置き、彼らが強いリレーションを持つベンダーから、週二～三回仕入れを行っています。これに

企業名　ロス・ストアーズ
(ROST)

企業名 アパレルを中心に、大量のブランド品を安価に仕入れ、定価の20～60%で販売するディスカウントストア。米国にて約1,600店舗を展開。

創業 1950年　**本社** 米国カリフォルニア州

時価総額<18.9> 4兆1,000億円

財務<18.1> 売上高：1兆6,000億円

営業利益（率）：2,200億円（14.4%）

ROA：35.7%

株価　（ドル，四半期毎，配当再投資）

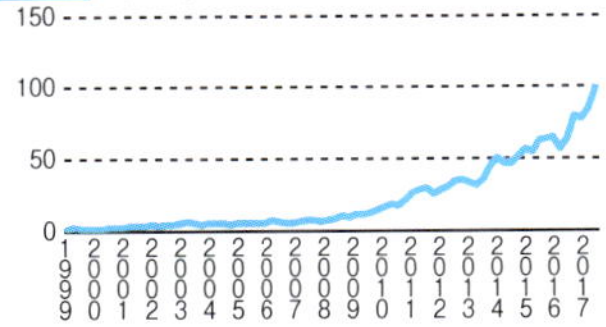

よって、顧客がいつ店に行っても違う商品が並んでおり、時にはあっと驚くような掘り出し物が見つかります。当社は、このような「宝探し」をある種のアミューズメントとして顧客に提供しているのです。

このように小売業という伝統的な産業においても、独自のビジネスモデルを構築することは可能です。「顧客との接点」を持ち続ける、すなわち顧客にわざわざ店舗まで足を運んでもらう仕組みを作ることに、ネット時代における小売業者生き残りの秘訣があるように思います。

社員の心理に着目し、パフォーマンスを最大限引き出す「内的動機経営」

株式会社ディスコ　代表取締役社長　関家一馬

こんにちは。株式会社ディスコの関家です。本日は、よろしくお願いいします。

これから内的動機経営というタイトルでお話をいたします。ここに弊社の経営の非常に大きな特徴があります。通常の会社は外的動機経営なのに対し、ディスコは内的動機経営をめざしています。

人間の行動の原理として動機が必要です。外からの刺激によってやらなくてはならないと感じて動く場合は、外的動機に依るものということです。それに対して、自分の内から出てくるものによって行動が誘発される場合は、内的動機に依るものということです。弊社では社員の内的動機によって会社が動いていくことを追求しています。そこが特徴です。

ディスコが取引している業界構造

まず弊社がどのような会社なのか、お話ししましょう。弊社は一九三七（昭和一二）年に創業しています。売上高が一六七三億円（二〇一八（平成三〇）年三月期）で、経常利益は五二六億九〇〇〇万円で、経常利益率は三一・五％です。

講演者・関家一馬氏。

従業員はだいたい五〇〇〇人弱、ワールドワイドに事業展開している会社です。

扱っている製品の一つ目は加工装置です。工作機械の半導体メーカー向け版を作っています。半導体を切ったり、削ったり、磨いたりする装置を作っています。それと、弊社がユニークなのは、二つ目の製品として、そこで使う消耗品である刃物類も作っていることです。

工作機械業界では、機械と刃物は同じ会社が作っていることは稀です。それぞれ専門に作っている会社があります。ところが弊社の場合は両方を提供する。いわゆるトータルソリューションで、両方の製品の提供をし、その組み合わせの最適化を弊社のみで行えることが強みだと言えるでしょう。

弊社が取引をしている半導体業界の概要を紹介しますと、「シリコンウエハー（シリコン基板）を作る会社」、「前工程を行う会社（ウエハーをそこから買って、回路パターンをつけるところまでをやる会社）」、それから、「後工程を行う会社（前工程の会社が作った回路パターン付のウエハーを、切ったり削ったり磨いたりパッケージしたり動作確認したりして、最終的なチップにする会社）」の、三つの工程を行う会社に分かれています。弊社は、その三つの工程のすべてに取引があります。特に後工程の会社とのおつきあいが深いのですが、前工程の会社ともおつきあいがあります。

新聞報道などでは日本の半導体業界は斜陽だと言われています。確かに、前工程の会社と後工程の会社は海外勢が非常に強いのですが、彼らが使用する素材や製造装置の分野でみると日本勢はとても元気です。

例えば、半導体の主原料であるウエハーのメーカーは信越化学工業とSUMCOが代表的で、両社とも日本の会社です。二社で五〜六割の世界シェアをもっており絶好調です。それから、作るときに使ういろいろな素材、これも日本の会社では東京応化工業、ＪＳＲ、住友化学が代表的なところで、すごく強いです。装置メーカーとして、東京エレクトロン、アドバンテスト、ディスコ、これらも日本勢です。

こういった半導体材料、装置を用い、Intel、Samsung、東芝といった半導体メーカーがＩＣやＬＳＩを作ります。そのＩＣやＬＳＩを、グーグルやＩＢＭ、アップルなどのセットメーカーが使い、

ディスコ本社外観（東京都大田区）。

株式会社ディスコ

1937（昭和12）年広島県呉市で第一製砥所として創業。精密な切る技術が多くの顧客に支持され、家庭用電力計メーカーの部品加工などを手がける。さらに半導体精密切断用砥石の分野を拡大。「切る、削る、磨く」に絞った業務展開で、2018（平成30）年3月期の経常利益が約527億円と高収益をたたき出し、半導体ウエハー加工装置メーカーとして世界シェア7割を誇る。

関家一馬（せきや・かずま）
株式会社ディスコ　代表取締役社長

慶應義塾大学理工学部卒業後、1989（平成元）年に株式会社ディスコに入社。技術開発部長、取締役等を経て2009（平成21）年より代表取締役社長。独自の会計制度を導入し、社員の「自ら動く」意志を高め、企業活動の活性化に繋げている。社員をその気にさせる仕組みづくりを追求する経営者。

iPhoneやサーバーなど最終製品に組み立てられ、最終消費者に届くことになります。つまりiPhone一つとっても、多くの企業の連携プレーで作られているということです。

さらにiPhoneの中にはコンデンサーなどの電子部品が複数使われています。ここは日本の会社が圧倒的に強いところです。海外の会社も若干ありますけど、ほとんど日本の会社が占めています。村田製作所、日亜化学工業、太陽誘電、TDKが代表的です。ディスコのKiru・Kezuru・Migaku技術の製品は、こういった電子部品業界でも使っていただいています。

技術にミッションを絞り込んだからこそ成長できた

弊社は、「高度なKiru（切る）・Kezuru（削る）・Migaku（磨く）技術によって、遠い科学を身近な快適につなぐ」（社内では〝KKM〟と呼んでいます）をミッションに掲げ、それ以外はやらないと二〇年前に決めました。二〇年間、ひたすらKKMだけをやってきました。

「Kiru・Kezuru・Migaku」技術というのは、普遍的な加工技術です。人類が数千年前から使っている技術をビジネステーマにしているのが弊社です。それを高度に高めることで、高付加価値なハイテク業界を相手にビジネス展開しています。そして、後半の「遠い科学を身近な快適に」は、社会に貢献することを宣言しています。わかりやすく言えば、企業は社会のためにあるのだ

図表4-1 ｜ 製品

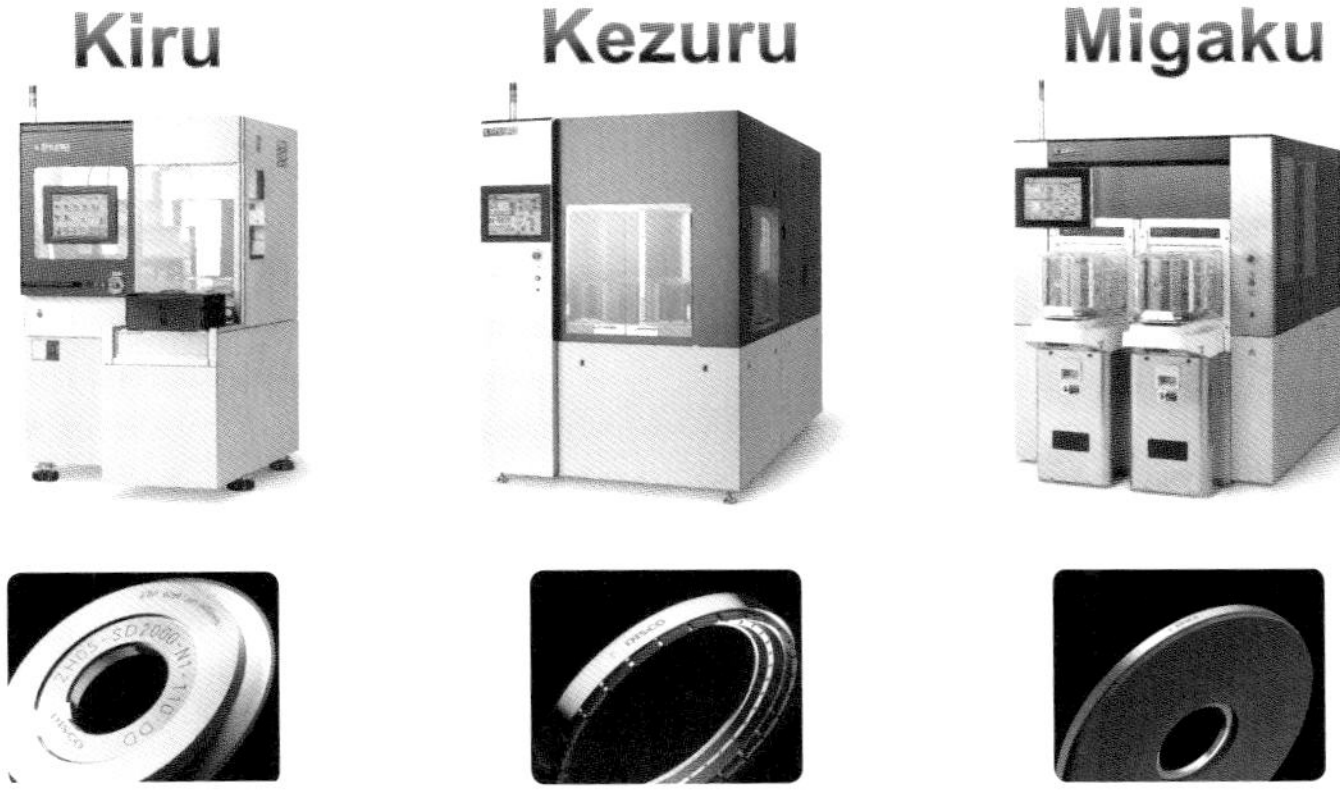

ハイテクデバイスを作るための装置、消耗工具

ということです。

二〇年前に、事業を絞り込んだ結果、この二〇年間の売上が、他の装置メーカーに比べても圧倒的に伸びました。一般的には、事業を絞り込むと成長が鈍化すると心配されます。我々の経営陣も当時は、本当にここまで絞り込んで大丈夫なのかと不安を抱いていました。しかし、絞り込むほうが広がったといいますか、そこで圧倒的な存在になったことで、いろんな相談をもちかけられるようになり、どんどん活躍の領域が広がるというおもしろい現象が起きました。

この二〇年で弊社の売上は四・一倍に成長しました。一方で、例えば総合電機メーカーなどでは、事業を多角化したものの、ほとんど売上が成長していないという企業も多いです。兆円規模の企業と弊社を一概に数値だけでは比べることはできませんが、弊社がミッションを絞っても成長が

図表4-2 ｜ ディスコの経営ツール

原則治	改善活動	内的動機
DISCO VALUES	PIM	脱官僚
オピニオン治	手作り一級	脱過剰
タウンミーティング	内製化	脱理不尽
信頼治	IT内製化	脱伝言
関係の質	異動・配属の自由	脱予測
経済治	仕事の自由	遊び化
個人Will	経費コントロール	

鈍化していないということを理解していただきたいと思います。

ディスコの組織経営

成功の循環図で重視すべきは関係の質

では本題のディスコの組織経営についてお話しいたしましょう。ディスコの経営ツールについて、抜粋でお話しします。他の会社でも同じですが、いろんな経営ツールを使って会社が動いています。

最初にお話しするのは「関係の質」の、成功の循環モデル（注1）についてです。これはマサチューセッツ工科大学のダニエル・キム教授（注2）が提唱されているものです。

この成功の循環モデルを一〇年くらい前に取り

図表4-3 ｜ 成功の循環モデル

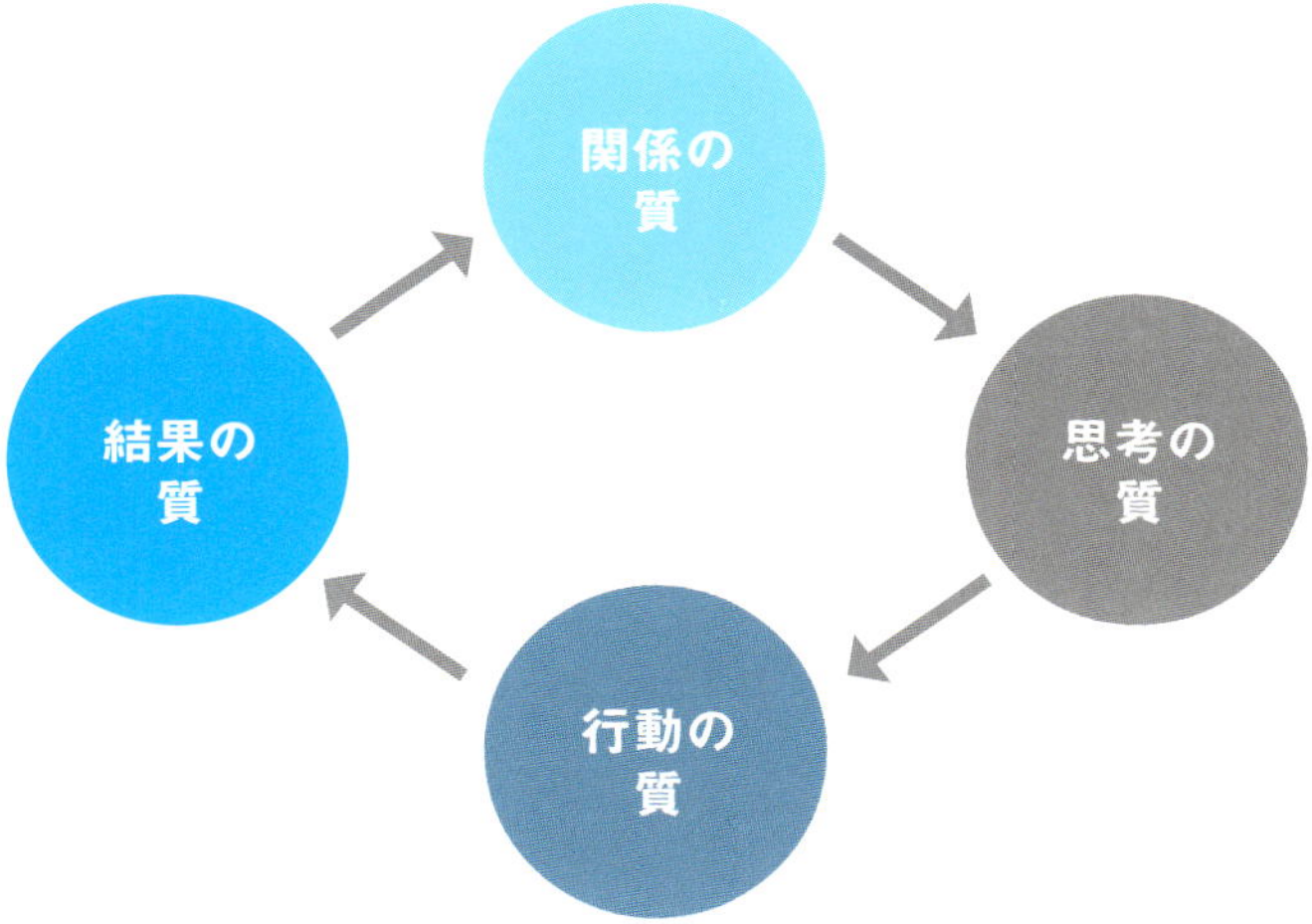

入れました。ビジネスでは、結果の質が問われるのですが、その結果の質は行動の質によって決まるものなのです。さらに行動の質は思考の質によって決まります。また思考の質は関係の質で決まるとキム教授は提唱しています。ここが新しい考え方なのです。関係の質というのは、いわゆる人間関係の質です。人間関係が良いと、思考の質が良くなるというのです。

例えば、部活で試合をするときのことを想像してください。作戦を練ったとします。すごく良い作戦なのですが、この作戦をやると大嫌いなあいつが活躍することになる、としたらどうします

（注1）組織が成果を上げるためには、①関係の質、②思考の質、③行動の質、④結果の質、が重要であり、これらを正しい順序で向上させることで好循環が生まれ、より高い成果を達成しやすくなるとした理論のこと。

（注2）マサチューセッツ工科大学の組織学習センターの創始者であり、「組織の成功循環モデル」の提唱者。

か。関係の質が悪いと、思考の質にバイアスがかかる訳です。あいつが得するから作戦を変更しようとか、人間関係の良し悪しが考え方に影響を与えるということ、邪念が入るということが起こりえます。そして、思考の質が悪くなれば行動の質が悪くなり、行動の質が悪くなれば結果の質が悪くなります。

結果として試合で負けたとしましょう。するとチームの雰囲気が悪くなります。おまえのせいで負けたのだという気持ちが生まれてくるかもしれません。この悪循環が回り始めると組織が崩壊する可能性もあります。逆に、良い作戦を実行して、試合に勝てば、仲が悪い相手とも抱き合って喜ぶことにもなります。そして、関係の質が改善されていきます。このグッドサイクル、良い循環が組織にとって重要なのです。

キム教授のこの理論をディスコ社内に広めて、関係の質の重要性を強く意識しています。関係の質は、企業の成功を決めるファクターなのです。

手作り一級

社内で使う設備や、ＩＴツールも自分たちで作ることを心がけています。基本的にはアウトソーシングはしていません。自分たちでやると、確かに時間がかかります。世の中で売っているものに便利で良いものがある。買ってくると早い。しかし自分たちでやると、ノウハウとかスキルとかが残り、社員の経験値獲得の機会となります。アウトソーシングをすると、ノウハウ、スキルをゲットするのは他社であり、自社に残るのは支払いです。

テレビゲームで、「ドラゴンクエスト」や「ファイナルファンタジー」のような、RPG（ロールプレイングゲーム）をやったことのある方ならイメージがつかみやすいと思うのですが、今ネットワーク上で、何人かといっしょにやる場合がありますね。モンスターが出たとき、アウトソーシングしますか？　モンスター出たから誰かやっつけてよと、いっしょにやっている人に頼みますか？　ギル払うからモンスターを倒して、と依頼しますか？　それをやっていたら、自分は強くなれないですよね。課題であるモンスターをやっつけるという役割は奪い合いですね。レアなモンスターが出たときなどは、絶対、俺がやっつける、とテンションが上がるものでしょう。アウトソーシングをする訳がないですね。

同じように社内の課題解決もすべて社員の経験値獲得のチャンスなのです。にもかかわらず、今、多くの大手企業がいかにアウトソーシングするかということを工夫しています。社員の経験値獲得の機会を減らし、支払いを増やすことになる、と考えている企業は少ないようです。ただ一つのポイントは固定費の削減ですね。確かに企業は固定費を削減すべきなのですが、その固定費の削減のために、多くのものを失っている訳です。ですので、ディスコではできるだけ社内で自作することを大切にしています。

DISCO VALUES：組織の「あるべき姿」を明文化して全員で共有する

DISCO VALUESは二〇〇項目以上あるのですが、これは組織のあるべき姿を明文化し、全員で共有し、組織の価値観や文化の浸透を図ることを狙って作っています。

あらゆる組織には文化ができます。放っておいてもできます。良い文化ができる場合もあるし、悪い文化が定着する場合もあります。例えば小学校とか中学校のクラスにも文化があったはずです。A組は仲良いよねとか、B組はなんかよそよそしい雰囲気だよねとか。これらは全部、組織の文化です。部活になると、もっと文化が強くなります。ですが、あまり文化のない組織もあります。大学のこの教室で毎週同じ授業を受けるという集団においては、この授業だけの関係ですから、文化は醸成されにくいでしょう。先生のキャラが文化になっているかもしれませんが、弱い文化ですね。

文化の強い組織ではベクトルが合い、結果として、アウトプットが出やすくなります。文化の弱い組織はアウトプットが出にくい特徴があります。そこで、弊社では文化を明確にしようと工夫をしました。企業組織文化を明確にしようということで、１９９７（平成9）年にDISCO VALUESを制定して、組織のあるべき姿を明文化して、それを社員が共有するようにしています。

大原則は高度な「ＫＫＭ」に特化して、会社の進化とか社会貢献、もしくは従業員に対する貢献、お客様に対する貢献を追求すること、というふうに決めました。

そのとき、売上を追わないことを宣言したのですけれども、結果としては業界の中でも一番売上が伸びたという、非常におもしろい結果が出ています。考えてみると当たり前なのですが、売上を追ってしまうと、短期的には売上は伸びますが、大事なことをいろいろ置き去りにすることになります。売上ではなくて大事なことをきちんとやると、時間はかかりますが、お客様から頼られて、最終的には売上に繋がる。

ディスコの成長の定義

経営の原則を「ミッションの実現性の向上及び価値交換性の向上を成長と定義する」としています。ミッションの実現性の向上というのは、ミッションを実現する能力を上げていくことが一つの成長であるということです。

価値交換性の向上、というのは、聞き慣れない言葉だと思います。説明しますと、実は企業というのは、いろんなステークホルダーと価値交換する存在です。わかりやすいのは、お客様に製品、サービスを提供して代金を受け取るという価値の交換。また、従業員からは労働とかパッションとか、いろいろなものを提供してもらって、それに対して給料とか働きがいとかいうものを提供する、これも価値の交換にあたります。株主とは簡単に言うと資本と利回りの交換をしています。いろんな利害関係者と価値を交換するというのが企業という装置なのです。

その価値の交換性能が上がるのが成長です、と定義しているのです。売上が増えるのは単なる結果です。従業員が増えたりするというのは、成長でも何でもなくて、単に必要だから増やしているだけのことです。手段を大きくしただけです。弊社が成長と考えているのは、価値交換性の向上なのだ、というのが経営の原則の一つです。しかも双方向に、良くなる必要があります。従業員と会社の関係を例にとると、従業員の立場から見て、去年と同じ年間二〇〇〇時間働いて、給料が二割増えたとしたら、価値交換性は上がりましたよね。同じ時間しか働いてないのに給料が増えたのですから、価値交換性が上がった訳です。一方で会社から見ると、彼には一・二倍の給料を支払ったけれど、彼は一・四倍のアウトプットを出してくれたということなら、会社から見ても価値交換性が上がっていることになります。

ただ、こういうことを実現するためには、一生懸命いろんなことを考えて、工夫して、知恵を出さないとできません。今までと同じような延長線上でやっていたら、一・二倍の給料を払ったら、会社は減益になります。そこでいろいろな知恵を従業員も出す、会社も出すことで、従業員のパフォーマンスが一・四倍になれば給料が一・二倍上がっても、会社は増益するのです。そういった価値交換性を毎年、良くしていくというのが企業の成長です、と弊社では定義しています。

「何が正しいか」が活動基準で、「常に楽しもう」が行動指針

ディスコの企業活動の基準は、「誰が正しいか」でなく、「何が正しいか」であると定義していま

す。これも、どうしても組織になると社長が言っていることだから正しいのだとか、部長が言っていることだから正しいというふうになりやすいのです。誰が言ったかは関係ない、何が正しいかが大事なのだ。この考え方をものすごく大事にしています。

行動指針は、Always the best. Always fun。常に最善を尽くし、常に楽しもうということを大事にしています。

個人Willの導入

弊社では、個人Will（ウィル）という個人別管理会計制度を導入しています。社内で流通する通貨を使って仕事を売り買いしているのです。基本的単位はWillです。一Willは一円と等価です。一般通貨の円でもそうですが、人は支払う金額の大きさで意志の強さを表現しているのです。ネットオークションなんかわかりやすい例です。例えば一万円で買うという人と、一万二〇〇〇円で買うという人がいたら、一万二〇〇〇円を提示した人が落札しますね。それは一万二〇〇〇円を出す人のほうが、より欲しい、という意思表示をした訳です。金額の差は意志の大きさを表現しているということです。

それなので、意志という意味をもつ、Willという名前を使っています。

個人Willは部門会計の個人版

この仕組みは部門会計の個人版です。多くの企業では、財務会計という全社の会計の他に部門別の業績を管理するために部門管理会計をやっています。有名なのは京セラのアメーバ（注3）です。それをさらに細分化して個人にまで落とし込んで採算を計算するというのが、この個人Will会計です。

このシステムは、社内で多くの取引が発生します。例えば、製造部門が作った機械を営業マンが仕入れる。それをお客様に売る。その差額が営業マンの取り分ですという状況を考えてください。ところがその売る過程で技術者に手伝ってもらったり、いろんな人に助けてもらったりします。そうした状況においても、「これちょっと、ここやってくれない」と依頼して、「いいですよ。いくらですか」と交渉が始まり、「五万Willでどう」とかお互いに金額を相談しながら一つの仕事を完了させていきます。いろんな部署からもらう支援も全部、取引としてやっています。

会社の外に出ると、企業と企業同士は、何かを提供し、お金をもらう訳です。ところが、会社の中に入ると、普通の会社はそれをやらないですね。指揮命令で官僚的に仕事をアサインして、付加価値とかあまり考えずに言われたからやる。そういう状況が一般的になっています。これはすべて、内的動機ではなくて外的動機ですよね。

内的動機にする手段になる

内的動機にするためには、どうすればいいか。依頼する側と受ける側の意志の合意を形成する状況を作り出すことです。例えば「こういう仕事があるのですけど誰か十万Willでやってくれませんか」とオファーして、誰も手を挙げないとなると、「しょうがない、一二万ではどうでしょう」と依頼価格が上がり、それでも引き受ける人が出ないと「じゃあわかった、一五万」となり「一五万だったらやりますよ」という人が出てくる。お互いの意志の合意が形成されたから仕事が進む訳ですよね。

ところが多くの会社では、課長に「おまえこれやれ」と言われて、「僕、その仕事嫌いです」って答えたら、「おまえ、何言っているんだ、好き嫌いで会社が動くか」と叱責される訳です。命令されると、嫌いだろうが好きだろうがやらなくてはならない。それが普通の組織なのです。しかし弊社の場合は嫌いな仕事は受けなくていいのです。

一方、みんなが嫌いな仕事がありますね。それ、どうするのですかと疑問に思われるでしょう。簡単なことです。どんどん交渉値段が上がってくるのです。値段が上がっていったら、それだけもらえるのだったら私がやります、という人が出てくるのですね。

誰もやりたがらない仕事でも、取引金額が上がれば、交渉成立するものです。これは本人の本音として、やりたいかどうかは別ですけれど、やろうと決めて本人の意志で仕事に取りかかる訳です。

嫌でも何でも、誰かやらなくてはならない仕事はあります。だから、嫌々、やるのです。しかしそ

（注3）京セラグループで培われてきた管理会計（アメーバ経営）。小集団部門別採算制度を用いた、経営者意識をもったリーダーの育成及び全員参加で経営することを特徴とした管理会計であり、事業という観点から経営者や現場の社員が経営数字を肌で理解できることを重要な要素としている。

図表4-4 ｜ 個人Will

- 個人管理会計（単位：Will）
- 金額で意志を表すからWillと命名
- 部門会計の個人版
- 取引価格は自由（売り手と買い手が合意する）
- 賞与が一部連動（2.35ヶ月/13.8ヶ月）

普通の会社：指示命令	ディスコ：自由経済
命令で仕事を行う	自分で仕事を選ぶ
貢献が見えにくい	貢献が見える
不要な仕事が多数	不要な仕事は自然と停止
指示待ち文化がはびこる	一人ひとりが経営者意識

こに通貨が介在すれば、嫌な仕事に手を挙げる人が現れます。

導入した経緯は全員に会計を意識させるため

弊社も個人会計の威力がわかっていて始めた訳ではないのです。何で始めたのかというと、社員全員に会計への意識をもってもらいたいという狙いがあったからです。以前から部門会計をずっとやっていました。いわゆる管理会計です。管理会計というのは、やっている以上はみんなが気にしないと意味がないのです。ところが多くの会社もそうでしょうけれど、部門会計なんかほとんど誰も気にしてないのが現状です。部長は気にしていますよ。部の成績として、幹部会とかでガミガミ言われますから。しかし部員は無関心です。部員が無関心だと、やっている意味がほとんどないのです。運用するのに工数がかかるのが管理会計なのですが、誰も関心をもってないとなると、労力をかけるのはどうなのか、と疑問をもつ訳です。部門会計を二〇年以上やっていて、そういう疑問をもち続けていました。そこで、意味のないことはやめようか、と議論しました。しかし上場企業として部門会計をしていない、というのも恥ずかしいので、方法を考えたのです。部門となると大きい単位だから個人としては気にならなくなるのではないか、と考えました。例えば、大講義のクラスの平均成績を上げようと言われても、どうでもいいですね。やりようもないし。だけど自分の成績になると、気になる訳ですよ。同じことで、これあなたの数字よって言われると気になるのです。そこで会計を個人に細分化しました。

ただ、個人化した段階で気にしてくれた社員は三割ぐらいです。残り七割は、所詮、社内おままごとですよね、といった感覚で捉えていたと思います。頑張ったって何も良いことないじゃないですかというのが本音だったでしょう。確かにそうなのです。そこで、ボーナスへ連動させました。半期三・四カ月の賞与のうち〇・一カ月を連動させました。そうするとさらに三割くらいの社員が気にするようになりました。今、〇・五カ月くらいが半期で連動しています。これは賞与原資を増やす形で、連動額を増やしてきました。

〇・四カ月ぐらいが連動するようになると、稼ぐ人はWill部分だけで半期三〇〇万円ぐらいもらうことになります。本体の賞与は百万そこそこです、普通の会社と同じぐらいですから。でもWillの部分で三〇〇万もらって、合計四〇〇万くらいになるとしたら、ほっとけないですよね。今では九九%の社員が個人会計を気にしています。

社員が気にしたらしめたもので、今度は賞与の配分の方式を個人成績に直結しないようにしました。まず、部門会計の利益に応じて、全社の原資を部門ごとに配分することにしました。そして部門ごとに配分された原資を、個人会計の成績で配分するという二段階配分にしたのです。そうすると個人の成績が気になるし、さらに部門の成績が良くないと原資の割り当てが少なくて意味がないし、ということで各個人が部門成績も気にし始めた訳です。

もちろん社員の中にもWillを稼ぐのが上手な人と、あまり上手じゃない人がいます。稼ぐのが上手な人の個人会計は、すごく良い訳です。その人が、「ちょっと待ってくださいよ。僕一人で、ここで頑張っても部門が良くならないと賞与が増えないじゃないですか。部門、どうやって良くするか考えましょうよ」ということで、商売上手な個人が自分のことだけではなくて部門のことも考えるようになるのです。そうすると部門の無駄が省けたり、他部署からもらえる額が増えたりしながら、活動がどんどん進んでいき、部門の効率も上がっていきました。全社員が部門の業績のことを考えるようになったのです。そこが個人会計のすごいところです。

仕事は取引自由なのですが、まずはオークションでやろうと決めました。だから、どの仕事を取るかはオークションサイトみたいのが社内にあって、情報公開されています。この方式を決めたのも消極的な理由で始めたのです。というのは個人会計を導入したら、こういう言い訳が必ず出るだろうというのが想像できたからです。どんな言い訳かというと、「僕の数字が悪いのは、課長が僕には、儲からない仕事ばっかりアサインするからだ。他の同僚の成績が良いのは、おいしい仕事ばっかりアサインしてもらっているからだ」と。だからオークション形式で上司の関与なく仕事が割り当てられるようにしました。やってみて、すごい武器だと実感しています。自分でやりたいと手を挙げて仕事をするので、どんな困難な仕事でも、やりきるのです。自分で手を挙げたのに、途中で諦めた無責任な人であると思われたくないという意識が働くのでしょう。自分で手を挙げた仕事は、例えば想定と違って、結構難しかったとしても完成させます。全員が仕事に対して執念を燃やすようになりました。

2018（平成30）年現在ディスコは年間一三・八カ月、賞与が出る会社です。そのうちの二・三五カ月がWillと連動して個人に払われます。全体の五分の一ぐらいですね。残りの五分の四は通常の会社のように査定で決まります。

一般的な会社の指示命令による仕事の配分と、ディスコの自由経済による仕事の受け方の対比をすると、自由経済を導入したときの仕事の受け方では、自分で仕事を選ぶ、貢献が見える、数字の合計で貢献が見える、不要な仕事は自然と停止、一人一人が経営者意識になる、などが特徴として表れてきます。

その中で、不要な仕事が自然と停止されていくのも、大きなメリットだと感じています。会社の中には想像つかないぐらい、無駄な仕事がたくさんあります。これ何のためにやっているのと思いながら、今までやってきていることだし、という理由だけで継続されている仕事があります。でも、なかなかやめないのですね。やめたら、どんな問題が起きるかわからないから、誰もやめようとは言いにくい訳です。例えば、ある書類をA部署で作って、それをB部署に送って、B部署でファイリングするという仕事が、三〇年続いていました。Will を始めると、A部署が、おたくのために文書を作ってあげているのだから Will 請求しますよ、と言う訳です。B部署は、何言っているのと反論します。うちがファイリングしてあげているのだからA部署が支払うべきでしょ、という訳です。どっちが客でもどっちが発注者でもないと気がつく訳です。誰も必要としていない仕事であったのです。そんな仕事がなぜ存在したのでしょうか？　それは三〇年前のB部長が、その資料を読みたがったのです。そこで、こういう資料が欲しいから作ってください、とA部署に頼んだのです。了解したA部署はせっせと作って、B部署に送るようになりました。B部長はやがて人事異動でいなくなり、その後も資料はA部署から届いたのですが、次の部長は、その資料を読みたいとは思わなかったのでしょう。A部署から送られてくる資料に、なぜ送ってくるのか疑問に思っても、まぁ、ストックしておくか、と部下にファイリングをさせておくことにしたのです。そうやって、無駄な仕事が三〇年間も継続されたという訳です。

Will を導入して取引の必要性が意識されたことで、自然にいらない仕事があぶり出されてくるのも自由経済の良いところです。

もう一つ個人 Will を導入して変わったことは指示待ち文化が薄らいだということです。指示待ちを改善するのはすべての企業の永遠の課題です。弊社が個人 Will を導入してから、一人一人が経営者の意識をもつようになりました。自分で稼ぐことを意識する訳ですから。仕事の流れや誰にどれくらい発注したら売上として納得できるか、など作業効率や経費、売上といった会計を意識して考えるようになる訳です。これもメリットだと言えます。

改善活動を義務から「やりたい」に変えるＰＩＭの導入

改善活動についての弊社の取り組みについてお話ししましょう。多くの企業が改善活動をやっていますが、ほとんどの会社は残念ながら義務感で社員は対応している、という状況だと思います。社長が、うちも改善活動やるぞ、ＱＣサークルやるぞと号令をかけて始める、という企業が少なくないと思います。

弊社はそれを、勝ちたい、稼ぎたいというモチベーションに転化しています。改善活動の発表会は対戦方式にしているのです。二つの部署が一対一で改善活動を一分プレゼンで発表し合います。事務処理的な改善を話す部署と技術的な改善をプレゼンする部署が対戦することもあります。組み合わせはバラバラです。

その発表会を見ている社員はそれぞれのプレゼンを見た後で、iPhoneのアプリを使って投票します。自分のWillをかけて投票するのです。投票が多いほうが勝ちです。勝者（部署）は敗者（部署）から一〇〇〇万Willをもらいます。そして、勝者に投票した人は、敗者に投票された金額から配当が支払われる仕組みにしています。

普通の会社の改善発表会というのは、つまらない時間になりやすいのです。だいたい二〇分くらい

図表4-5 ｜ PIM

改善活動を義務から「やりたい」に

- 発表会は対戦方式
- 1発表、1分、1時間の発表会で30改善共有
- 勝敗は観戦者のWill投票で決定、投票には配当
- 良い改善には勝利金、種々のWill報奨

通常	ディスコ
義務感	勝ちたい、稼ぎたい
退屈な発表会	投票配当求め真剣観戦
少ない改善	年間1万以上
水平展開ほぼされない	真剣に見れば水平展開され易い

効果金額：100億円／年（純利益の50%）

「永遠に進化し続ける」

の発表を聞いているうちに眠くなる。おもしろくないから、真剣に聞いている社員はごく僅かでしょう。

ところがディスコの場合、全員が投票して、聴き手にとっても勝負な訳ですから真剣です。投票する以上、勝ちたいです。勝つためには真剣に聞いて、考えて、評価をしなくてはならない訳です。すると、発表内容が多くの社員にバンバン吸収され、共有されるのです。

他部署の発表は、背景情報が違いますから、最初はわかりにくいのですが、何度もその部署の発表を聞いているうちに、他部署の仕事や背景が理解できるようになるのです。つまり社員の他部署に対するリテラシーが勝手に上がっていくのです。

他部署の発表も真剣に聞いて、ヒントをつかめ、などと命令的に言っても、誰も聞きません。聞きたくなる状況を作ればいいのです。

図表4-6 | 遊び化（Always Fun）

どうせやるなら楽しくやろう！

「仕事を楽しむ」力を鍛える
⇒楽しみながらパフォーマンスを向上

事例：
装置の大量モーター交換、
一人でやるのはつらい

→なかなか手がつかない

現代版「秀吉の一夜城伝説」！
タイムトライアルで一気に交換

・部署全員で集まってチーム分け
・チーム対抗でタイムトライアル
・優勝チームにはWillで高額賞金

勝負魂に火をつけて
一週間かかる作業を一日で終了

弊社では現状で、一回一時間の発表会で三〇発表くらいがあり、年間では一万以上の対戦をしています。その中には自部署のヒントになるものがいくつもあるのです。

仕事を楽しむための遊び化（Always Fun）

ディスコが業務を行うときに意識している、もう一つの考え方をお話ししましょう。それは遊び化です。どうせ仕事をやらなくてはならない。やるのだったら楽しくやろうということで、どうやって楽しむかに知恵を使っています。

例えば、ある問題があって、装置についているモーターを大量に交換しなければならなくなったとしましょう。一人で交換作業をするのはつらいので、タイムトライアルで競争にします。部署全

図表4-7 ｜ ディスコは内的動機による統治

通常の会社	ディスコ
外的動機治	**内的動機治**
ルール治 マニュアル、規則	**原則治** DISCO VALUES
命令治 指揮命令	**オピニオン治** タウンミーティング
信賞必罰治 報奨、処罰	**信頼治** 関係の質
許認可治 申請、許可	**経済治** 個人Will

員が集まってチームに分けます。そしてチーム対抗で競争をし、優勝チームにはWillで賞金が授与されることにします。するとつらいモーター交換作業が一つのイベントとなって楽しくなるということです。

これも非常に簡単なことです。多くの企業は忘れているのですが、どうせやるなら楽しくやろうという精神ですね。

組織の統治方法

内的動機による統治

では組織の統治方法についてのお話へと進めていきましょう。

一般的な組織は外的動機で統治されています。最初にルールがあって、マニュアルとか規則があって、それに従って行動をする訳です。ルール治です。

もしルールやマニュアルで想定しないことが起きたときには権限者が命令を出すことになります。命令治ですね。

信賞必罰治というのは、命令に従ったり、ルールを守れたりすると褒められますが、違反すれば罰せられるという統治方法です。

許認可治というのは、何をやるのでも許認可が必要です、という環境を指します。出張するのでも、会議室を使うのでも、権限者の許可を得ることが必要です。

例えば学校の教室をサークルで使いたいから借りたいと思ったときは、庶務課などの許可を出してくれる部署に申請書を出して、希望を伝えることになります。しかし、サークル活動に教室を貸し出した前例がないことを理由に申請を却下されるとかいうことが起こるのが許認可治の世界です。

それをディスコでは内的動機治に置き換えました。ルールを原則に、命令をオピニオンに置き換えました。信賞必罰治を信頼治に置き換え、許認可治を経済治に置き換えました。

原則治

ディスコではDISCO VALUESという原則集を明文化しています。それを使ってルール治ではなく、原則治を実践しています。原則というのは、我が社はこういうことはこう考えますという原則だけを明らかにし、課題に対してどうするのかを考える場合、原則に従い、各々が判断するということです。原則に対する理解、リテラシーが必要ですが、それさえもっていれば、ありとあらゆることに対応できます。ルール治だとルールで定めていないことが起きた場合には、誰も判断できなくなります。もちろん権限者が命令を使って判断することになりますが、誰かが責任をもって決定することになる訳です。例えば、部署内で問題が起こったが部長が不在だとしましょう。別の部長に判断してもらおうとしても、責任を取れないから判断するのは嫌だと断られる可能性が高いでしょう。すると、部長が判断するまで業務は中断するしかありません。

原則治の場合は全社員が原則を理解しているので、現場で決定できる訳です。部長に後から、こういうことが起きて、このようにVALUES的に考えて判断した、というだけで済む訳です。いろんな意思決定が的確にかつ、スピーディーに行えます。

オピニオン治

原則治で決定していくとはいえ、組織としては、「これからこういうことをやっていこう」と権限者が声を出す必要があります。しかしそうした場合でも、命令するのでなく、オピニオンで出すことにしています。各事業所へ出向いていき、毎月、一時間ぐらいのタウンミーティングをやっています。そこでいろんな話をする中で、「今後こういうことは、こうしていきたい」とオピニオンとして発言するのです。オピニオンというのは賛同すれば実行するし、賛同しない人は実行しないというものです。一方で命令は賛成しようが、賛成しまいが、組織に所属している限りはやらなければならないものです。賛同するかどうか考える余地もなく、思考の範囲が狭くなります。

　このオピニオン治と命令治は、一般の会社の中にたくさん存在しています。例えば、課長がメンバーを集めて、「今度の案件、こういうふうに進めていこうと思うのだけれど、みんな、どう思う」と意見を求めると、部下が「それ良いじゃないですか、ナイスです、それでいきましょう」などと賛同したとします。この段階ではオピニオン治です。

　ところがメンバーの一人が、課長の投げかけに反論、異議を唱えたとしましょう。そのとき課長が「うるさい、課長命令だ、つべこべ言わずやれ」と業務を押しつけたとしたら、これは命令治となります。多くの会社でも、できるマネージャーは、ほとんどオピニオンだけで部下を動かしています。部下と上司の信頼関係があれば、オピニオンだけで部下は動きます。ところが実力のないマネージャーは、オピニオンに説得力がないので、「みんなどうだろう」と投げかけたとたん、「ちょっと、課長それどうですかね」と異議、反論が返ってくるのです。結局、課長は「課長命令がきけないのか」と脅して実行させます。こうなると命令治になります。

　オピニオン治は多くの企業でも行われているのですが、命令治と隣り合わせの存在なので、実力のないマネージャーほど命令治を使って業務を遂行させようとする訳です。命令治を使えば使うほど、部下のモチベーションは下がっていくという悪循環ですね。

　ディスコはオピニオン治をメインで使うと決め、そのオピニオンに説得力がなければ、それは発信する側がダメだとしています。

信頼治

ルールや命令を守らないと罰せられる。罰せられるのが嫌だから、嫌々でも命令をききますという環境。これが信賞必罰治です。

それに対して信頼治では、目的を達成するために努力をするのは、罰せられるからではなくて、周囲からの信頼を失うのが嫌だからということです。自由経済の世界では、信頼を失うことは致命的です。取引してもらえなくなる訳ですからね。だから自分の信頼を守るために、きちんと目的達成のために努力をするのです。もちろんディスコにも多くはないですがルールはあって、ルールを守らなくても信頼を失うことになります。社内通貨による自由経済が、信頼感覚のある社員が育っていく環境もつくり出しているのです。

経済治

世の中のいろいろなことが、許認可治で動いています。許認可の目的の大きな部分はリソースの割り当てです。一方、経済で解決する部分もあります。お金を払うことでリソースを使うということです。どちらも大切なのは有限なリソースを無駄遣いされないということです。会社のリソースも有限なので無駄遣いされたくないのです。適切な目的で、適切な人たちに使ってほしいと考えます。社内においてもそれが許認可をする本質的な目的です。ただ許認可治だと申請に時間がかかったり、どうしても形式的になったりします。サークル活動のために使っていない教室を貸してほしいと申請しても、サークル単位には貸した前例がない、と前例主義で断られることがあります。教室があって、大学の大事なリソースを有効活用してほしいと本質的には思っているにもかかわらず、管理部門が判断すると、前例がないからだめとか、ルール的にだめとかを理由に却下されることが多くなります。

これを経済治に置き換えると、教室を使いたいと申請がきたら、貸出料がかかります、と返答されます。一時間五〇〇〇円ですと貸出料を提示されます。サークルで教室を使いたかった部員たちは、五〇〇〇円かかるのなら、食堂で集まろう、とか、五〇〇〇円かかっても今回のイベントは教室を借りようとか、判断をする訳です。そのためには経済が絶対必要です。それは費用を払うだけの意味があるのだろうかと考えさせることができるからです。だから、有限であるリソースを無駄遣いしなくなるのです。しかし、借りるかどうかの判断は自分たちで行うのでスピードも速いし、納得感も高くなります。経済治のほうが、はるかに効率が良いのです。

このような四つの内的動機治で事業を行う環境を作りながら、長期的利益を生み出すようにしています。

しかし、こうした状況をつくり出すにも、長期的利益を実現するにも知恵が必要です。知恵は出せといわれて出るものではありません。自分たちで、こうしたい、ああしたいっていう欲望と、それから、広範囲な自由があって、初めて知恵は出るのです。

例えば他社との差別化、付加価値化ができるかなどを考え、知恵を出します。それをより安いコストで実現すれば利益は大きくなりますから、何か良い方法はないかと考えます。

経済学ですと、ここまでが長期的利益の源泉なのですけれど、ここに弊社は人の成長も成果物であり長期利益の源泉であると考えています。いかに構成員の成長を加速するか、促すかということが長期的利益の根本だと社員に説いているのです。

ディスコの経営手法の論理的解説

ここからはディスコのいろいろな経営手法の理論面をお話ししましょう。

手作り一級から内製化へ、そして無競争状態へ

手作り一級というのは社内で自ら作ることを重視するという考え方です。外から買ってくることもできるけれど、自分たちで作れるものは、なるべく中でやってくださいとオピニオンとして伝えています。ディスコの原則も、それを後押しします。さらに経済的動機ですね。例えば、手作りをしたらWillの報奨を出すと決めると、皆は手作りしようと思うようになる、ということです。

手作り一級が進むと、いろんなものが内製化できます。内製化すると万能在庫化が進みます。万能在庫ができると、短納期化することが可能となり、短納期が実現できれば、お客様にとってはメリッ

図表4-8 ｜ 手作り一級

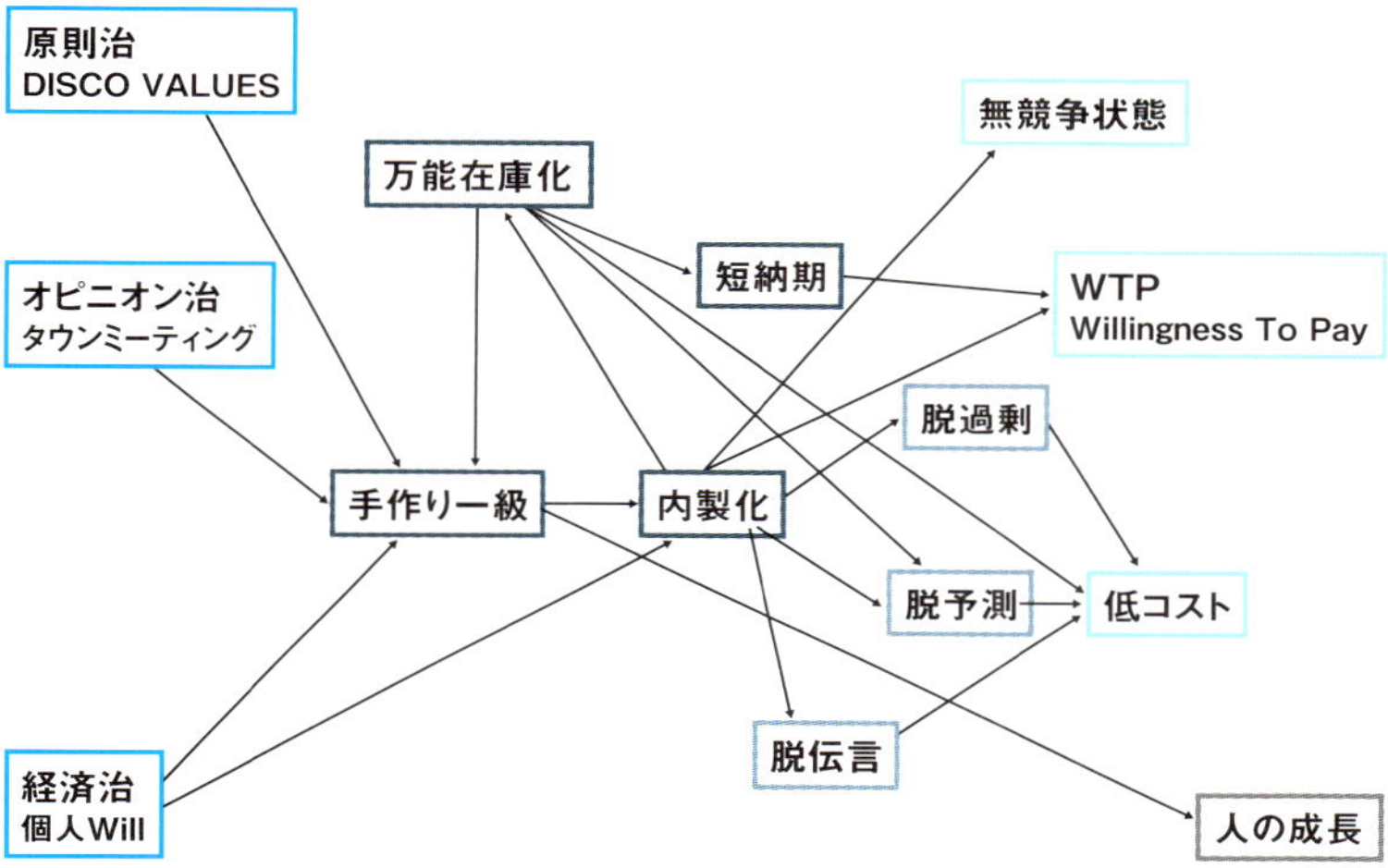

となる訳です。つまり、納期が短いからディスコを選んでもらえる理由になる訳ですね。

さらに内製化が進むと、部品の内製化が進みます。部品の内製化ができると、世の中に売ってない部品を装置に使えるようになるのですね。うちで内製化しているから、他から手に入れることはできない部品を使えるようになる訳です。その部品が時には、その製品の性能を圧倒的に優れた状態にすることができて、競合が真似しようとしても部品が売っていないからディスコに勝てない、という状況をつくり出すことが可能になるのです。無競争状態にもっていける訳です。

万能在庫への転換でさらなる工夫が可能に

先ほど出た「万能在庫」について説明しましょう。聞き慣れない言葉だと思います。例えば、アルミのフレームを考えてください。装置に使うフ

図表4-9 | 万能在庫

レームです。サプライヤーに作ってもらっていました。納期は二カ月かかります。コストは一四万円です。在庫期間は約二カ月。合計四カ月分の量を在庫することになりますから、ストックするためのスペースも膨大な面積を必要とする訳です。さらに、このフレームは組み立てた状態で納品されますので、トラックで輸送する場合、四台しか載りません。五六万円分の部品を大型トラックで運ぶのです。空気を運んでいるようなものです。

そこで、棒材から購入して、自分たちで寸法通りに切断して組み立てることを考えました。切断する機械も内製しました。切断するだけでなく、ネジのための穴や識別のためのマーキングまで全自動で行ってくれる機械です。他には売っていません。すると、棒材の輸送には同じトラックではるかに高密度に運んでくることが可能になりました。輸送費も削減できます。さらに切断して組み立てるのに一日で完了できます。つまり急な受注にも対応できますし、在庫をストックする必要はなくなりました。

こうしたケースにおける棒材が万能在庫です。組み立ててしまって特定の機種にしか使えない悪在庫ではなく、どのような機種にも使える万能な状態で在庫を持つということです。

内製化されれば、脱過剰、脱予測、脱伝言も進む

脱過剰というのは、自分たちで作れば必要最低限のものが作れるということです。例えばファミリーレストランへ行ってハンバーグを頼むと、大嫌いなニンジンがのってくる訳です。これは過剰です。自分でハンバーグを作れば、ニンジンが嫌いだったらのせないです。ファミレスのハンバーグ代にはニンジン代も入っています。食べないのに。企業でも同じです。使う部品を買ってくれば買ってくるほど、自社が使わないものにも、お金を払っているということになります。

内製化すると脱伝言にもなります。部品を外の会社に作ってもらおうとすると、仕様を伝言する必要があります。伝言ゲームが難しいのは、伝えれば必ず誤解が生じることです。つまり思ったものが手に入らない。自分たちで作れば、思った通りのものが最終的には作れます。こうした伝えるための諸々の手順や時間や労力をかけないで済むと、低コストに繋がります。また、内製することで、その担当者や周りの社員にとっての経験値獲得の機会になりますから、人も成長します。

さらに万能在庫ではない部品を発注するとなると、顧客からの注文を予測して部品を発注しなくて

はなりません。つまり予測することが非常に重要になる訳です。予測が外れたら無駄になったり機会損失する訳です。そして大量の在庫を抱えることになる訳です。

ところが万能在庫への切り替えが進めば、予測はしなくて済みます。必要に応じて社内で作れば良いのですから。つまり、内製化が進むと脱予測が実現できるのです。予測は常に当たるとは限りません。ということで、脱予測というキーワードでも企業活動における様々な改善の余地がある訳です。

様々な一級活動で業務環境を高レベルに維持

挨拶一級

ディスコではいろいろな一級活動をやっています。その一つが挨拶一級です。挨拶は大切だという考え方です。まず従業員のES（従業員満足度）が上がります。そんな簡単なことで、と思われるでしょうが本当なのです。従業員同士で挨拶し合うだけで、従業員満足度が上がるのです。やっぱり従業員も人なので、自分は周りから歓迎されていると思うと、この組織にいて良かったと思うのでしょう。そういう心理が働いているのだと考えています。

さらに挨拶を交わしている会社の商品にお客様はお金を払ってくれます。これも俄かには信じられないでしょうが、本当です。実際に弊社の工場は、挨拶行動が行き届いています。サプライヤーさんが来ようが、お客様が来ようが、挨拶はきちんとします。お客様は、その挨拶に感激してくれるのですね。「ディスコさん、よくここまで徹底できますね。こんな徹底力のある企業のつくるものだったら間違いないです。機械の発注先は御社にします」となるケースが多いのです。お客様でも肩書の高い人ほど、徹底した挨拶行動に対して感度が高いのです。なぜなら自社でも、こういう文化、挨拶するような文化をつくりたいと思っているけど、うまくいかなかった経験をもっているからです。それを、徹底して行っている弊社を見ると、すごいな、と弊社のファンになってもらえるのです。そして、自分の会社に帰って、「ディスコの工場見てきた。あの会社、すごいぞ。あの会社と、つきあわなきゃだめだ」などと伝えてくださる訳です。そうすると「本部長が行ってディスコのことを褒めていた」ということが下部組織へも伝わって、ディスコの製品を買ってくれるということになる訳です。

挨拶はコストゼロですから、すぐに始めることができます。

自由化こそイノベーションの生まれる土壌となる

ディスコでは、いろんなものを自由化しています。社内のいろいろなことが自由です。そんなに自由にして大丈夫?と聞かれますが、原則を共有しているので、おかしなことは起きにくいのです。自由にすると社員のベクトルがそろいにくくなりますが、オピニオンに賛同する人はそのオピニオン通りやってくれるというコントロールの方法が定着しているので、ベクトルはそろえられます。もっともオピニオンに説得力がないとダメですが。

さらに、従業員同士に信頼が大切だという意識が根付いていますから、つまり、自由なのだけれど自分の信頼を失うことは怖いと知っているので、信頼を失うような行動はやらない訳です。その範囲の中で自分の自由を使うので、自由化しても問題になることはありません。さらに経済治によって、自由化しても必要なところにリソースが配分されるので、そこも問題はありません。経済治がないと命令で従業員を動かすことになるのです。

仕事の選択は完璧に自由です。異動も自由です。どの部署に所属するかも自由です。ただし、社員が「A部署に行きたいです」と言っても、A部署には断る権利はあります。一般的な会社でも、A部署に行きたい、ぜひ来て欲しいという会話は起きるのです。ところが現在の上司が全力で止めるのです。まず人が減ったら困るからです。例えば現部長が止めたとしましょう。しかし異動希望先の部長は欲しいと思っています。部長同士が話し合っても結論が出ないと、本部長が出てくる訳です。本部長は様々な条件を考えたうえで、「少なくとも今のプロジェクトが終わるまでは、元の部署にいてもらって、その後のことはまた後で」ということを伝えて、結局、社員の異動希望は潰されることになるのです。

ディスコの場合は異動自由なので、行きたいと言ったら、今いる部署が止める権利は一切なしです。そんなことしたら、その部署の仕事が回らなくなるのではないか、と懸念されますが、仕事は回るのです。A社員が異動して、A社員にしかできない仕事が残るとしましょう。それはWillを使って、A部署から移動先部署に発注すればいいのです。もしくはA社員に直接、発注すればいいのです。A社員にとっても、途中で仕事を抜けるのも無責任なことだし、Willがもらえるのだったら、やります。ということになります。異動した先の部長にとっても、異動してきた社員が他の部署の仕事でWillを稼いでくれるのなら、部署の成績にも繋がるから、問題はない訳です。

多くの企業で社員の異動に伴って仕事が停滞する問題が起きるのですけれど、経済治があると解決できるのです。

一方、社員が抜けた部署は、異動した社員にしかできない仕事なのかを見極め直すきっかけになります。Willを使って他の部署に発注しなくてはならないほど、彼に特化した仕事なのかを検討する必要が出てくるからです。つまり、業務の最適化が常に図られることにもなるのです。

そういった自由があると内的動機で人は動きます。理不尽も起きにくい環境が実現できるのです。いろいろな自由があるので、理不尽なマネージメントをするとあっという間に部署から人がいなくなります。指揮命令で人事権を行使できると、理不尽なマネージメントをしても人が異動していかないので、理不尽なマネージャーが存在できるのですが、いろいろな自由化が浸透すると、理不尽なことをするとあっという間に人がいなくなるので、マネージャー側がマネージメントセンスを磨かざるを得ません。脱理不尽になるのです。こうした内的動機で人が一生懸命働く環境ができたときに、もっとも人が成長するようになると考えています。

人の成長

私たち、ビジネスピープルが成長するというのは、どういうことでしょうか。私は、頭が良くなる

図表4-10 | 人の成長

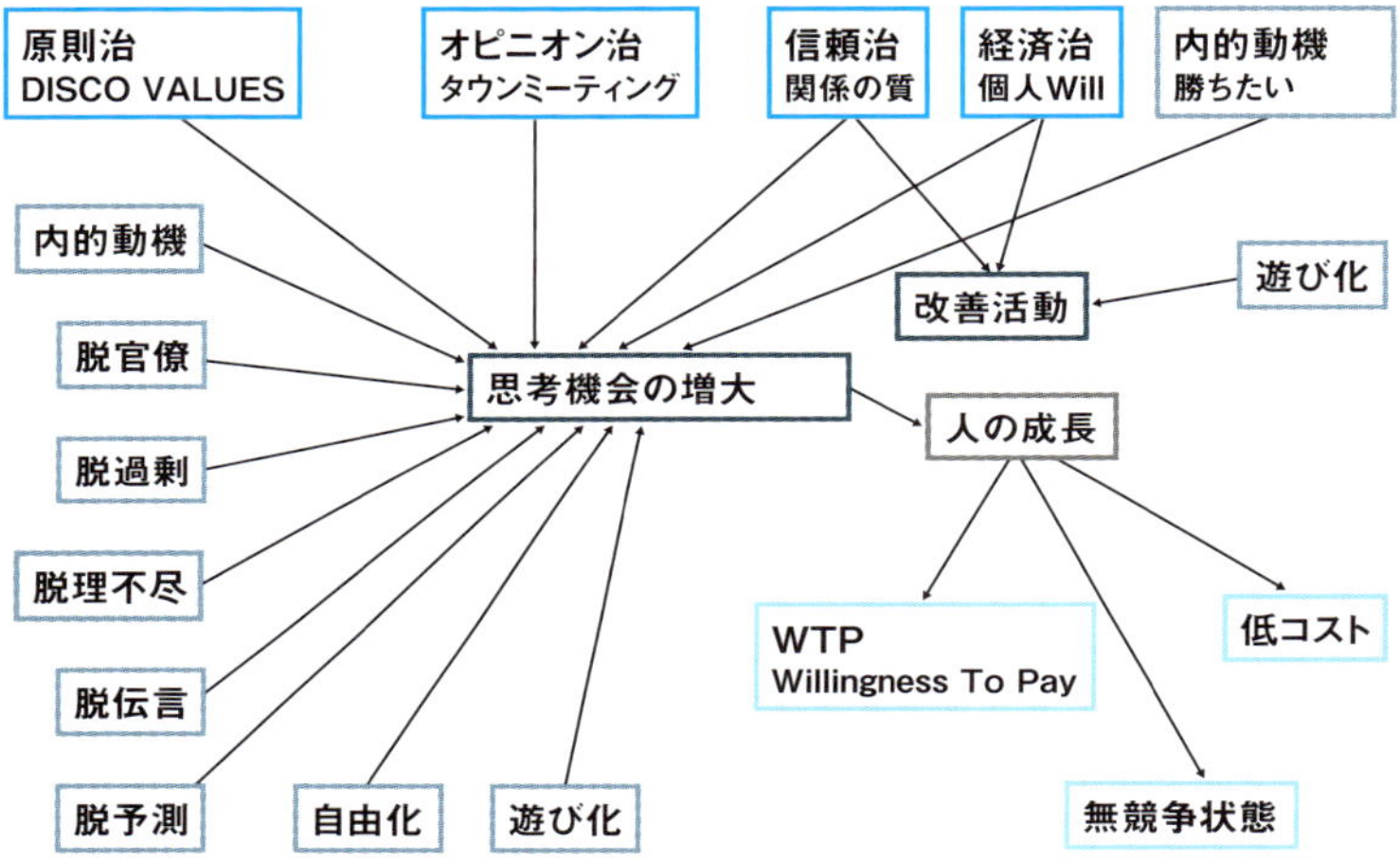

こと、頭の性能が上がっていくことだと考えています。そのためには頭を使わないといけません。つまり思考の機会がたくさんないとだめなのです。言い換えると、マニュアル通り仕事をしているばかりで、自分の頭で考えないでいると、性能は上がっていきません。

企業の体制として、社員に向かって、「あなたの考えは聞いてない。うちの会社は、こうやるんだ」というような姿勢では、社員は成長しません。いつ社員は頭を使うのですか、ということです。

しかし、現状の社会では、会社に入ると、大手企業であればあるほど、個人は思考機会を失ってしまいます。どんなに学生時代に勉強して優れた知識やアイデアの基盤をもっていたとしても、大企業に入ったとたん思考機会がぐっとせばまって、歯車になっていくことが多いのが現実なのです。

ディスコはいろいろな仕掛けを設けて、今までお話ししたようなことをやっています。これら、すべて、思考機会を増やすところに繋がっています。個人Willが始まって、考えなきゃいけないことが増えて、いろいろと思考しないと何も進まないので、前のほうがいいですという人も若干名います。上司の言う通りにやっていたときのほうが楽でしたという訳です。今、どの仕事をやるかも、どの部署とつきあうかも、全部自分で考えなければならないので、思考を止めるときがないのです。しかし、ほとんどの人は、大変だけれど楽しいと感じてくれています。かなり大変だけれど、やりがいがあるという声が多いです。そして、思考機会を増大させると、圧倒的に人の成長が促されるということなのです。思考機会の増大が企業の成長を導くことになるのだという考えがディスコの経営の基盤なのです。

ご清聴ありがとうございました。

［質疑応答］

社員全員が採算を意識し、自らの内的動機によって活動をする

――プロフィット・センター（注4）的な組織を構築されているということですが、一般的には全

社的な秩序とか統制が取りにくく、効率が落ちてしまうという弊害があると思うのですが、御社でうまく仕組みが機能している理由は何でしょうか。

関家　体制的にはおっしゃる通りです。全社の賞与原資は会社の業績で決まります。その原資を部門の成績で分けます。部門の成績で分けられた原資を、今度は個人の成績で分ける。三段階です。だからハイパフォーマーである、頭の良い社員であればあるほど、その理屈がわかるので、うちの部署だけ良くてもダメだと理解できます。つまり会社全体が良くならないと、賞与の原資が増えないと理解する訳です。それを理解した社員が、その部署のみんなに、全社も考えないとだめだということを伝えます。やがて周りも、仕組みを理解するようになり、仕組みが動き始めるのです。だから、何人かがこのロジックを正しく理解してくれれば、割と整合性もとれて、部署同士が足をひっぱりあってはだめだよねとみんながわかるようになります。協力し合って、アウトプットを増やそうという流れに自然となります。

――　DISCO VALUESで二〇〇以上の項目を全社員に共有していて、それを基に全社員が自主的に行動していることで、企業としても売上の伸びを示しているとのお話でした。しかし、社員全員が共有し、それを基に全員が動くというのは、そんな簡単なことではないと思います。自然と動く体制を整えるための工夫があれば教えてください。

関家　二〇年前にVALUESを設定していますから、時間をかけて浸透させてきたという状況です。この状況になるまでに、浸透活動にはかなりのエネルギーを使ってきました。まずマネージャー層は基本的に年に一回、一泊の合宿で、VALUESの特定の部分を議論するなど勉強会をやっています。マネージャー層以外も年代を超え、選抜された社員が、いろんな部署から集まって、年に一回の合宿形式の勉強会を行っています。

こうした勉強する時間をもつことと、ことあるたびに経営のメッセージとして「これはとても大切です」と発信することが大切です。そして経営層、マネージャー層が常にVALUESを大事にする姿勢を示すことです。何か判断するとき、VALUES的にどうかを判断材料にして見せることで、社員もVALUESの重要性を意識するようになり、組織全体の意識がそろうことになります。

つまり何か特別なウルトラCを発動して全員の意識を統一したのではなくて、時間をかけてベタに丁寧にやっていくことが大切だということでしょう。経営者もVALUES違反をすることなく絶対に守っていかなければなりません。VALUES違反をした役員や管理職がいれば、どんなに重責でも辞めてもらうことを徹底しています。実際、それで辞めた役員・管理職も何人かいます。そういう徹底した姿勢で、時間をかけてベタにやってきたということです。

（注4）分権管理の方式をとっている企業が企業内に設けている利益管理単位のことを指す。

今に至ると、入社する方もこうした会社の体制や文化が良い、と判断して入社してくるので、さらに浸透していきます。

また採用にあたっては二次試験に合格した方にはCDP（Career Discovery Program）といって社内のどの部署のどの社員にでもアポイントメントを取り、話を聞けるというプログラムを実施しており、その後、最終面接を行うようにしています。そこで社内の様子を具体的に知ることで、本当にVALUESとかWillのマネージメントが実施され、文化をつくっているのだということを理解してもらえるようです。そうした状態で入社する訳ですから、始めからそうした意識がある社員が増えていくことになりますね。

――内製化を重視すると同時に、何をアウトソーシングすると判断するのか、また外部パートナーとの連携の基準はどうなのかをお聞きしたいと思います。

関家　内製化の理由は、悪在庫をなくすことにあります。例えば、アルミを組み上げたフレームは、特定の機種にしかならないため、在庫になると死蔵になりやすくなります。一方、アルミの棒材は、どの機種にも使える訳ですから、万能在庫ですね。万能在庫までさかのぼれたら、そこで止めようと考えています。アルミの棒材を作るところまでは内製しません。

外部パートナーとして連携する相手については、非常に高度な技術を提供してくれる相手とは積極的に組んでいきます。
二〇年前に作ったDISCO VALUESは、芦屋にある組織経営の研究所と一緒に体系をつくりました。三〇名くらいの研究所で、ディスコの組織文化を定義するために必要なノウハウを協力してもらい構築した訳です。そういうところとは積極的に連携することをしています。

――二点質問があります。一点目が内製化されたものを外に売り出す予定はあるのかということ。二点目はそれをされないのであれば、その理由は何かということです。

関家　基本的には外部提供はしません。というのは、家庭でハンバーグを作ることを想定してください。家庭でハンバーグを作って、お皿の上にハンバーグだけがドンとのっていたとしましょう。それを見た子どもたちが、手抜きだと言ったとしても、お母さんにしてみると、あんたたちがニンジンを食べないから添えていないだけ、という理屈が通る訳です。だから、本当に必要な、本質的なものだけを作ればいい訳です。一方、レストランでハンバーグを提供するとなると、鉄板の上でできたてのハンバーグがジュージュー音を立てており、その脇にはニンジンとかブロッコリーが添えられている必要がある。しかも、ほとんどのお客さんが食べないとわかっているパセリものせなくてはいけない。そうしたことにも工数を使うことになる訳です。その他にもドキュメントの整備等、外部に提供する場合も工数はとても大きくなります。

つまり、そのような工数を外の会社のために使うのだったら、自分たちのために必要な次のものを内製するために使いたいと考えているのです。

ものを売るというのは大変で、ものすごくエネルギーがいります。しかし自分たちで使うものだけだと割と簡単に作ることができる、そこが理由ですね。

――大企業のほうがうまくいくと感じる面はありますか。

関家　残念ながら、ありませんね。大企業も昔は小さかったのですよ。小さな会社だったときは、すごく良かった点が大企業になるにつれ失われていくことのほうが多いように感じています。小さな会社に学ぶべきことが多いとも思いますね。

――Willを導入されているのは、自由経済が会社の中にも存在するイメージだと思います。その場合、問題点として、社員同士が競い合うようなライバルになり、損得勘定が生まれるのではないかと思うのですがその辺りはどのようにお考えですか。

関家　例えばソニーとパナソニックは、多くの商品で競い合っているメーカー同士ですが、両者がいがみ合っているかというと、分野によってはソニーがパーツを作って、パナソニックがそのパーツを購入して製品にしている場合があります。世界的に知られている例がサムスンとアップルですね。スマートフォンでは特許戦争している相手であるにもかかわらず、アップルは相変わらずサムスンのメモリーを使い続けています。

ビジネスはそういう一面があって、協力しなくては成立しないことが必ず出てきます。まして同じ会社の社員同士だと、一部では競争するけど、他の分野では間違いなく協力しなくてはなりません。ですから、競争する場合もフェアプレーが前提になります。フェアプレーで争うことを切磋琢磨といいます。

しかしこうした体制は小さい企業だからこそ、何となくアットホーム的なことで解決できているこどなのかもしれません。ディスコがさらに大きくなり、現状ではうまくいっているシステムも、解決できなくなるときが来るのかもしれませんね。でもそのときは、そのときで、また仕組みを考えます。

―― Will はとてもおもしろいシステムだと思いました。しかし効率性が失われることがあるのではないか、と疑問に思いました。

例えば優秀なマネージャーがいたとして、そのマネージャーが、本人は気付いてないような適切な仕事を次々に部下に振り分けていく場合だと、効率的に仕事は次々に実行に移され、完了していく訳です。一方、Will の中では社員が嫌と言えば、実行されない訳ですから、社員の潜在的な能力を生かすチャンスが減ると同時に、作業の効率も悪くなる可能性もあるのではないか、と。また、優秀なマネージャーの資質が発揮されないというのももったいない点であると感じました。そのことについてどのように考えておられるのかお聞かせください。

関家　まず、優秀なマネージャーの資質が発揮されない可能性があるという点については、おっしゃる通りです。ただ、そこは優秀なアサインメント能力をもっているマネージャーがオピニオンで出すんですね。これ、おまえがやったほうが絶対、効率良いと思うんだよ。と社員に促して作業を受けるように誘導する訳です。だから上司との信頼関係があれば、その社員も自分の潜在能力に気がつく機会を得ることになります。

もう一つ、小さな企業は、はっきり言って官僚治のほうがいいと思っています。Willは、やらないほうがいいです。小さな企業は、創業者が優秀なビジネスモデルと人間的魅力をもっていて成立していることが多いでしょう。ですから、その能力のある創業者の目が届く範囲の大きさの場合は、創業者が部下の能力を見極めて仕事を振り分けるほうが圧倒的にいいです。

そもそも小さい会社に入社する人は、その会社に入ることへの強い意志があります。そうした状況で、たとえ雑巾がけをしないといけないのが自分であったとしても、誰かが雑巾がけをしなくてはいけないことが理解できているので、じゃ僕やりますよって、割となりやすいですね。

ただ、ある規模になったときには、創業者の目が届かなくなります。また創業者もいつかは引退するので、その後、会社としてどう成長する土台を築くかということになります。だから、いつ始めるかを考えていただければいいと思うのです。

――御社の成長に、このVALUESとWillマネージメントが、どれくらいの割合で寄与しているのでしょうか。

関家　二〇年前に実行したのはVALUESだけです。VALUESで事業範囲を絞り込んだことによって、圧倒的な競争力が出て、売上高が四・一倍になったことに影響を与えていると思います。ただ、個人Willは、まだやって四、五年ですから、この四・一倍には寄与していないでしょう。四年前はディスコの経常利益率は二〇％前後でした。それが直近期では三〇％になりました。因果関係の分析は非常に難しいのですが、この一〇％分の利益率の伸びがＰＩＭとWillではないかと感じています。

Column

重層的な参入障壁

ディスコは広島県にて、砥石メーカーの第一製砥所として一九三七年に創業しました。第二次世界大戦前の当時の広島は既に軍需向け製砥業が栄えており、砥石メーカーとしては後発であったディスコは、その後民需に活路を見出すべく東京に進出します。そして、本講義でも関家一馬社長が述べられていたように、「切る・削る・磨く」技術に事業を絞り込み、それ以外のことはやらないという大胆な決断を下し、結果として圧倒的な成長を遂げることに成功しました。

企業が行う「投資」というと、真っ先に思い浮かぶのは工場の新設などの設備投資や、M&Aによる多角化等かもしれません。しかし、「投資」とはキャピタルアロケーション（資本の最適配分）であるとの考え方に基づくと、ディスコが二〇年前に下した「それ以外のことは何もやらずに、切る・削る・磨く技術に経営資源を集中させる」という決断もまさに「投資」です。それは事業を分散させることでリスクを抑えたいと考えがちな経営者にとっては難しい決断であるといえるでしょう。ウォーレン・バフェット氏の「分散投資は無知を保護する手段だ。投資を理解する人にとって、分散投資は理にかなっていない」という言葉にもある通り、ディスコの決断はまさに「切る・削る・磨く」技術の将来性を確信していたからこそできたのだと思います。

ディスコは事業を通じて、顧客が抱える様々な課題（いかにして複雑な回路が書き込まれた半導体ウエハーを切断するのか等）に対し、世界で唯一の専業メーカーとして蓄積した長年のノウハウに基づく「ソリューション」を価値として提供しています。顧客との細かいすり合わせによりオーダーメイドで製造される消耗品（刃物）が二万種類以上も存在することからも、顧客が抱える課題がいかに多岐にわたるかがわかります。さらに、ディスコの製品が使用されるのは、幾重もの工程を経て複雑に回路が書き込まれ、付加価値が載りきった半導体ウエハーを加工する工程であり、顧客である半導体メーカーにとっては「絶対に失敗が許されない」ということも、顧客のスイッチングコストを高めています。

企業名 ディスコ **(6146)**

企業名 「切る・削る・磨く」をコア技術とする、精密加工装置メーカー。主に半導体製造工程で必要不可欠なダイサ、グラインダーと呼ばれる加工装置とその消耗品を製造。

創業 1937年　**本社** 東京都

時価総額<18.9> 7,000億円

財務<18.3> 売上高：1,700億円

営業利益（率）：500億円（30.5%）

ROA：19.9%

株価 （円，四半期毎，配当再投資）

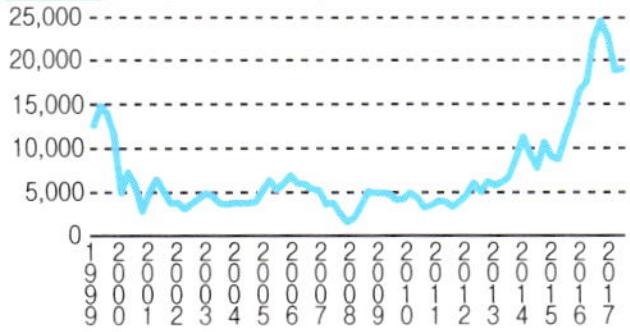

企業名 テキサス・インスツルメンツ **(TXN)**

企業名 音声や光といった非デジタル信号を司る「アナログ半導体」を主力として扱う、世界最大のアナログ半導体メーカー。

創業 1930年　**本社** 米国テキサス州

時価総額<18.9> 11兆5,000億円

財務<17.12> 売上高：1兆6,000億円

営業利益（率）：7,100億円（42.9%）

ROA：36.3%

株価 （ドル，四半期毎，配当再投資）

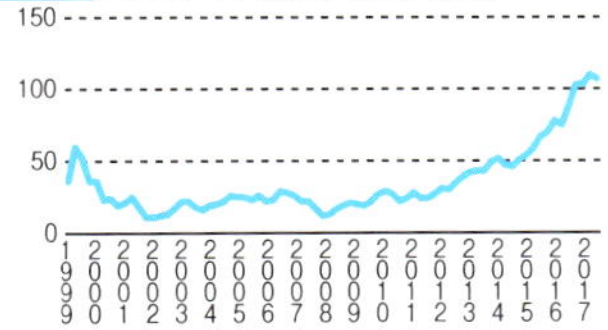

Column

同様の例として、世界一のアナログ半導体メーカーとして高い収益性を誇るテキサス・インスツルメンツが挙げられます。いかなるデジタル製品であっても、最終的にはアナログ半導体を通じてアナログ信号（音声や光など）で出力しなければ人間は知覚し使用することはできません。このアナログ半導体も約一〇万種類存在し、かつ他社製品に乗り換える場合には互換性の確認が困難であるという高いスイッチングコストを有しています。

ディスコの事業は、顧客が抱える様々な課題を解決する「ソリューション」を価値として提供しているため、単純な規模の経済勝負にはなりえないという財の性質を有しています。加えて、失敗が許されないという顧客の高いスイッチングコストの存在が、重層的な参入障壁を形成し、結果として競合企業の新規参入を阻みディスコの高い収益性を実現していると考えられます。そして、本講義で関家社長が述べられていたように、社員一人一人にまで浸透した「DISCO Values」や、「個人Will会計」等の内的動機経営を可能とする数々の理念や施策も、ディスコの圧倒的な競争力を支える重要な要素となっています。

185　第四章　社員の心理に着目し、パフォーマンスを最大限引き出す「内的動機経営」

経営理念と、その実践
―経営者に先見性がなければ成功はできない―

ＳＢＩホールディングス株式会社　代表取締役社長　北尾吉孝

歴史から見る経営のあり方

一九八〇（昭和五五）年以前の企業観

今日は私の経営理念と、その実践についてお話をさせていただきます。

最初に、企業とは何かという非常に古典的なことから始めたいと思います。日本には、独自の「企業観」というべき思想がいくつかあります。例えば江戸時代の中期を生きた石田梅岩《いしだばいがん》（注１）は著作の一つ、『都鄙問答《とひもんどう》』（注２）の中で、商行為の正当性や今で言うところの共生・コンプライアンスに通じる考え方を示しています。「商人の買利は士の禄に同じ」と説き、商人は士農工商の中で最も身分の低い職能とされた訳ですけれども、商人が流通の役割を果たして、利益を追求することは正当なことである、としています。そしてまた、「御法を守り、我が身を敬むべし」と、今で言うところのコンプライアンス、「実《まこと》の商人は先も立ち、我も立つことを思うなり」と、今で言うところの共生を意識することの必要性を示しています。

講演者・北尾吉孝氏。

石田梅岩の考え方は当時の儒学的なものと禅学を統一させたもので、石門心学として体系づけられました。

また、明治の資本主義の勃興期には渋沢栄一《しぶさわえいいち》が「道徳経済合一」説を唱え「営利の追求も、資本の蓄積も、道義に合致し、仁愛の情にもとらぬものでなければならない」という考えを示しています。資本主義の勃興期にあっては、どういう形であれ儲ければいいんだという人が現れます。安かろう悪かろうというように、安いだけで品質が非常に悪いものがどんどんと作られていった時代がありました。

（注1）（一六八五（貞享二）年－一七四四（延享元）年）江戸時代の思想家、倫理学者。石門心学の開祖。
（注2）石田梅岩の主著の一つ。その中に商人道として商いの正当性を説いている。

そういう中にあって、渋沢栄一は正しい倫理的価値観に沿って、五〇〇余りの民間企業の創設に携わりました。もし彼が望むなら、おそらく住友や三井や三菱と同じぐらいの大財閥、あるいはそれ以上の大財閥になっていたかもしれません。しかし、彼は財閥になることを望まなかったのです。そして六〇〇余りもの教育福祉団体を通じて、福祉の発展に貢献しました。その渋沢栄一は『論語』に精通しており、彼の思想はまさに、その『論語』の精神だったと考えられます。例えば、「その事業が個人を利するだけでなく、多数の社会を利してゆくのでなければ、決して正しい商売とは言えない」と彼は語っています。

さらに、松下電器（現パナソニック）の創業者である松下幸之助《まつしたこうのすけ》は一九七四（昭和四九）年に『企業の社会的責任とは何か？』という本を書いていますが、それを読んだとき、非常に驚きました。本業を通じた社会貢献、人を育てること、地域社会や周囲の環境との調和、公害の防除や絶滅、過疎過密の解消への配慮、自由にして公正な競争の推進、国民外交の推進、適正な利益を上げていくことなど、今で言う、コーポレート・ソーシャル・レスポンシビリティ（CSR）のエッセンスをすべて含んだ考え方を、すでに著作の中で打ち出していたのです。そして、法令順守と正しい企業倫理に基づく行動や直接的な社会貢献活動を、ずっと推奨した訳です。

一九九〇（平成二）年以降の企業観

一九八〇年代の日本経済は絶好調でした。日本の企業がアメリカへ行ってロックフェラー（注3）

SBIホールディングス本社外観（東京都港区）。

SBIホールディングス株式会社

1999年7月設立。「経営理念」をもつことによって、企業としての長期的な目標を明確にし、社員が働く目的を共有できるようになる、という考えのもと「正しい倫理的価値観を持つ」「金融イノベーターたれ」「新産業クリエーターを目指す」「セルフエボリューションの継続」「社会的責任を全うする」という5つの経営理念を掲げ、世界中を舞台に、金融サービス事業、アセットマネジメント事業、バイオ関連事業と金融を中心とした幅広い分野で事業を展開している。

北尾吉孝（きたお・よしたか）

SBIホールディングス株式会社　代表取締役社長

1974年慶應義塾大学経済学部を卒業後、野村證券株式会社へ入社。その後、1978年ケンブリッジ大学経済学部を卒業し、野村證券株式会社海外投資顧問室等を経験、1991年野村企業情報株式会社取締役となる。1995年ソフトバンク株式会社の孫正義氏にスカウトされ、入社。ソフトバンク・インベストメント株式会社（現・SBIホールディングス株式会社）代表取締役社長CEOに1999年に就任している。中国古典から、経営者、企業のあり方、姿勢を学び、ヒントにしている。先見性が事業を切り開き、発展的に継続させるとの考え方を基本に、時代を読み、適切なタイミングで経営戦略を打ち出している。

のビルを買うとか、ブリヂストンがファイアストン（注4）を買うとか、そういう時代でした。ところが一九九〇年代に入って、「失われた二〇年」と言われるように日本経済は最悪の状態になりました。先進国で初めてデフレーションを経験することになったのです。巨大バブルが崩壊し、日本経済における潜在成長力が低下して、企業は経営難に陥りました。山一證券が潰れたのが一九九七（平成九）年、長銀の破綻は九八年です。その後も大規模なリストラが行われ、「終身雇用」「年功序列」「企業別組合」の三種の神器と呼ばれたものが次々に崩壊していきました。

年功序列より能力制だとする考え方が支持されるようになり、旧来の日本的価値観が動揺すると、日本の経営者たちはアメリカ流のコーポレートガバナンスの形だけの導入をし始めました。

アメリカには一九一九年のミシガン州の最高裁判所での判決において示された「企業は株主のために利益をあげるために存在する」という言葉に代表されるように、株主価値を絶対とする価値観が存在します。シカゴ学派の創設者で、一九七六年にノーベル経済学賞を受賞したミルトン・フリードマン教授は「企業のたった一つの社会的責任は利潤の増大をめざす活動に従事すること」と明言しています。

日本の経営者は、九〇年代からこうした価値観を日本の風土の中に入れ込もうとしてきました。

しかし、株主価値を極端に重視したアメリカ的な価値観を導入することで、本来企業が果たすべき社会的責任がおろそかにされ、弊害が発生するようにもなりました。

例えば、公共財たる資本市場の悪用、濫用が多くなりました。当時ライブドアは新しい株券が手元に届くまでに五〇日間かかることを利用して、その需給不足から、株価だけがどんどん上昇するように仕向けておいて株式分割を行ったり、企業の買収を仕掛けた訳です。これは合法的なことです。しかし、他者のことを考えないようなやり方を資本市場を通じてやっていくことが受け容れられていったら、日本の資本市場はおかしくなってしまいます。私が当時、ホワイトナイト（注5）として参画したのは、この事態をこのまま見過ごしてはいけないと決心したからです。

また、村上さん（村上世彰）のようにグリーンメーラー（注6）として利得を得る者が現れたり、日本の風土に合わない敵対的買収が行われるようにもなりました。さらには、法令違反を中心とした不祥事が続出していった訳であります。

（注3）アメリカ合衆国の企業家であり、富豪として知られる一族。一九三〇年から建設されたニューヨーク州ニューヨーク市にある超高層ビル群からなる複合施設としてロックフェラー・センターの存在は有名。
（注4）一九世紀後半にハーベイ・ファイアストーンによって設立されたアメリカ合衆国のゴム、タイヤメーカー。一九八八年にブリヂストンに買収された。
（注5）敵対的買収防衛策として、敵対的買収を仕掛けられた会社の経営者が自らにとって友好的な第三者企業に買収してもらうことで、会社を守ろうとする動き。あるいは敵対的買収を防ぐために友好的買収をした会社のことを指す。
（注6）ターゲット企業もしくは関連企業に高値で買い取らせることを目的に、株式の買い集めをする行為を指す。

原点回帰：企業とは何か

こういう中で、いったい企業とは何かということを原点に立ち戻って企業人（経営者）が考え始めました。

企業を、

・個人の集合体としての組織である
・法人として法人格をもっている
・社会という全体の中の一部分である。しかも重要な構成要素になっている
・様々な社会的な影響をもたらしている
・社会的存在そのものであり、社会の一つの要素である

というように、社会への影響力をもつ組織として考え始めたのです。

例えば、企業活動の中で、公害をまき散らしている状況を想像してみましょう。水質汚染や大気汚染など、近隣の人に多大な迷惑、影響を与えているにもかかわらず、企業側がそういった社会的費用を払わないような状況が過去にはありました。しかし、こうした状況は企業のあり方として正しくないとする考え方が出てきたのです。企業は、その私益と公共の利益双方のために、その企業を取り巻く関係者（ステークホルダー）の利害の調和を図って、社会との連帯のうちにゴーイングコンサーン（継

続企業の前提）として存在していかなければならない、という考えをもつ経営者が増えてきた訳です。

社会と調和した新しい企業経営をめざすための三つのプロセス

私は、こういう企業にするために、三つのプロセスがあると考えています。そして私自身も一九九九（平成一一）年に創業して以来ずっと、このプロセスを全役職員に徹底して認識させることをやってきた訳です。

1．社会性の認識

「企業は社会に帰属しているからこそ存続できている。だから企業は社会の維持・発展に貢献しないといけない」そういったことを全役職員が認識することが第一歩です。

様々なステークホルダーが存在するなかで、それぞれの利害は必ずしも同じでないけれど、うまく調整しながらゴーイングコンサーンとして伸びていかなければならないと考えています。

2．社会的信用の獲得

それぞれの企業が価値観や経営理念、ビジョンといった概念的枠組みを自ら明確に規定しないといけません。そして競争戦略やターゲットとする顧客セグメント、事業ポートフォリオ等々を定め、それらを自社の内外に表明して、ステークホルダーから評価されることが必要です。社内の業務体制や教育研修体制も徹底的に整備する必要があるでしょう。

私はSBI大学院大学というものをつくりました。これはMBA（経営学修士）を修得できる文部科学省認可の教育機関です。私どものグループ会社で、次長以上になろうと思う人にはここで研修を受けてもらうようにしています。その研修は少し変わっていて、単に学問の研修だけを行っているのではなく、人物を磨くことに力点を置いています。そして人物を磨くために、中国の古典や、その他の哲学や歴史を教えています。

3．社徳を高める

私は人に人徳があるように、企業には社徳というものがあると考えています。高い社徳があれば、必ず事業もうまくいき社会からも尊敬されると思っている訳です。

では、高い社徳を得るためにはどんな実践的な活動が必要か。まず全役職員それぞれが徳性を高め、正しい倫理的価値観をもつことが重要です。役職員に対しては才より徳を重視した採用・評価・登用制度をつくる必要があると思っています。才は副詞にすると「僅《わず》かに」という意味です。すなわち、才だけでは僅かなのです。徳をもたないといけません。司馬温公《しばおんこう》（司馬光）（注7）が人間を三つに分けて語っています。才も徳も人並み外れている人は聖人、才と徳を比べて徳が秀でている人は君子、才と徳を比べて才が秀でている人は小人だと。一番大切なのは徳なのです。

次に、獲得した社会的信用の維持・醸成によって、強力なコーポレートブランドの確立と維持をしていかないといけません。企業パーソナリティとイメージの整合性をもち、企業を取り巻くすべてのステークホルダーとの調和を図ることが重要です。寄付やボランティア活動、メセナなど社会貢献活動を積極的に推進することも、そうした活動の一環だと考えています。私どもは、非常に早い時期からSBI子ども希望財団を設けました。今は公益財団法人になっています。

こうした財団は、ただ設立時に企業が一定の金額を出しただけでは、特に昨今のゼロ金利のような環境下では資金が目減りしていきます。そういう状況にならないために二つのことを私は考えています。

一つは、グループの各企業が健全に発展していく状況の中で、その利益から一定の割合をこの財団に寄付するということ。もう一つは、私どもの仕事の一つとして新規公開をめざしているベンチャーに投資をしておりますが、公開前の投資先の株式を少しこの財団にも入れてもらうようにしています。このような取り組みを通して、財団は金利水準にかかわらず毎年新たな運営資金を確保して継続していけるのです。昨今は多くの財団が資金不足で潰れていますが、私どもは新しい方法で運営できる仕組みを考え、SBI子ども希望財団を運営しています。

他にも、私が私淑する安岡正篤《やすおかまさひろ》（注8）先生が創設された日本農士学校の跡地（埼玉県の嵐山《らんざん》）に建

（注7）司馬光は中国北宋代の儒学者、政治家であった人物。温国公の爵位を贈られたことから司馬温公と呼ばれる。

（注8）（一八九八（明治三一）年－一九八三（昭和五八）年）陽明学者であり思想家。一九三一（昭和六年）年、「日本農士学校」を埼玉県菅谷の地（現比企郡嵐山町）に開校。東洋哲学に基づく農村青年の教育を行った。

物や体育館、学校をつくり、親から虐待を受けた子どもたちを五〇人ぐらい受けいれています。昔は、情緒障害児短期治療施設と呼ばれていた施設ですが、今は虐待を受けた子どもたちの心理的、精神的な治療を行い、社会に復帰する支援を行う児童心理治療施設と呼ばれています。こうした直接的な社会貢献活動も積極的に行ってきた訳です。

ＳＢＩグループが考える「企業価値」

通常、企業価値は株式時価総額と負債時価総額の合計として考えられます。株主と債権者が将来的に受け取れると考えられるキャッシュフローの現在価値の合計を企業価値として定義している訳です。その企業価値をはかるための一つの指標がＲＯＥ（Return On Equity：自己資本利益率）（注９）ということになります。ＲＯＥを上げるのは意外と簡単でして、例えば人件費や研究開発費や設備投資を抑制すると上がります。あるいは自社株を買えば上がります。

しかし、これが本当に企業にとって中長期的に良いのかと考えると、私は良い方法ではないと考えています。ゴーイングコンサーンとして、企業の健全な成長、真の意味での企業価値の向上には繋がらないと考えているのです。人件費や研究開発費、設備投資などを抑制すると中長期的には新製品が生み出されなくなります。また自社株を買うと自己資本比率の低下を招き、財務基盤の脆弱化に繋がります。

また、通常の企業価値の考え方には重要なポイントが抜けています。インカムステートメント（損益計算書）やバランスシート（貸借対照表）、キャッシュフロー・ステートメント（キャッシュフロー計算書）を見ると、確かに多くのことがわかります。しかし、会社のブランドや長期戦略の価値、どういうレベルの研究者を抱えているかや Intellectual Property（知的財産）の価値、こういうものは何にもわからないでしょう。通常の企業価値の考え方にはソフト面の価値はまったく入っていない訳です。

そこで私は考えました。どういう企業価値観を我々の従業員にもたせたらよいのだろうか、と。そして企業価値とは、顧客価値と株主価値と人材価値からなるものだと、新たに定義したのです。

顧客価値

顧客価値はその企業が提供する財・サービスの本源的な価値のことです。顧客がその企業の提供する財、またはサービスに対して支払うキャッシュフローで企業は回っている訳ですね。したがって、顧客のもたらすキャッシュフローが一番大事だという考え方です。顧客価値を高めるということは、顧客がキャッシュフローを支払ってくれるようにするということです。では、どうしたらいいのか。それは顧客満足度を徹底的に重視する経営をすることだと考えています。

（注9）株主の持ち分である資本に対してどれだけの当期純利益が生み出されているのかを示す指標。ROEは当期純利益÷自己資本。

図表5-1 ｜ 新しい企業価値論

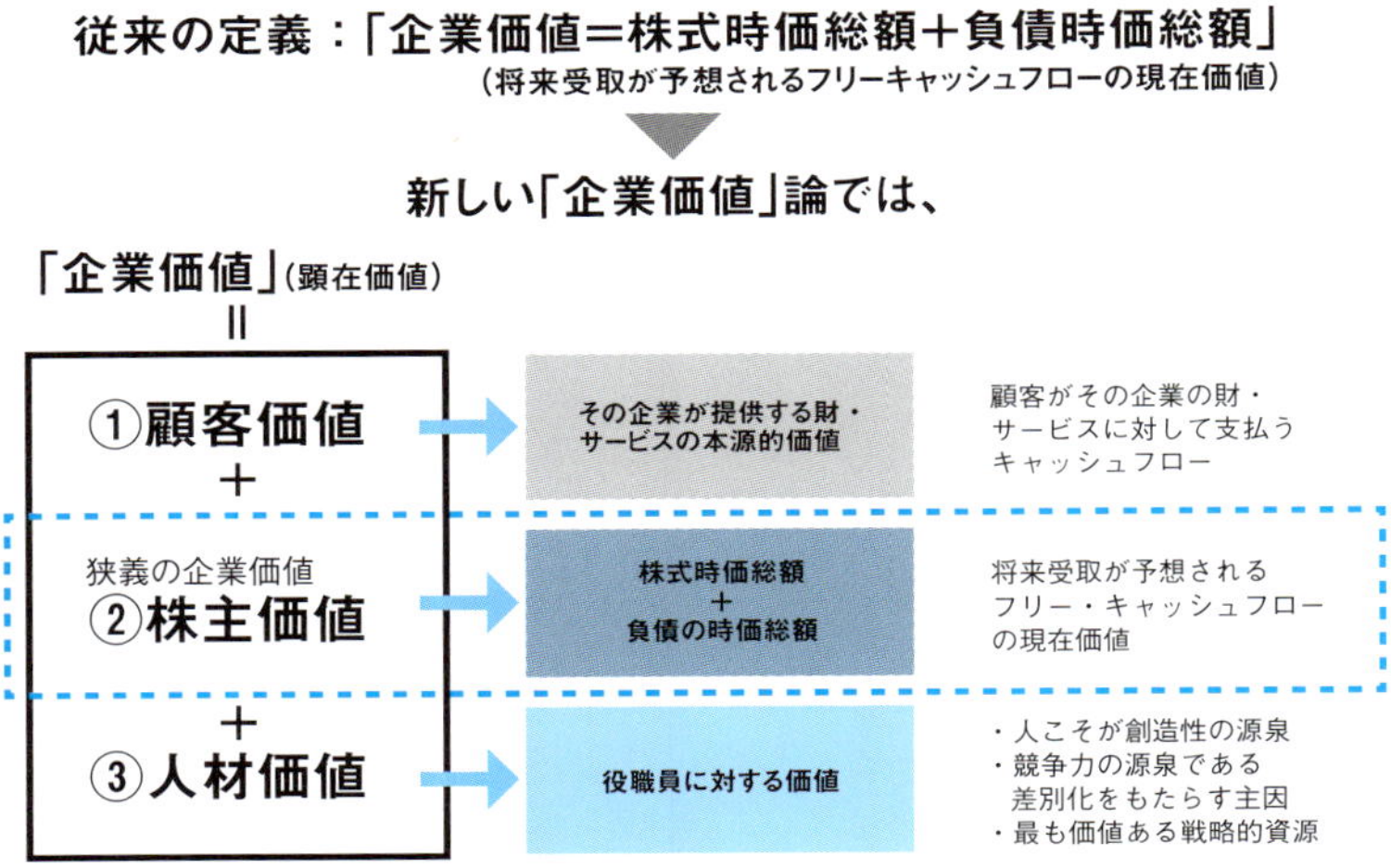

株主価値

株主価値は伝統的なアメリカのビジネススクールで教えられるような考え方です。前述しましたが、株式時価総額と負債の時価総額の和で定義されるものです。私はこの部分だけを企業価値と捉えるのは狭義の企業価値だと思います。

人材価値

人材価値は、役職員に対する価値です。人こそが創造性の源泉であり競争力の源泉、あるいは差別化をもたらす主因なのだ、という考え方です。人材は最も価値のある戦略的資源と言ってもいいでしょう。

『文章軌範』（注10）という中国古典の中に、「一国は一人によって興り、一人によって滅ぶ」という蘇老泉《そろうせん》（注11）の言葉があります。例えば、モンゴル帝国をつくったのはチンギス・カンですね。チンギス・カンがいなければモンゴル帝国は歴史上、存在しなかったと思います。一人の力は、それだけ大きいものなのです。

私は人材の価値は非常に大きいと考えています。どれだけ優秀な人間を採用するかという基準において、日本人でないといけないとか、海外の支店や現地法人には日本人の経営者を送らないといけないといった考え方は、まったくナンセンスだと思います。実際に、中国人、韓国人、ベトナム人など国籍を問わず、現地で採用して本社採用にしています。日本人だけでなく、アジアなど事業を展開している地域の大学から新卒を採用しています。そういう形で、多様化した人材を世界中から入れていこうというのが、この人材価値を高める一つの方策ですね。

また、近ごろ女性比率はどうですか、女性役員の割合は、と聞かれることが増えてきましたが、私はそういう考え方もナンセンスだと思っているのです。男性であれ女性であれ、人物が優秀で能力が高ければ、男女の差なく、国籍、門閥、学閥、そういう一切の閥を排除して採用し、登用したらいい訳です。結果として私どもの会社では優秀な女性が増えてきていますが、女性を何人入れないといけないという考え方はまったくありません。

（注10）中国古典、散文選集。南宋末の謝枋得《しゃぼうとく》の編、七巻。科挙受験のための作文参考書として編まれた書で、模範とすべき古今の散文六九編を収める。

（注11）［一〇〇九年－一〇六六年］蘇洵《そじゅん》。中国、北宋の文章家。眉山《びざん》（四川省）の人。唐宋八家の一人である。子の蘇軾《そしょく》・蘇轍《そてつ》と合わせて三蘇と呼ばれる。

図表5-2 ｜「企業価値」向上のメカニズム

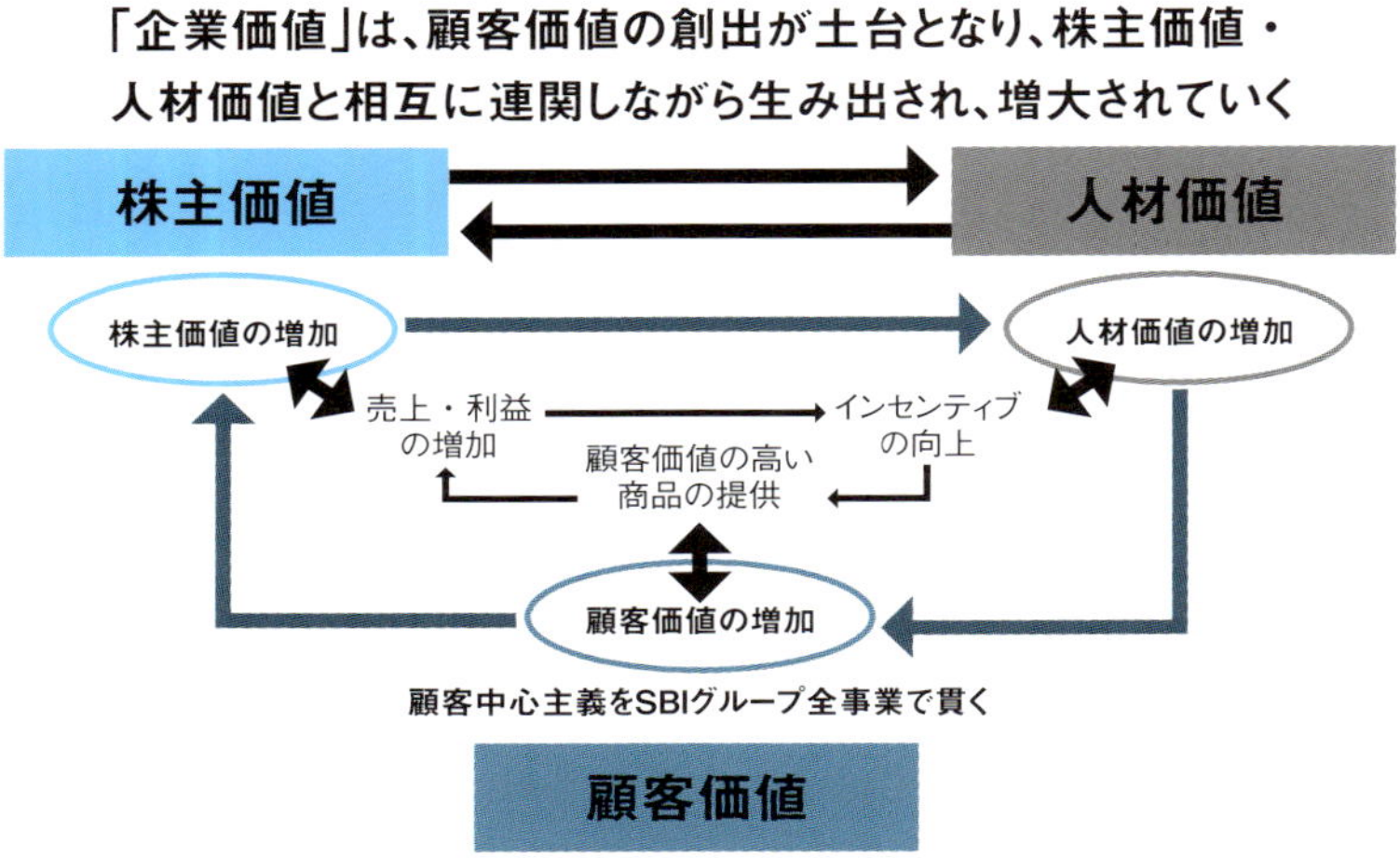

そしてこの顧客価値、株主価値、人材価値が、相互に連関しながら好循環の中で企業価値を増殖させていくと考えています。顧客価値は顧客中心主義を全事業に貫くことによって向上していきます。売上・利益が増えてくれれば株主価値は当然上がります。利益が増えてくれれば、従業員や役員へのインセンティブが実り多いものになり、給料も上がる、待遇・福利厚生も改善される、ゆえに良い人材がまた集まってくる、という形で人材価値も上がります。さらにいい人材が集まれば顧客価値も増えていく、といったように、相互に連関しながら、好循環の中で企業価値は増殖されると考えている訳です。

企業価値向上のための経営思想

SBIグループのDNA

「顧客価値」「株主価値」「人材価値」に加え、企業価値を構成する非常に重要な要素として「戦略価値」（経営思想と長期的な戦略）があると思います。私は二〇一九年で創業から二〇年、CEOとしてやってきました。五〇〇〇万円の資本金が今約九二〇億円になり、従業員は五五人で出発して、今六〇〇〇人超の陣容になりました。この成功は何ゆえもたらされたのか、と考えると私は戦略価値、すなわち私の立てた戦略が大きな要因だと考えています。もちろん、従業員が一生懸命努力してくれたおかげです。しかし、羅針盤が故障していたら目的地に着かないのと同じで、戦略が間違っていたら、企業に成功はないのです。

私が創業のときから非常に、大事にしてきたことからお話しします。これは私が経営の任を退いてからも、我がグループにずっと残していかないといけない、DNAだと思っていることです。

まず、アントレプレナーシップ。この起業家精神をもち続けないと、企業は大きくなればなるほど大企業病のリスクが大きくなります。私が定義する大企業病というのは、顧客や仕入れ先などへ向ける外向きのエネルギーよりも、内向きのエネルギーが大きくなることを指します。自分の昇進昇格のために誰についたらいいか、どの副社長が次の政権を取りそうだとか、そんなことばかりを朝から考え、徒党をつくる。「悪党」という言葉はあっても「善党」という言葉がないように、悪党や力のない奴ほどすぐ群れるのです。そして、そういう徒党で政権を取ろうとする。すると結局、うまく事業がいかなくなる。これが大企業病です。

次にスピード。常に迅速な意思決定と行動を心がけることが大切です。スピードがない企業はだめです。私どもはアメリカの企業と日本や他のアジアで多くのジョイントベンチャーを立ち上げていますが、その成功の背景には意思決定の速さがあります。日本の企業には、「技術がおもしろい」と他企業に何度もコンタクトはするものの、一体いつになったら話が前に進むのか、というケースもたくさんあります。

さらに、イノベーションを促進すること。過去の成功体験にあぐらをかいていたら駄目です。私が一九七四年に慶應を卒業して就職するときに選択肢にあった有力銀行は、ある意味全部潰れてしまいました。企業三〇年説という言葉がありますが、三〇年後にどうなるかはわからない。だから少なくとも経営者がどういう戦略に則って事業を運営しているのか、そしてイノベーションが起きている風土があるのか、創造的精神を発揮し続けているのかを考えることがとても重要です。

加えて自己進化し続けること。自己進化するためには、まず自己否定がないと駄目です。自己否定があり、自己変革が起こり、そして自己進化をするのです。常に環境は変わっています。この環境に柔軟に適応しながら、自己を変化させて成長していく。そうでなければ企業三〇年説にあるように、いずれだめになってしまいます。

これがＳＢＩグループの企業文化として未来に継承すべきＤＮＡと考えているものです。

ＳＢＩグループの事業構築の基本観

では私が事業を構築するとき、打ち出した事業構築の基本観について説明していきます。

時流に乗る

経営は時間の関数だと考えています。すなわち、時間がたてばたつほど売上が増える、顧客数が増えるような事業をやっていかないと駄目だということです。

一九九九（平成一一）年の創業時、「インターネット革命」と「金融の規制緩和」という二つの潮流が存在しました。インターネット革命はアメリカから五年ほど遅れて日本にも起こりつつあり、パソコンがどんどん普及していく時期でした。金融の規制緩和では、アメリカから二〇年、英国からは一〇年遅れながらも、株式売買委託手数料が自由化されました。特に金融業では規制の動向は非常に重要で、規制の動くタイミングでなければ新しい技術を導入してもなかなか成功しないものです。私はこの二つの潮流があれば時流に乗れると判断し、インターネット金融をやっていこうと決めました。

金融業は、商品の物理的移動を伴わず数字やデータが取引されればことが済む、いわば情報産業であり、インターネットにもっともフィットするものだと考えたのです。当時、モルガン・スタンレー

図表5-3 ｜ 本格的なインターネット世代が成人へ

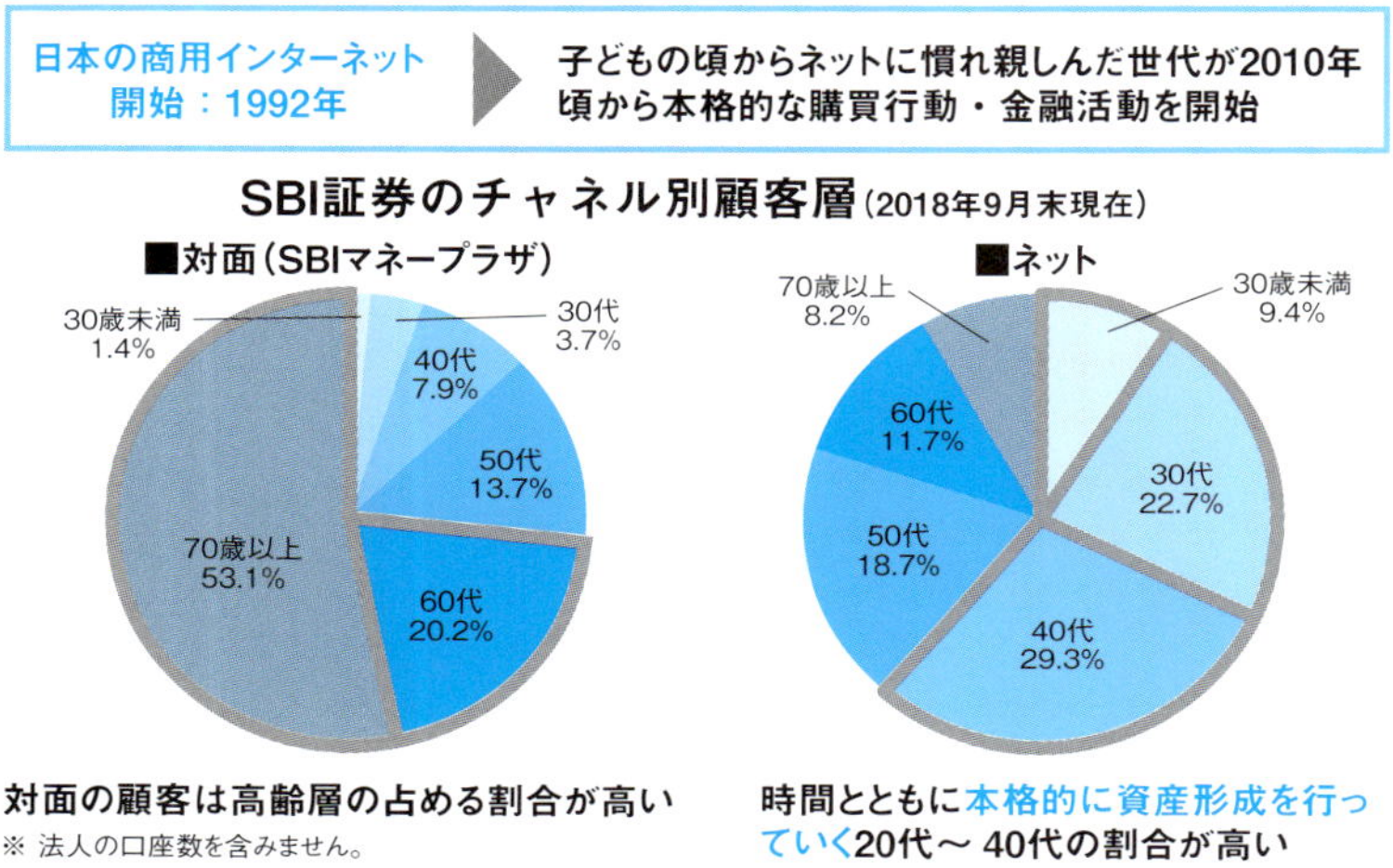

のアナリストだったメアリー・ミーカーが、多様な市場・商品の中でインターネットとの親和性が一番高いのは金融・保険サービスだといっていましたが、まさにその通りだと思いました。

実際に、一九九九年一〇月から二〇一八年三月まで、オンライン取引証券口座は年率二七・〇%で増加を続け、二〇一八年三月末には二四九四万口座になりました。三月末時点でのＳＢＩの市場シェアは一七・一%です。

また、今後はより多くのお客様がインターネット金融に移ってくると考えています。例えば我々がやっている対面型のＳＢＩマネープラザは七〇歳以上のお客様が五三・一%、六〇代のお客様が二〇・二%、五〇代が一三・七%を占めます。あと二〇年経ったらどうなるでしょうか。一方、ネット証券のお客様は三〇歳未満が九・四%、三〇代が二二・七%、四〇代が二九・三%の割合をそれぞれ占めます。すなわち、あと二〇年たったら対面型ではなくネットが主流になり、現在のネット証券のお客様は相続などで金融資産が潤沢になっていくのです。

オンライン銀行業界でも同様のことが起こっております。インターネット専業銀行六行の口座数は二〇〇一年三月から二〇一八年三月まで年率三七%で増加しており、ネット証券よりも高い伸びを示しています。口座数は二〇一八年三月末に一九〇四万口座の規模になっております。私どもは同様に一七%のシェアをもっております。

私どものグループである住信SBIネット銀行の顧客を見てみると、四〇代までが圧倒的に多いのです。現在は六〇代や七〇代の高年齢層が二〇代の七倍以上の預金をもっていますが、あと一〇・二〇年すると、現在のお客様は我々のお客様のまま、資産を受け継ぎ大きな顧客になっていきます。

顧客中心主義の徹底

インターネットの出現により、情報を取る手間・時間・コストが消滅しました。お客様が賢い選択をできるようになったのです。もちろん情報の洪水になりますから、そこから情報を選択するサービスを提供する会社も出てきます。例えばモーニングスターは膨大な数の投資信託にランクを付け、消費者が目論見書を一つ一つ読まずとも星の数が多いものを選べるようにしました。あくまで過去のパフォーマンスを基にした評価なので、未来が必ずその延長線上にある訳ではないですが、一つの判断材料にはなります。このように、商品を比較する会社が出てくることで、消費者主権や顧客中心主義、ひいては情報の非対称性の消滅により完全競争が実現する可能性が出てきた訳です。

顧客中心主義を具現化する上で私の頭に浮かんだのはヘーゲルの弁証法「量質転化の法則」です。私は歴史と哲学を昔から勉強してきました。歴史と哲学は価値がないと思っている人が結構いますが、例えば中国の各王朝の栄枯盛衰を見ると、企業の栄枯盛衰と通じるものがありとても勉強になります。哲学は一番基本にあるもので、これを勉強しないで経営がわかるはずがない、と思います。

さて、「量質転化の法則」ですが、「ある個別の量的変化は質的変化に転化し、新しい質をもった個別へと変わる。そして変化した個別は、新しい質の運動として新たな量的変化のプロセスを歩んでいく」とあります。これを経営に当てはめると、顧客の数を増やすことで、顧客のニーズに対応すべく、商品やサービス、システムやコンプライアンスなど企業自体にも質的な変化・質の改善が起こる、ということです。こうして質的な変化や改善がなされると、また量の増大に繋がります。毛沢東も『矛盾論』(注12)の中で、こう言っています。「量の蓄積が質を規定する」と。

ＳＢＩ証券での例を挙げますと、私は創業まもなくして、徹底的に手数料を安くしました。当時、周りからは大赤字になりますよと言われたものですが、「それでもかまわない、僕が責任もつからやれ」と決断して、圧倒的に手数料を安くした訳です。その結果、現在の手数料で比較すると、ＳＢＩ証券なら同じ株を同じ株数買うのにたった五二五円の手数料で済みます。楽天証券は、その約一・三倍の六五七円。野村證券にいたっては、同じ株を同じ株数購入するのに、私どもの手数料の二三倍か

図表5-4 ｜ SBI証券における「量質転化」の事例

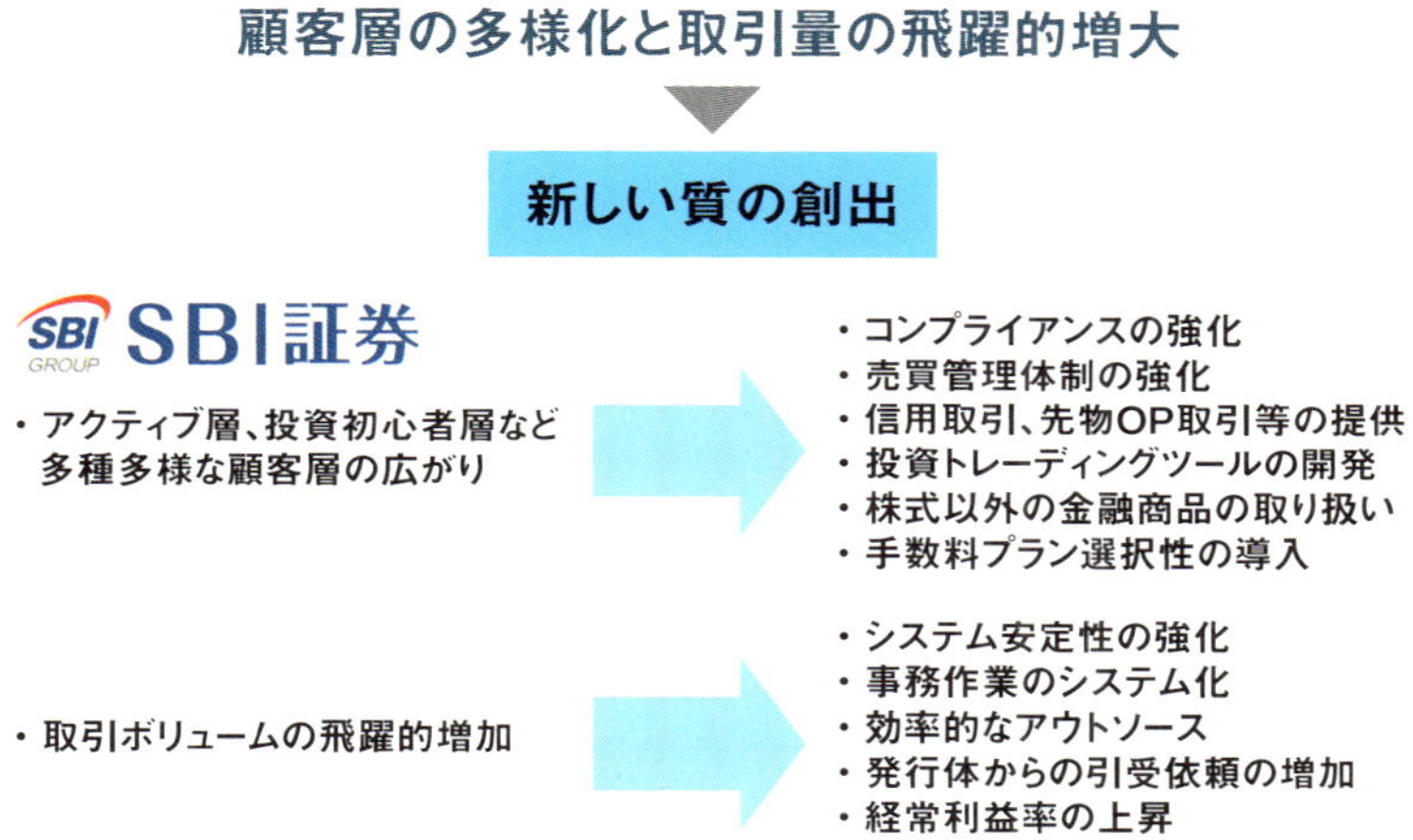
顧客層の多様化と取引量の飛躍的増大
新しい質の創出
SBI GROUP
SBI証券
・アクティブ層、投資初心者層など
多種多様な顧客層の広がり
・コンプライアンスの強化
・売買管理体制の強化
・信用取引、先物OP取引等の提供
・投資トレーディングツールの開発
・株式以外の金融商品の取り扱い
・手数料プラン選択性の導入
・取引ボリュームの飛躍的増加
・システム安定性の強化
・事務作業のシステム化
・効率的なアウトソース
・発行体からの引受依頼の増加
・経常利益率の上昇

かります。大和証券なら二四倍。何で同じ株を同じ株数買うのに野村證券で二三倍の手数料を払って買わないといけないのでしょう。お客様は賢いです。だから私どもの顧客数は、あっという間に四四五万口座となりました。預かり資産も、同時期に同様のシステムを使って事業を開始した楽天、マネックス、松井などの他のオンライン証券と比べて大きく違います。SBIの預かり資産は一三・六兆円と、楽天・マネックス、松井の残高を足しても私どもに届かない状況になっている訳です。個人の取引シェアは、というと委託売買代金シェアで私どもは三六・二%をもっています。そして二一・一%の「その他」の中に、大手証券会社がすべて入っている訳です。つまり、オンラ

(注12) 一九三七年、毛沢東によって書かれた論文。党内に存在していた教条主義を克服しようとして書いたもの。物事の発生の本質は対立する二つの世界観からの矛盾であると述べている。

イン証券がリテールマーケットを支配するに至った。手数料が圧倒的に安いですから。そして顧客満足度評価では、証券も銀行も何を見ても私どもが大体一位です。

銀行も同じことが言えます。二〇〇七年に参入して以降、先に事業を始めたネット専銀行を抜いて現在の残高は三三七万口座。預金残高は二〇一八年三月末で四・四兆円（九月末には四・八兆円へ拡大）と、地銀・新規参入銀行（七六行）のうち二八位になりました。損保も同じです。SBI損保の契約件数は二〇一一年から二〇一八年にかけて、年率二〇・四％で増えています。四〇歳・ゴールド免許・二〇等級だと私どもの保険料は三万一二〇円。三井住友海上は五万五九七〇円と、何でこんな高いお金を払うのでしょうか。事故が起きたときに当社が保険金を支払わないなら話は別ですが、ちゃんとお支払いする訳ですから。非合理なことは時間の問題で全部修正されていきます。

つまり、顧客価値を徹底的に追求するという私の企業価値の考え方が、顧客満足度に繋がり、結果としてこういった成果が出てきた、ということです。

「企業生態系」の形成とグループシナジーの徹底追求

私が経済を学んだときには、ハーバード大学のマイケル・E・ポーター教授（注13）（経営学者）が「競争力の五要素」を提唱し、顧客、競合、仕入先等に強い力関係をもつことが競争優位を実現する手段だ、とされてきました。

ところがそれはもうOld Fashionedです。インターネットが普及する以前の世界と以後の世界では、競争要因が全然違います。昔は価格、サービスの質、商品の多様性を差別化することが重要でした。今もこれは重要ですが、決定的な要素ではなくなっています。何が重要かというと仕組みの差別化、すなわち組織戦略上の優位性の確保、顧客満足度のさらなる高度化、ネットワーク価値の創出といったことです。今日はこのネットワーク価値の創出についてはあまり触れていませんが、例えば家を買う時を考えてみましょう。様々なニーズが出てきますね。例えば火災保険、住宅ローン、あるいは引っ越しの手配、物件の情報など。これらがインターネット・スマートフォンで全部提供されたら、便利だと思うでしょ。しかもそこに比較の要素が入って、どこが安いとか、自分の希望に合っているとか、すべてが情報として得られるとしたら。それを全部一元的に提供するのがネットワーク価値を創出するということです。

これをひらめいたきっかけは、セブン&アイの鈴木敏文さんが「北尾さん、もう価格訴求の時代は終わりました。これからは価値訴求の時代です」とおっしゃったことにあります。価値のないものを安く売っても誰も買わなくなったのです。「私は価値のあるものを売るんです。ちゃんとした価値は消費者に認められ、それに対するちゃんとした対価が支払われるはず」と鈴木さんはおっしゃいました。そして私はインターネットの時代はさらにネットワークの価値がないとだめだ、と考えたのです。

（注13）一九八二年、ハーバード大学教授の職に就く。一九八〇年に発表した書籍『競争の戦略』は、ベストセラーとなり、多くの経営者に支持され、さらにＭＢＡでも教科書として採用されている。『競争の戦略』で書かれた中でもっとも有名なのが「競争力の五要素」である。

図表5-5 | インターネット時代の組織形態

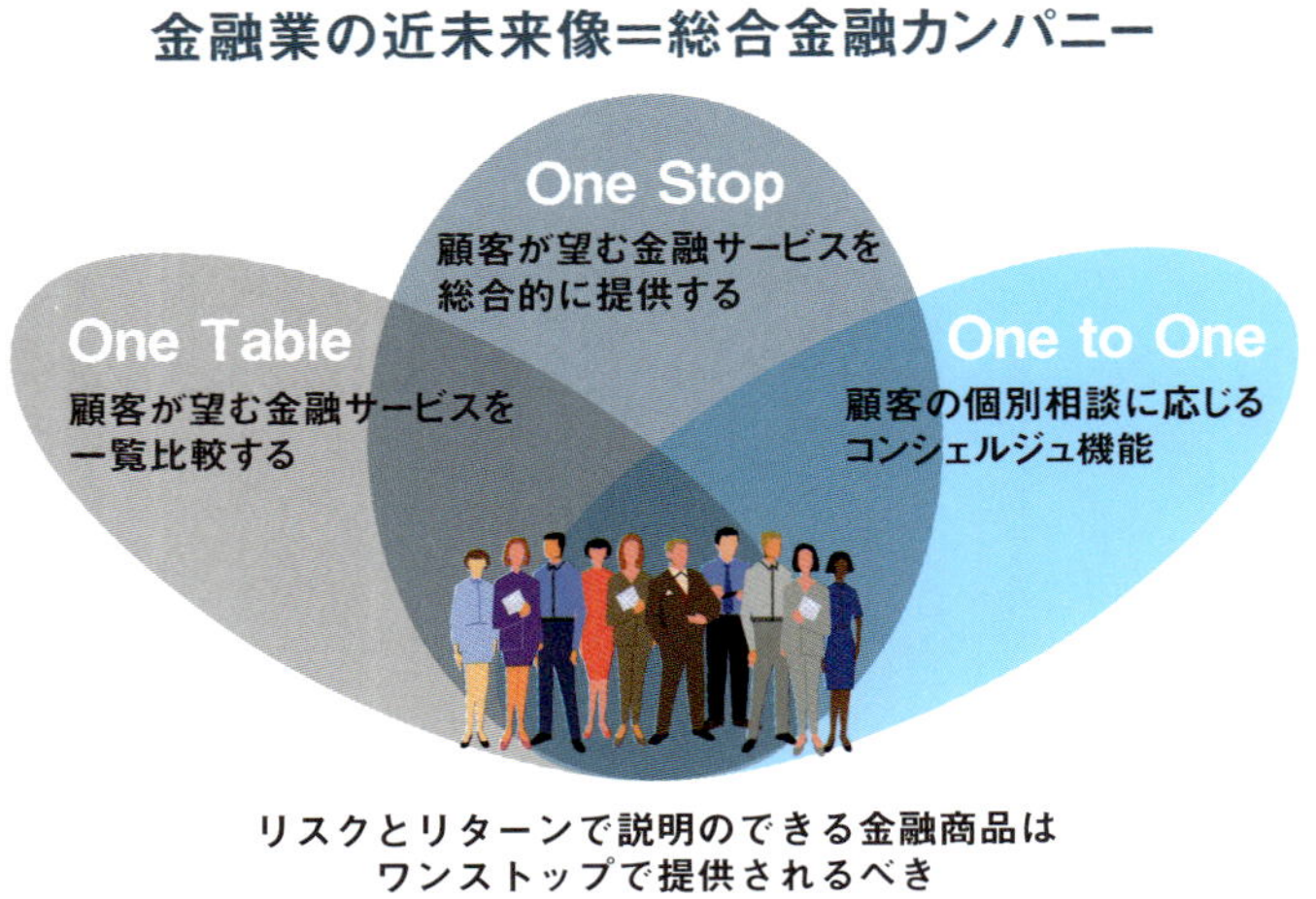
金融業の近未来像＝総合金融カンパニー
One Stop
顧客が望む金融サービスを
総合的に提供する
One Table
顧客が望む金融サービスを
一覧比較する
One to One
顧客の個別相談に応じる
コンシェルジュ機能
リスクとリターンで説明のできる金融商品は
ワンストップで提供されるべき

インターネット時代には、金融業のあり方も変化します。現在は銀行、保険、証券など商品ごとに企業が分散していますが、分かれている必要はないのです。お金を持っている人が、リスクとリターンの関係でどこにお金を移すか、という問題でしかありません。もちろん法制度上は分かれていますが、本質的には「One Stop」であらゆる商品が提供できる、「One Table」で比較・検索できる、「One to One」で個別のニーズに合わせたコンシェルジュサービスを提供できる、というTriple One であるべきなのです。これが近未来の金融業なのです。

そうであるならば、チャンドラー（注14）の「組織は戦略に従う」という言葉にある通り、組織をどうするかは我々が立てる戦略の肝になりますが、その答えは企業生態系の構築にあると考えます。企業生態系は、私がインターネット時代の金融業の組織はどうあるべきかと考えていたときに出合った『複雑系の科学』（注15）という学問で機論されだしたコンセプトです。「複雑系」の二大命題として、「全体は部分の総和以上である」「全体には部分に見られない新しい性質がある」というものがありますが、この命題が正しいものであるならば、私の考えている生態系という考え方は、ビジネスの世界でも通じるはずだと考えました。単一の企業ではなし得ないシナジー効果と相互進化による高い成長ポテンシャルを実現する新しい組織形態「企業生態系」を構築すべきだと考えたのです。

私は企業生態系を、「互いに作用しあう組織や個人の基盤によって支えられた経済共同体である」と定義し、企業生態系において、一つの企業は単一産業の構成員としてではなく、多様な産業にまたがる企業生態系の一部として相乗効果と相互成長を実現する、と考えております。

インターネット時代では、一企業だけで勝つことは難しくなってきています。また成長のポテンシャルも、一企業と企業生態系とではまったく違ったものが具現化されていくのです。

（注14）一九一八年生まれ、アメリカの経営史学者。一九七一年、ハーバード大学ビジネス・スクール経営史担当教授に就任。アメリカの企業経営の発達史、経営管理史を研究し、「企業の経営戦略がその組織構造を規定する」ことを実証した。主著に『経営戦略と組織』がある。

（注15）多くの要素からなり、部分が全体に、全体が部分に影響しあって複雑に絡み合うシステムを複雑系という。生態系や気象現象、また人間社会もこれに当たり、複雑で無秩序に見える中にも、一定の秩序が形成される自己組織化といった特性をもつ。八〇年代後半から急速に話題を集め、九〇年代に入ってからコンピュータサイエンスやエレクトロニクスの分野への応用が盛んに行われた。

図表5-6 ｜ 「複雑系」の知による組織観（Complexity Knowledge）

「複雑系」の二大命題

- **「全体は部分の総和以上である」**
- **「全体には部分に見られない新しい性質がある」**

単一の企業では成し得ない、シナジー効果と相互進化による高い成長ポテンシャルを実現するには新しい組織形態「企業生態系」を構築すべきである。

私は徹底的にこの組織体制で、相乗効果をもたらす仕組みを考えてきました。

私どもの金融サービス事業において、生態系の中の三大コア事業は証券、銀行、保険です。この三つの事業を中心に、コア事業内でのシナジー（コア事業とサポート企業間のシナジー）、コア事業間のシナジー、そしてコア事業以外にもグループにはアセットマネジメント事業、バイオ関連事業などがありますから、そういう事業間でのシナジーも生まれてくる訳です。そして、この三つのシナジーを徹底的に追求することによって、飛躍的成長を実現する組織を創造することをめざしてきました。

コア事業内でのシナジーに関してご説明すると、例えば、ＳＢＩ証券という会社ではサポーティングファンクションを担う会社をどんどん作

図表5-7｜企業生体の形成・発展

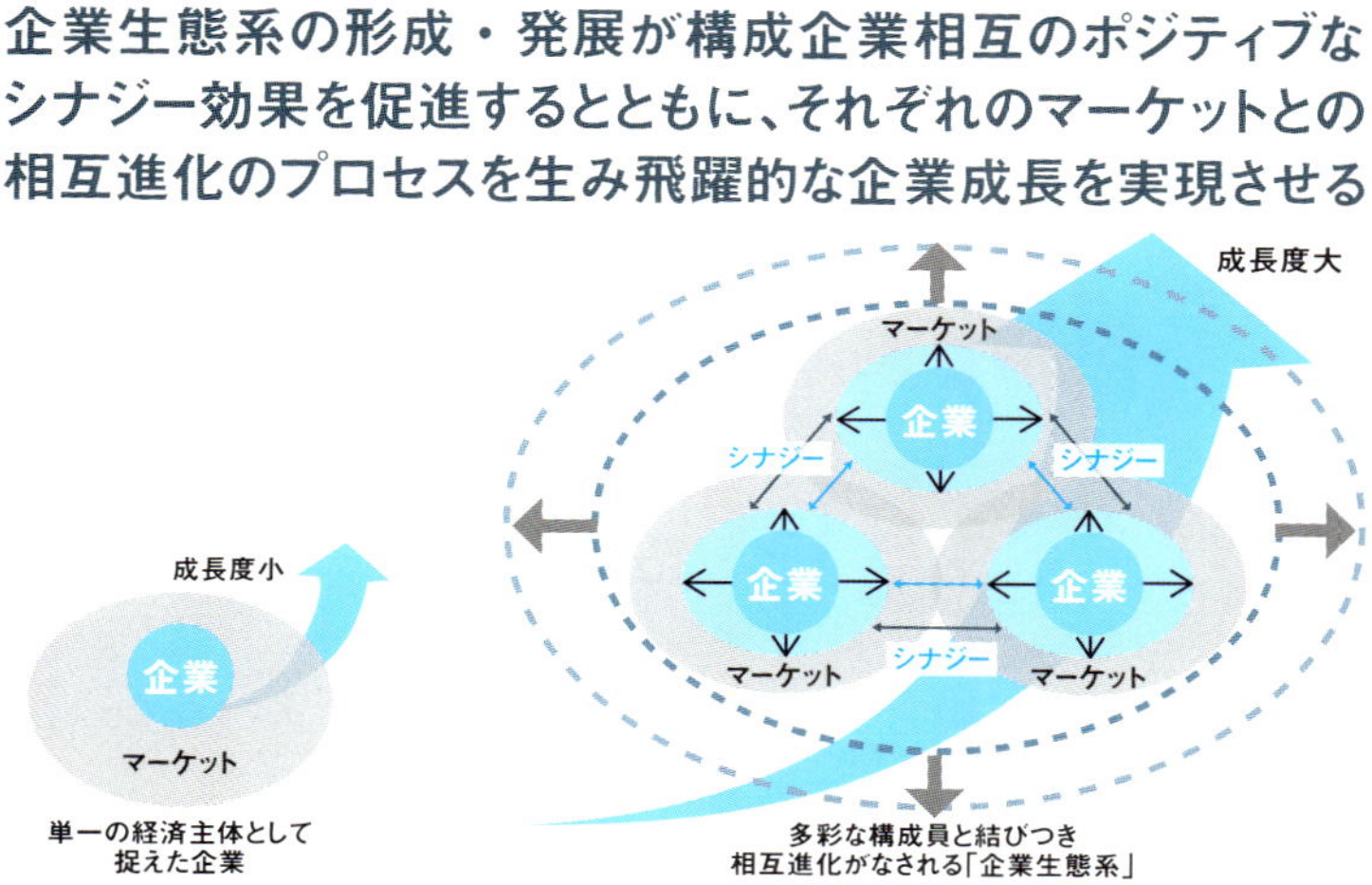

りました。ＳＢＩリクイディティ・マーケット、モーニングスター、ＳＢＩアセットマネジメント、ＳＢＩマネープラザ、ＳＢＩ ＢＩＴＳ、ＳＢＩインベストメント、ＳＢＩベネフィット・システムズ、ＳＢＩジャパンネクスト証券、こういうのを次々とつくり、それぞれとのシナジーを生み出すことによってＳＢＩ証券がどんどん伸びるようにするという考え方です。

コア事業間のシナジーに関してご説明すると、銀行と証券のシナジーという視点では、ＳＢＩハイブリッド預金という機能で連携しています。住信ＳＢＩネット銀行に入っている残高を、ＳＢＩ証券における株式等の取引にそのまま使うことができます。お金をいちいち振り込んで、証券でお金の存在を確認して、それから取引する必要はありません。シームレスに取引が進む訳です。

また、損保と銀行のシナジーという視点では、

図表5-8｜ グループ内シナジー：各事業間のシナジー（アセットマネジメント事業・金融サービス事業）

IT分野への注力投資が、金融サービス事業とアセットマネジメント事業の双方に好影響を与えその発展に寄与

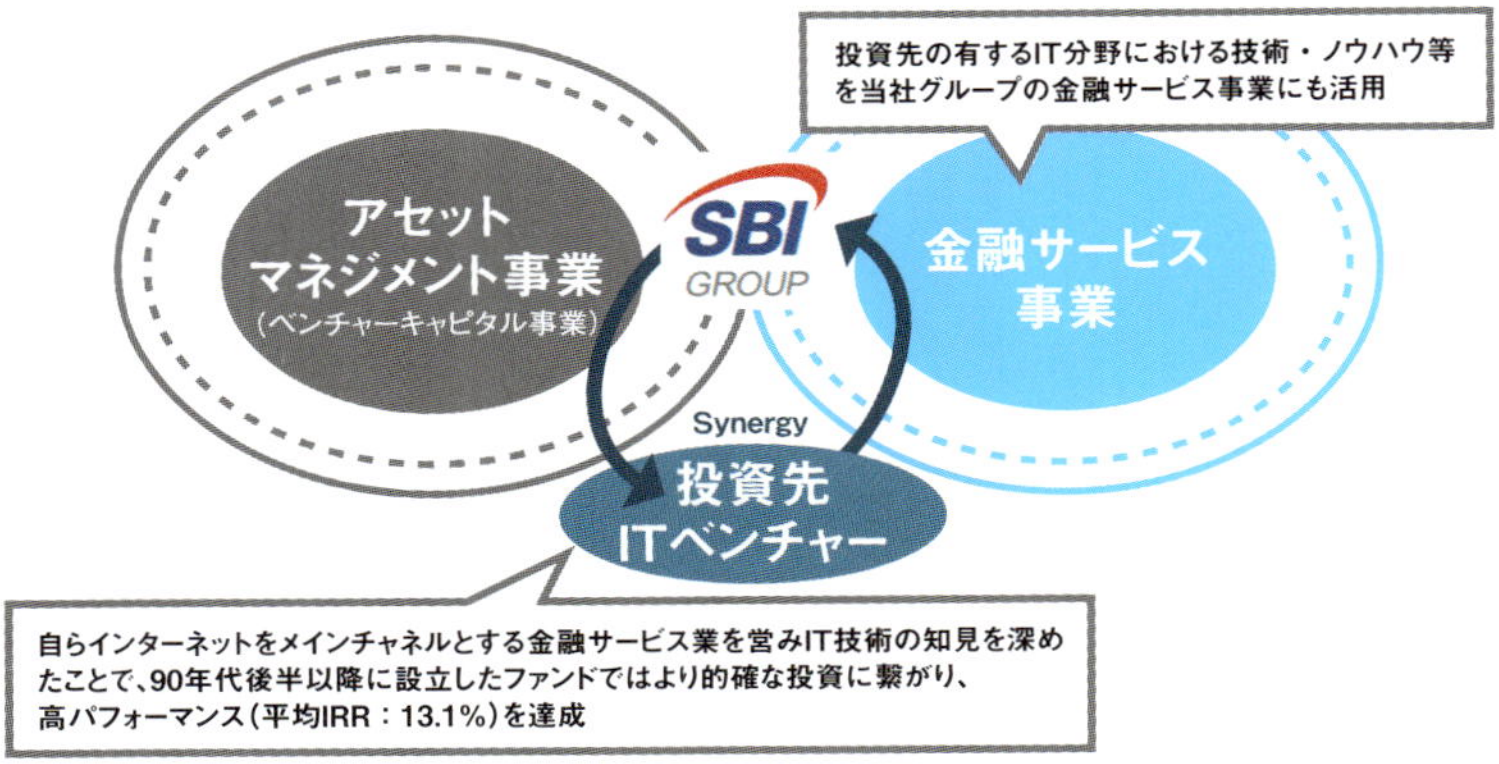

私どものＳＢＩ損保の販売チャネル別獲得割合を見てみると、火災保険の販売チャネル別獲得割合は住信ＳＢＩネット銀行などグループ企業が七〇％を占めます。いかにグループ間で相互シナジーが働いているかということです。

各事業間のシナジーに関してご説明すると、アセットマネジメント事業、とりわけベンチャーキャピタル事業は、未上場企業に投資をする訳ですね。そして投資先の企業が成長して株式を公開する際には、ＳＢＩ証券が主幹事や幹事証券会社となりサポートできるというシステムをつくり上げました。そして創業一六年で、世界で初めて、きわめてユニークなネット金融のコングロマリット（複合企業集団）（フィンテック（注16）1.0）を構築したのです。

コングロマリットという言葉は、あまり良くない言葉というイメージがあるかもしれませんね。一九六〇年代のアメリカには「EPS（注17）信仰」がありました。企業買収をしてEPSをどんどん上げることによって時価総額を上げていこうとしたのです。ところが八〇年代に入り、そうやって時価総額を上げてきた企業は厳しい状況に追い込まれました。そもそも、この考え方の間違いは、相互に連関性のない、シナジーの働かない企業を買収しても意味がないことに気がつかなかった点にあります。

この出来事についてはその後、『ハーバード・ビジネス・レビュー』に何度も掲載されました。その中で特に良い論文だったのが、リチャード・P・ルメルト（注18）が書いた論文でした。関連性がある企業のグループ、コングロマリットであるなら、きわめて高いシナジー効果をもち、成長力を増すという実証研究を発表したのです。

現在、私はすでに確立したフィンテック1.0をフィンテック2.0に進化させようとしています。今度はSBIデジタルアセットホールディングスという中間持株会社を通じて、アメリカや欧州、様々な国に投資をして、デジタルアセット関連事業の会社をつくっています。

（注16）情報技術（IT）を駆使した金融サービスのこと。金融（Finance）と技術（Technology）を組み合わせた造語。決済、送金、資金運用、ビッグデータ活用などのサービスが新しく登場している。

（注17）一株あたりの当期純利益のこと。株式市場が収益性の観点で企業を評価する際に使用する指標の一つ。EPSによる企業評価は、株式交換によるM&Aの交換比率決定などにも使われる。

（注18）カリフォルニア大学ロサンゼルス校の教授。「戦略家のための戦略家」と称される大家であり、『多角化戦略と経済成果』、『良い戦略、悪い戦略』など著作も多数。

図表5-9 | “新フィンテック生態系”の構築へ～フィンテック1.0から2.0時代への対応～

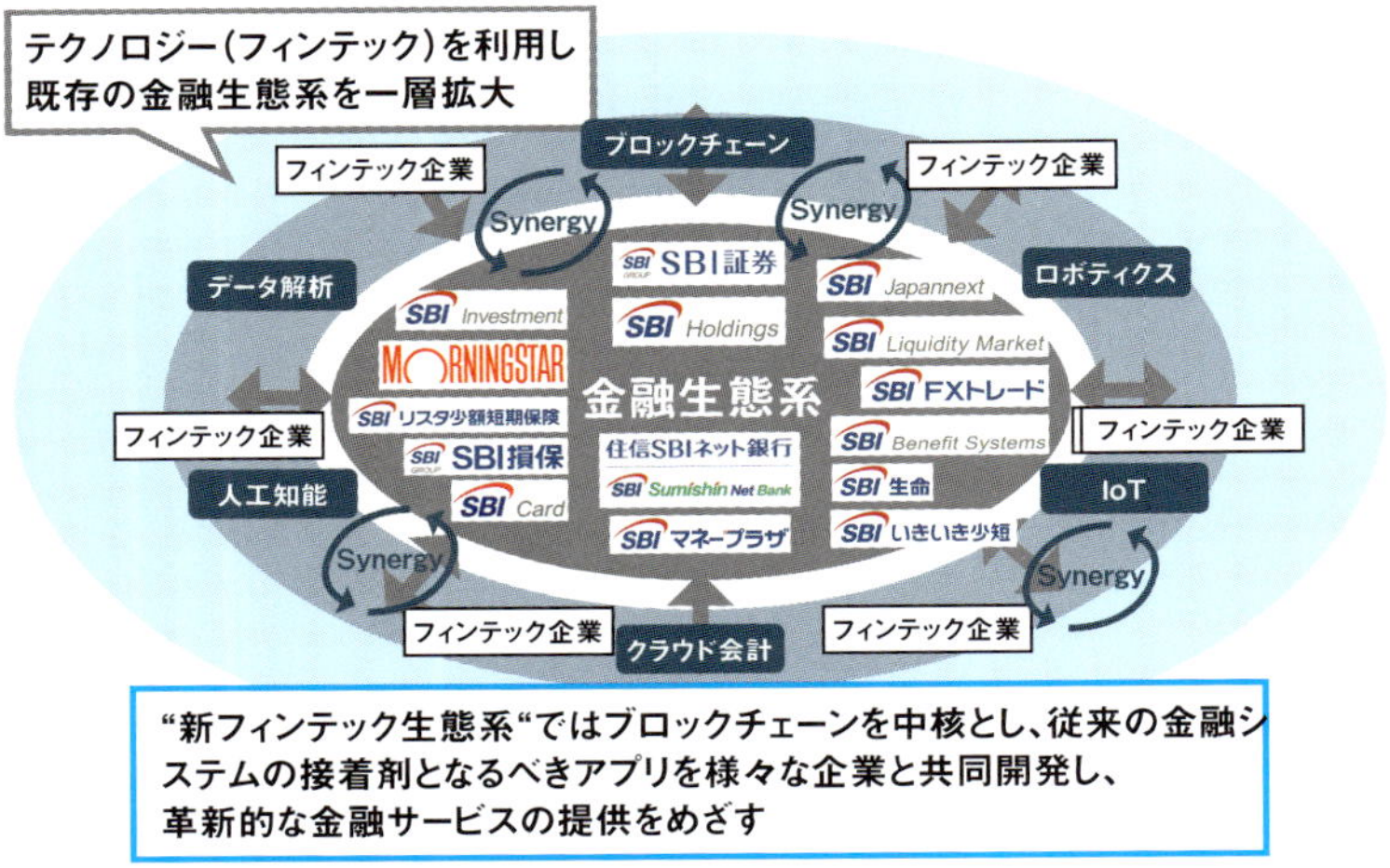

例えば仮想通貨のマイニングをやっている会社やマイニングに必要なデータセンターの買収や、半導体大手企業とのＩＣチップの共同開発などを通して、新しい時代の企業生態系を確立しようとしています。仮想通貨取引は圧倒的に二〇～三〇代が主な顧客層です。しかし、私どものＳＢＩ証券でも、この年代の顧客はそれほど多くありません。従って、デジタルアセットの生態系を自らつくることによって、既存の金融生態系と新しい生態系との相互送客を通して新しい年代の顧客層の拡大に繋げていこうと考えております。

また、仮想通貨の価格が大きく下がると、仮想通貨を利用していた人が為替に注目するようになる訳です。つまり為替の取引が増えることになります。すべての窓口をもっているとおもしろい訳ですよ。ある金融サービスの需要減が、別のサービスでの取引を大きくする、という状況を生み出

図表5-10 ｜ SBIグループの基本戦略～技術進化をいち早く取り込み事業拡大を図る～

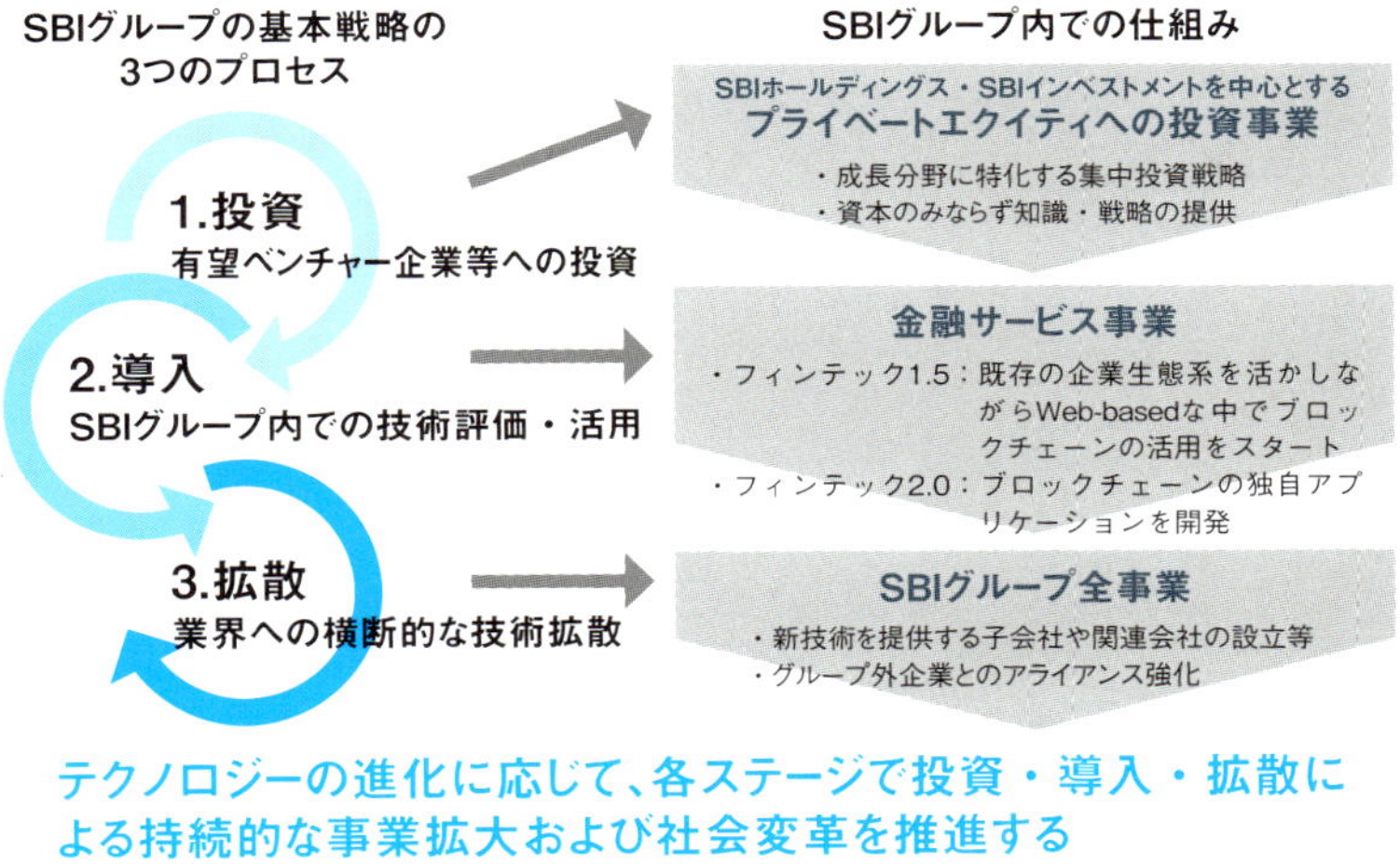
SBIグループの基本戦略の
3つのプロセス
1.投資
有望ベンチャー企業等への投資
2.導入
SBIグループ内での技術評価・活用
3.拡散
業界への横断的な技術拡散
SBIグループ内での仕組み
SBIホールディングス・SBIインベストメントを中心とする
プライベートエクイティへの投資事業
・成長分野に特化する集中投資戦略
・資本のみならず知識・戦略の提供
金融サービス事業
・フィンテック1.5：既存の企業生態系を活かしながらWeb-basedな中でブロックチェーンの活用をスタート
・フィンテック2.0：ブロックチェーンの独自アプリケーションを開発
SBIグループ全事業
・新技術を提供する子会社や関連会社の設立等
・グループ外企業とのアライアンス強化
テクノロジーの進化に応じて、各ステージで投資・導入・拡散による持続的な事業拡大および社会変革を推進する

せるのです。そうしながら、新しい顧客をどんどん増やしていくということですね。

現在、仮想通貨の取引業者は業務改善命令、業務停止命令などで厳しい状況にありますが、私たちはNASDAQのマッチングエンジンを使用し、コールドウォレット、ホットウォレットについても世界最先端の安全性の高い技術を集め、インテグレートした新しいシステムを構築しようと考えています。そういう形で、新しい生態系をどんどんつくりますよ。

もう一つは、新技術の導入・拡散を推進する新たな生態系。SBIネオファイナンシャルサービシーズという会社を中核に生態系を作っていきます。グループ全体で約二四三四万の顧客基盤がありますが、それをさらに拡大していこうとしています。

新しい技術の多くは、ベンチャー企業から生まれています。だから私どもではベンチャーに投資をしています。そしてそれを我々の生態系の中にすぐ導入するのです。導入したものを今度はほかに拡散していきます。この投資、導入、拡散のプロセスを急速に進めている最中です。

SBIグループの考えるフィンテックの進化とは

世の中の景気の動きを見るものに、コンドラチェフ循環というのがあります。これは技術革新を主因として起こる五〇～六〇年周期の好不況の経済循環を示したもので、今は、技術革新の開花期にあたると考えられます。二〇一〇年頃からブロックチェーン（注19）、IoT、AI、ロボティクスや、ビッグデータなどが登場し、近い将来5Gや量子コンピュータなども加わって様々な技術革新が進み、そして新しい世界がどんどんと広がっていくと思います。

私どもが事業展開しているフィンテック1.0はインターネットインフラ、そしてWebの上に様々なアプリケーションが存在するというものです。フィンテック1.5は、Webベースのオンライン金融生態系上でブロックチェーンが活用され始めると共に、アプリケーションにおいても新しい技術の導入が進む、というものです。フィンテック2.0になると、インターネットをベースとしていますが、ブロックチェーンが中核的な技術になり、Webが必要なくなると考えています。SBIグループでは

図表5-11 ｜ フィンテック2.0の世界はフィンテック1.0、1.5の世界とは次元が異なる

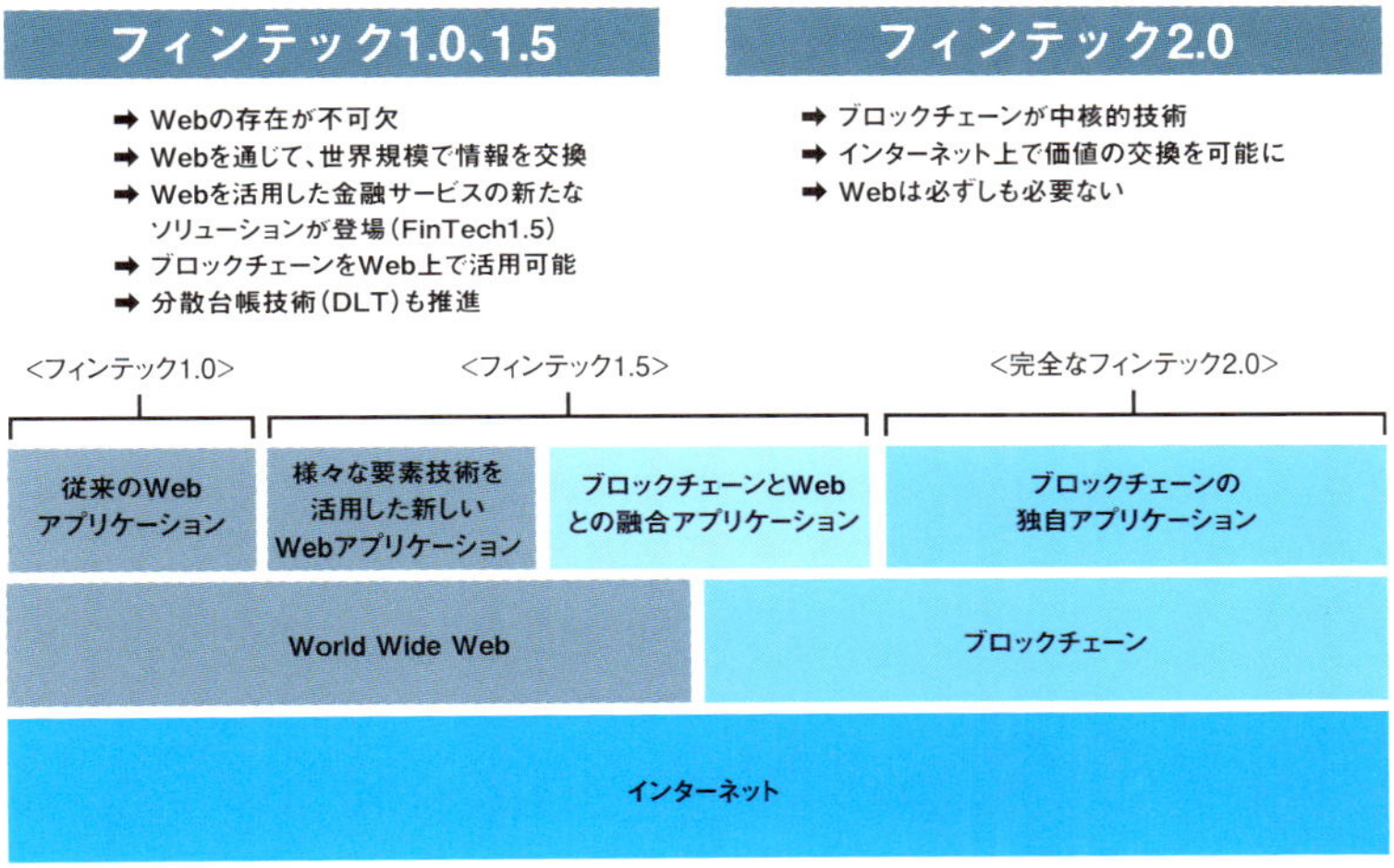

そういった世界を見据え、現在フィンテック1.5を形成中ということです。

テクノロジーの進化に応じた投資

フィンテックの技術をいち早く取り込むために、まず私どもは投資フェーズから始めました。二〇一五（平成二七）年一一月に設立した「Fintechファンド」などから、国内外の六七社のベンチャー企業に合計約四二五億円（Fintech ファンドから約二四〇億円、SBIホールディングスから約一八五億円）を出資しました。さらに、AIやブロックチェーンの分野を主な投資対象にする新し

（注19）分散型のネットワークを構成している多数のコンピュータに、公開鍵暗号などの暗号技術を組み合わせて、取引情報などのデータを同期して記録していく方法。仮想通貨の取引などで活用されている。一部のコンピュータで改ざんをなされた場合でも、他のコンピュータとの多数決によって正しい取引データが選択されることがこのシステムの信頼性を担保していると考えられている。

いファンド「SBI AI & Blockchain ファンド」を二〇一八年一月に設立しました。このファンドは、当初の想定を超えて六〇〇億円もの規模に拡大しました。もう投資した企業の中には公開企業も出てきました。マネーフォワード（注20）とか、ＲＰＡホールディングス（注21）などがそれにあたります。今の状況でいくと二〇一八年に一社、二〇一九年に一一社、二〇二〇年に一八社、投資している企業から、このフィンテック分野の会社が公開していくことが見込まれます。非常にバリエーションが高いから、ありがたいですね。

我々の投資は世界的に非常に高く評価されておりまして、アメリカのCB Insights（企業情報データベースを運営している調査会社）の出している『Most active corporate blockchain Investors』（二〇一七（平成二九）年一〇月発表）において、私どもＳＢＩホールディングスがナンバーワンと評価されました。Google Inc. が二番、The Goldman Sachs Group,Inc. が五番。Citigroup Inc. は四番という状況でした。

ＳＢＩはAI & Blockchain ファンドからは、既に三四社・一四五億円の投資が決定しています。このファンドの投資先はフィンテックに限りません。ＡＩはもちろん、ブロックチェーンの技術は金融以外の領域でもどんどん使われていきます、これから大きな社会変革を起こしていくのは、このＡＩとブロックチェーンだと考えています。

図表5-12 ｜ 導入フェーズ（銀行関連事業）

グループ各社における先端技術の積極的な活用事例 〜銀行関連事業〜

API連携（一例）

- 自動家計簿・資産管理サービスやクラウド型会計ソフト等を提供するマネーフォワードとの国内初のAPI連携を開始（2016年3月）
- 貯金になじみのうすい若年層をターゲットとした自動貯金サービスやおつりを使った資産運用サービスを提供し、無理のない資産形成をサポート

2016年12月〜	2017年5月〜	2017年9月〜
finbee	マメタス	SiraTama
ネストエッグ社「finbee」	ウェルスナビ社「マメタス」	マネーフォワード社「しらたま」

（※）API（Application Programming Interface）
ソフトウェアの機能や管理するデータなどを、外部の他のプログラムから呼び出して利用するための仕組み
更新系APIとは、サービス提供事業者がログインID、パスワード、個人情報などを保有することなく、代表口座とその一部である目的別口座間の振替えなどができるシステム接続方法

テクノロジーの導入

我々は新しい技術をどんどん導入していきます。例えばロボアドバイザーでは「WealthNavi for SBI証券」というサービスをいち早く提供して、現在は預かり資産三五七億円、四・九万口座の規模になっています。ブロックチェーンは金融市場インフラの部分で実証実験をしています。AIも住宅ローンの審査や不正送金のモニタリングなど、様々な部分に導入を進めています。

国内における初めてのAPI（注22）連携は、私どもの住信SBIネット銀行とマネーフォワー

（注20）二〇一二（平成二四）年に設立されたインターネットサービス開発を行う企業。個人、法人に向けた自動家計簿、帳簿管理サービスなどを提供している他、貯金アプリなどお金にかかわるサービス全般を手がけている。

（注21）二〇〇〇（平成一二）年に設立。機械学習、人工知能など認知技術を活用し、ホワイトカラーの業務の効率化を図るサービスを提供している。

図表5-13 ｜ 導入フェーズ（保険関連企業）

グループ各社における先端技術の積極的な活用事例
～保険関連事業～

SBI生命　FiNC　株式会社FiNC　モバイルヘルスに特化したテクノロジーベンチャー

◆保険加入へのインセンティブや加入者への疾病予防推進の取り組みとしてSBI生命の全保険加入者を対象に健康管理アプリを提供し、個々人の継続的な健康状況をモニタリング

SBI生命　You are what you eat. アドウェル株式会社　アドウェル株式会社　健康アプリ開発ベンチャー　…etc.

◆健康管理アプリを開発するアドウェル株式会社へのグループからの出資を通じた事業連携を検討中のほか、健康増進に関連する企業と共同で健康状態に合わせて保険料が設定できる新しい保険商品を研究開発中

You are what you eat. アドウェル株式会社　食品の購買データから栄養偏向を分析し、栄養管理をサポートする健康管理アプリ「シルタス」を開発するヘルスケアベンチャー企業

ドが実施しました。「finbee（フィンビー）」（注23）や「マメタス」（注24）、「しらたま」（注25）はおつりが自動的に資産形成に繋がるアプリですが、こうしたアプリを開発している会社と連携しておつりが自動的に預金されたり、投資に回ったりする仕組みもつくっています。

損保でも様々なことに取り組んでいます。例えば、セーフティ・サポートカー割引、ASV（Advanced Safety Vehicle：先進安全自動車）に対する割引などを始めています。また業界初となるLINEを活用した自動車保険証券の画像による見積もり受付とか、Apple Payを導入して自動車保険料の支払いができるシステムを導入しています。

生命保険については、健康体を維持している人と、病気になるリスクが高い人とが同じ保険料金

というのは不適当で、もっと一人ひとりに適応した保険商品にすべきではないかと考え、そういう商品展開を追求しています。

例えば、アドウェルというベンチャー企業と提携し、おもしろい取り組みをしています。アドウェルは、顧客がどういう食品を購入しているかをデータとして蓄積し、栄養偏向を分析し、栄養管理をサポートする健康管理アプリ「シルタス」を開発しているヘルスケアベンチャー企業です。私どもは、そういうベンチャーを見つけたら、どんどん投資して、私どもの新しい保険商品をつくるためのアイデアに使いたいと考えています。

さらに、私どもは様々な先端技術を活用して仮想通貨の交換業サービスの拡充を進めています。SBIバーチャル・カレンシーズでは二〇一八年六月に先行予約者向けのサービスを開始し、一般口座開設の受付を七月に開始しました。

今の仮想通貨のマーケットは約三五〇万口座といわれていますが、我々はSBI証券で四四五万口

（注22）アプリケーション・プログラミング・インタフェースの略で、ソフトウェアが互いのデータをやりとりする際に用いられる仕組みを指す。金融業務においてもアプリなどを活用して操作が可能になってきている。
（注23）株式会社ネストエッグが提供しているアプリケーション。設定によっておつりを、契約した金融口座に自動的に貯金あるいは投資に回すことができる。
（注24）ウェルスナビ株式会社が提供している、クレジットカード等での買い物のおつりで資産運用ができる少額積立スマホアプリサービス。
（注25）マネーフォワード株式会社が提供している貯金アプリ。小銭をちょっとずつ貯めることを目的に、連携している銀行におつりを貯める仕組みになっている。

座、住信ＳＢＩネット銀行で三三七万口座、ＳＢＩ　ＦＸトレード等の為替で一一二万口座の顧客基盤をもっており、ここの顧客間で相互にクロスセル（ある商品を購入している顧客が別の商品の購買者にもなる）すれば、業界のナンバーワンになることは十分に可能だと考えています。私どもの基本的なビジネス方針は顧客中心主義ですから、仮想通貨でも業界最狭水準のスプレッドでサービスを提供していきます。為替でも、証券でも、圧倒的に安い手数料を提供しています。

例えば現在、ＸＲＰ（注26）とビットコインキャッシュは手数料をゼロにしようかと議論をしているくらいです。というのは、私どもは約六〇％のＸＲＰを所有しているRippleの約一〇％のシェアホルダーなのです。役員も派遣しています。従ってＸＲＰの調達に強みがある訳です。ビットコインキャッシュは現在スウェーデンと米国でマイニングを進めています。アラスカでもビットコインのマイニングを始めました。また、テキサスやモンゴルでマイニングに必要な電力供給のための風力発電を実施することを検討しています。モンゴルはとてもよく風が吹きます。そこにマイニングの施設を建設し、世界のマイニングのシェアの約三割を押えようと今大号令をかけているところです。

また、仮想通貨の実需を作り出すべく、国際送金等における仮想通貨利用の促進を進めています。さらに個人投資家ばかりでは市場のボラティリティが高まってしまうため、機関投資家に仮想通貨の新たな投資機会を提供しようと考えています。具体的には、仮想通貨を組み入れたファンドの設立やマーケット情報の提供などを行っています。

テクノロジーの拡散

私どもが今、様々な提携を進めているのが地域の金融機関です。例えばSBI証券の金融商品仲介業サービスによって三〇行の地方銀行を通じて地方顧客へ顧客便益性の高い多様な金融商品やオンラインサービスを提供しています。また、地方銀行の支店にSBIマネープラザの共同店舗を設けて、今まで銀行の商品のみ取り扱っていたものを、証券関連商品や保険などあらゆる商品を取り扱えるようにしていく提携を強化しています。既に清水銀行や筑邦銀行、仙台銀行、愛媛銀行と開始しました。

それから地域金融機関との共同出資によって資産運用会社「SBI地方創生アセットマネジメント」を設立しました。現在は二七行（二〇一八年一一月七日時点）が出資をして参画しています。共同での顧客の預かり資産運用、自己資金運用の両面から私どもがサポートしていこうということです。

また、SBIネオファイナンシャルサービシーズという中間持株会社を通して、銀行用モバイルアプリを開発する米国のMoven社や、保険コンサルティング支援サービス「Wefox」を提供するスイスのFinanceApp社、住宅ローンのオンラインプラットフォームを提供する米国のLendingHome社など、世界中の当社のジョイントベンチャー先や提携先の技術を地銀に提供することを考えています。日本IBMともジョイントベンチャーをつくって、日本IBMと関係が深い地銀に共同でフィン

（注26）Ripple inc.が運営する金融システムによって送金・決済されるシステムの名称であり、そこで基軸通貨として使用される仮想通貨の通貨単位がXRPであり名称はシステムと同様にリップルである。

テックのテクノロジーを導入していきます。

このように様々な会社を総結集し、新しいテクノロジーを使って、地銀を変えていこうと思っています。

それから、独自のデジタル通貨発行プラットフォームであるSコインプラットフォームについてもSBIグループで開発を進めています。Sコインプラットフォームを通じて、例えば北海道銀行なら北海道コイン、広島銀行なら広島コインといった、独自設計のデジタル通貨を発行できます。これらのコインは同じプラットフォーム上で作られており、全部繋がっていて互換性があります。既にSコインプラットフォームはUCカードとの実証実験でUC台場コインを発行し、新たな決済インフラ活用の研究を行いました。こういうのを全国に展開していこうということです。

中長期的には、SBIグループは金融を核に金融を超えることをめざしています。ブロックチェーンの活用は、どんどんいろんなインダストリー（産業）で増えていきます。不動産、小売、医療など、様々な領域で増えていきます。SBIはStrategic Business Innovator の頭文字をとったものです。まさに我々は Strategic Business Innovator として、革新的な技術に投資して、金融分野を超えて戦略的な事業イノベーターとして活躍し、社会変革を巻き起こしていきます。

私どもはホテルのマネジメントから食品の追跡システムまで、全てをブロックチェーンで管理できるソリューションをもつ台湾の会社（OBook Holdings Inc.）に投資しました。この会社へのSBIグループ出資比率は二〇％です。

ＳＢＩグループにおけるフィンテックの進化、そして個別具体的な投資や取り組みに関しては、『成功企業に学ぶ　実践フィンテック』（拙著　日本経済新聞出版社　二〇一七（平成二九）年三月）という本にも随分詳しく書きました。この本は、中国語、英語、韓国語、それからベトナム語に翻訳されております。『「価値創造」の経営』（東洋経済新報社　一九九七年）、『進化し続ける経営　ＳＢＩグループそのビジョンと戦略』（東洋経済新報社　二〇〇五年）には、企業価値の考え方について詳しく書いてあります。読んでいただいて参考にしてもらえたら、と思います。

ご清聴ありがとうございました。

［質疑応答］

進化を止めないために先見性を磨く

――北尾社長から見た孫正義《そんまさよし》という人物は、どのような人物でしょう。

北尾　私は野村證券で二一年働いていました。その中で、社長が変わるタイミングで辞めようと考えていたのです。そんな矢先、「うちに来てくれませんか」と孫さんから声がかかりました。

ご縁というのは不思議なもので、私の部でソフトバンクの店頭公開を担当することになっていたものだから、時々会社を訪ねることがありました。そのときから孫さんは、「北尾さん、私がこのビルの中にいる限り、どこにいようと誰と話をしていようと、北尾さんが来られたらすぐ出てきますから、必ず言って下さい」と言って、実際にそうされていました。その孫さんに「北尾さんが来てくれたら、うちは飛躍ができるんです」と言われました。僕は、ちょうど辞めようとしていたタイミング。当時、僕はいろんな意味で野村證券で稼ぎ頭だったものですから、大きなインベストメントバンクからたくさんオファーが来ていましたが、外資系で働くつもりはなかったのです。そんな中でソフトバンクに四五歳のときに入って、常務になりました。

ソフトバンクではCFO（最高財務責任者）として戦略的な部分を孫さんと一緒に考えることをやってきました。それから、もう一つ重要な仕事は資金集めです。僕は入ってすぐ四八〇〇億円ぐらいのお金を集めました。そのお金が投資に向かったのです。しかし、孫さんがやった投資は、ほとんど全滅。残ったのがYahoo!とアリババです。孫さんは投資確率のいい人ではないのですが、ある面、非常に素晴らしい天才だと思います。ものわかりが非常に早いのです。金融のことなどはまったく知らなかったので、孫さんにわからせるために書いた本が『「価値創造」の経営』です。でも孫さんという人はものすごい勢いで吸収していくのですね。

孫さんはプライドがあるので、何でもかんでも僕に聞くのは嫌なのですよ。だから野村総合研究所の人に聞いたり、スターン研究所というところがアメリカにあるのですが、そこへ行って企業価値の説明を受けたりして、非常に天才肌であると同時に、非常に努力もする人で、でも当時の投資実績でみると、相場観は悪いということでしょうね。
孫さんは、とにかく非常にリスクテイカーだから、これからどうなるかわかりませんが、何とか生き残ってもらいたいと思っています。

——ＰＴＳ（注27）で株式の取引を見ていると、世界の取引所自体がいらなくなるのではないか、と思うのですが、それに対するＳＢＩホールディングスの取り組みについて教えてください。

北尾　ＰＴＳは、いろいろなところがやっていましたが、残っているのは、うちのＰＴＳ（ＳＢＩジャパンネクスト証券）と、そしてチャイエックスでしょうか。チャイエックスは野村ホールディングスが運営していましたが売却し、現在アメリカの投資ファンドであるＪＣフラワーズ、今の新生銀行の大株主がほとんどのシェアをもっています。ＰＴＳは、圧倒的なシェアをアメリカではもっている訳です。そして今私は、それよりもっと上のものをつくろうとしています。
どういうことかというと、プラットフォームビジネスが最良だと思っている訳です。アジア圏の売

（注27）Proprietary Trading Systemの略。私設の取引システムを指す。取引所と同じように「買い手」「売り手」の双方間でリアルタイムでの株取引が可能。取引所の取扱時間以外、例えば夜間にも取引が可能になる。

りも買いもすべて、そこへ集まるような、ひいてはアジア圏を超えても取引が集まるような市場をつくろうという訳です。実は、そういう構想の中でマレーシアの会社に投資をしました。いずれ、うちのシェアをもっと上げて、売りも買いも全部、そこに集まってくるようにし、そこですべての取引のマッチングができるようになれば、取引所はいらなくなりますね。そういうプラットフォームビジネスをやろうとしているところです。

――リテール（個人取引）で、かなりシェアをもっているということですが、ホールセール（機関投資家や企業等の大口顧客を対象とした金融業務）へは進出されないのでしょうか。

北尾　ホールセールは、今しゃかりきになってシェアを上げています。実際にホールセールのシェアは伸びてきており、最初は事業法人部隊を創り、ＩＰＯ（新規株式公開）案件からスタートしたのですが、現在は金融法人の部隊を新たに創設しています。そして三〇行の地方銀行と金融商品仲介業の提携を結んでいるので、そこから取引が拡大しつつある状況です。そういう意味ではＳＢＩ証券の金融法人、事業法人は共に非常に大きな部隊になりつつあります。大手の証券会社はうちを恐れていると思いますよ。

ホールセールをもっと強くするために、インベストメント・バンキング・チームもつくりました。さらに香港やシンガポールでもバンカーの採用を行っています。欧州はロンドンにするかフランクフルトにするか考えていますが、やはりホールセールのアンダーライティング（株式や債券の引受）を強化しようとすると、グローバルオファリングに対応すべくどうしても海外に拠点を設けて顧客を開拓する必要がありますね。そういうことで、それを急速にやろうというのが今年度から来年度にかけての、証券分野における私どもの戦略かな、と考えています。

――ホールセールはリテールと違って、テクノロジーとの親和性が悪いと思うのですが対策はありますか。

北尾　ホールセールは、どっちかというとそうですね。しかしリテールを武器にしながら、例えばＩＰＯの幹事シェアをどんどん取っていくとか、そういうことが可能です。だからリテールが強いということを武器にしながら、ホールセールを増やしていく作戦です。これが非常に大きな成果を生むやり方だと思います。

リテールからホールセールは攻められるけど、ホールセールからリテールは攻められない。そう考えています。

――「利」と「徳」に関連して、ＡＩ時代になって、コンピュータのカバーする領域がさらに拡大すると、「利」へのアクセスはかなり容易になると思います。それに対して、徳が追いついていかないのではないか、と思うのですがその辺りについて、どのようにお考えなのかお聞かせください。

北尾　利と徳というか、正式には義利の弁といって、義と利について中国の古典では何度も、いろんな人が述べています。

「利の元は義なり」とか、「利を見ては義を思う」とか、そういうふうに利益を儲けるより先に、それが社会正義に照らし合わせて正しいかどうか、それを判断しなさいということです。

結局、義を無視して利だけを追求しても、決してうまくいかないのです。技術があって、例えば、良いアルゴリズムをつくりました、としましょう。しかし、そこに徳がまったくないというものは、商売として結局駄目なのです。自分たちだけが儲かるという商売は、顧客が損している訳です。我々は、儲けたものを顧客に還元するという姿勢でビジネスをしています。だから薄利多売なんですね。

それと、もう一つは、こういうコンピュータの世界になればなるほど、仁という思想が大事になるのです。仁というのは、ニンベンに二と書きますね。人が二人ということです。人が二人いて、言葉が通じないのに向かい合って座っていると、お互い身振り手振りで何とか意思疎通を図ろうとする訳です。これが恕《じょ》という働きです。恕というのは、如《ごと》しに心と書きます。我が心の如く、相手のことを考える。すなわち仁の気持ちが出てくるということなのですね。だからニンベンに「二」と書いて、仁です。コンピュータの世界は、相手の顔が見えないでしょ。見えなければ見えないほど、この仁の世界というのが重要視されるべきだと思います。

もう一つ大事なことがあります。ＡＩはロジックだけでいくのか、ということです。感情をもたないから、かえってそのほうがいいという人がいるのも事実ですね。なぜかというと、人間は結局エゴと欲だと考えているから。だから感情をもたない、ロジックだけで生きているＡＩのほうがいいんじゃないかという考え方です。私は本当にそれでいいのかと懸念しています。もっと感情をもたせたほうがいいのか、これは非常に難しい論点になっていますね。難しい問題なのだけれど、この利と義において、義がなければ利は長続きしないということは、長い歴史の中で証明されています。「義」は「情知」の結果であって、必ずしも「理知」だけで判断されるものではない訳です。だからＡＩにも「情」があるべきかもしれません。

Column

投資家から見た〝企業の社会との調和〟

北尾吉孝会長は講義の中で、先人の例とご自身のご経験を基にしながら、企業の利益と社会の利益の両立、〝社徳〟を高めることの重要性についてお話しされています。

このように、企業側が自らの社会的責任や社会との関わりを意識する一方で、企業に投資をする投資家にもそのような考え方が浸透してきています。〝ＥＳＧ投資〟と呼ばれる考え方です。

ＥＳＧとは、Environment（環境）、Social（社会）、Governance（企業統治）の頭文字の集合です。売上高・キャッシュフロー・利益率などの財務情報に加え、環境への影響や社会との関わり、企業統治のあり方などの情報を用いて企業の価値を分析し投資を行うことをＥＳＧ投資と呼びます。

ＥＳＧ投資の概念が普及し始めたのは二〇〇六年、国連のコフィー・アナン事務総長が提起した「責任投資原則」（Principles for Responsible Investments）がきっかけだといわれています。ＥＳＧを分析・投資判断プロセスに組み込むことを明記したこの原則には世界中の多数の投資関係機関が賛同し、二〇一八年四月時点で一九六一の年金基金・運用機関等が署名、署名したアセットオーナー（年金基金などの運用資産保有者）の運用残高は一九・一兆ドル（約二一〇〇兆円）の規模になっています。日本でも、GPIFをはじめ、年金基金、保険会社、運用会社などが署名しています。

図表5-14 ｜ ESG投資のあり方

Negative/exclusionary screening	・ESGの観点に基づき特定の企業、セクターを投資（候補）ポートフォリオから除外する
Positive/best-in-class screening	・ESGの観点に基づき特定の銘柄、セクターへの投資を決める
Norms-based screening	・国際的な規範・標準に基づき企業・セクターを投資（候補）ポートフォリオから除外する（環境規制など）
ESG integration	・財務情報に加えて、ESGの要素分析に組み込む（明確に）
Sustainability themed investing	・再生エネルギー、緑化などSustainabilityに関連した投・資を行う
Impact/community investing	・主に社会問題を解決することを目的とした投資を行う（上場株以外の直接投資、特定の個人・コミュニティへの投資を含む）
Corporate engagement and shareholder action	・経営陣との対話、株主提案、議決権行使等を通じてESGに関連した企業活動に影響を与える

出所：Global Sustainable Investment Alliance“Global Sustainable Investment Review 2016”よりNVIC作成

我々は、社会の利益と相反する企業活動には持続性はなく長期で投資するに値しないと考えるため、ＥＳＧは通常の企業価値分析・投資判断の中に前提として含まれています。もう少し踏み込んでいうならば、ＥＳＧの観点から評価されるべき企業の活動は、顧客の問題解決を競合が真似できない圧倒的・排他的な水準で実施する中で実現され、企業価値向上に資することが前提である、と考えているのです。

具体例をひとつ挙げましょう。農機で世界トップシェアを誇るDeere社は〝精密農業〟というソリューションを提供しています。これは、自社の農機にセンサやＧＰＳを搭載し農業現場のデータを収集するとともに、種子や肥料の大手メーカーとも連携しながら農業生産性を最適化する種子、肥料、作付時期等の組み合わ

Column

企業名 ディア

(DE)

企業名 世界最大の農機メーカー。全米1位のディーラー網を有し、トラクター等の農業機械のほか、建設機械等も製造・販売する。

創業 1837年　本社 米国イリノイ州

時価総額<18.9> 5兆3,000億円

財務<17.10> 売上高：3兆3,000円

営業利益（率）：4,500億円（13.6%）

ROA：6.2%

株価 （ドル，四半期毎，配当再投資）

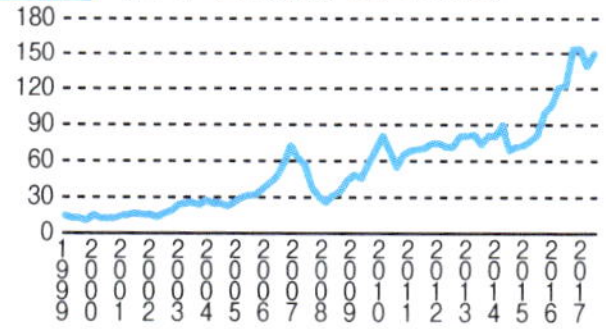

せを農家に情報提供するものです。

このソリューションは、トップシェアを誇るがゆえに収集可能なデータの大きさ、産業内でのプレゼンスがあればこそ実現可能なものです。そして農家により良い農業のあり方を提示することでロイヤリティや付随する新たな収益機会を創出し、企業価値を向上させます。これは農家の課題を解決することを通して、ひいては世界の食糧問題解決へ貢献しているといえるのです。

このように、社会的価値の提供と企業価値の向上が明確に結び付くことこそ、真の意味での〝企業と社会との調和〟といえるのではないでしょうか。

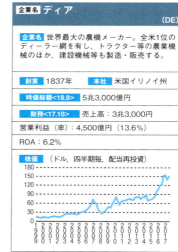

237　第五章　経営理念と、その実践 ― 経営者に先見性がなければ成功はできない ―

絶え間ない仮説構築・検証のプロセスと発見

農林中金バリューインベストメンツ 常務取締役（ＣＩＯ） 奥野一成

私たちは、企業分析を行う上で、実際に企業に足を運び対話を行うことを重視しています。第六章では、第1項で私たちの投資チームが実際に行っている分析活動にフォーカスし、個別企業の具体的な分析活動の例も交えながら、私たちが企業に対してどのようにして仮説を持ち、その仮説をどのようにして検証しているのかをご紹介いたします。そして第2項では私たちが企業との対話を通じて発見した、企業がイノベーティブな組織であり続けるための要諦をご紹介します。

第1項　絶え間ない仮説構築・検証のプロセス

(1) プロセスマネジメント産業の分析

ＮＶＩＣが米国を中心としたグローバル企業にその投資対象を拡大してから六年になりますが、投資家の皆様から「どうやって良い企業を発掘するのか」というご質問をよくいただきます。

図表6-1 | 分析の広がり

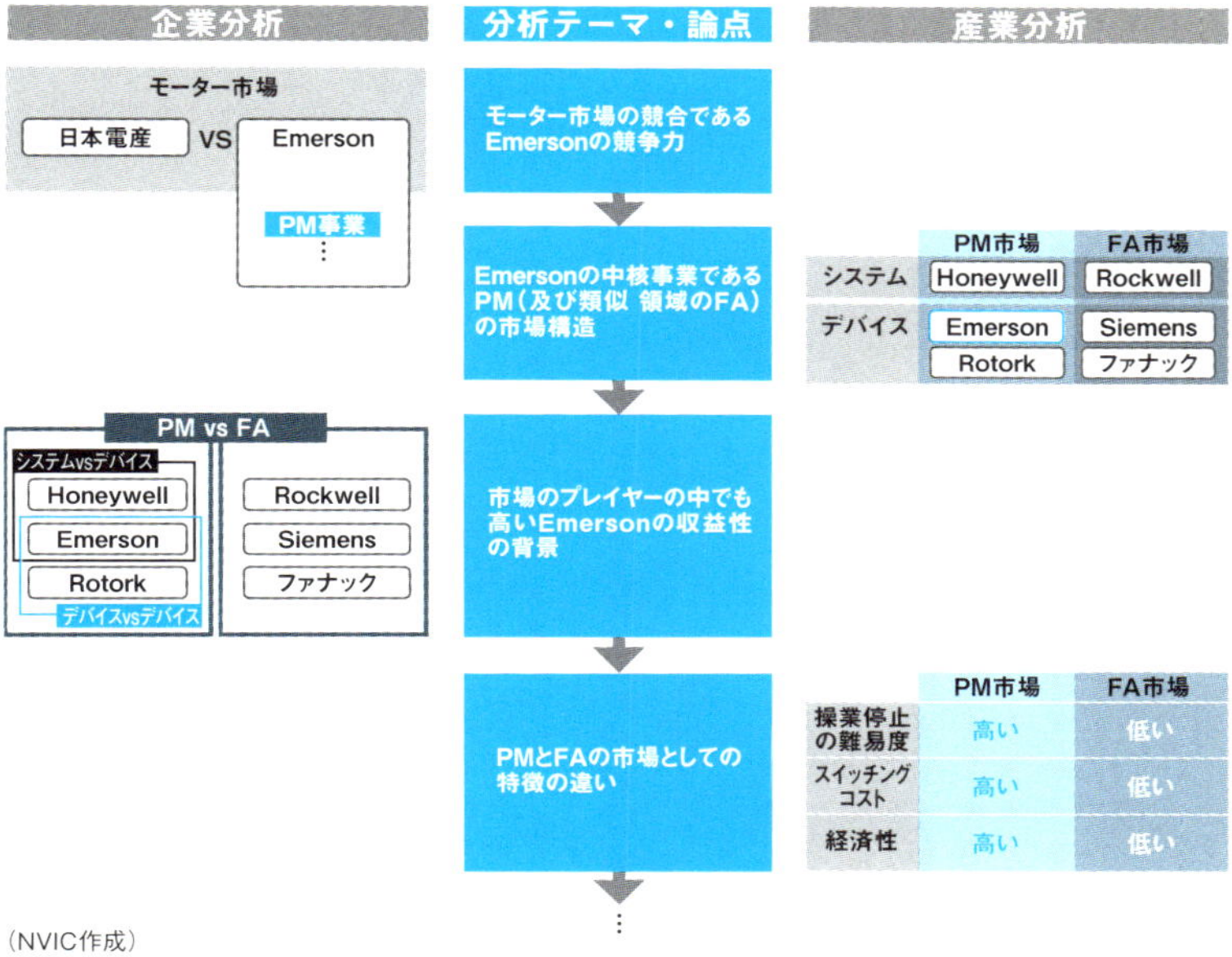

（NVIC作成）

私たちの投資先候補企業発掘は常に個別企業を起点としています。「オリンピック」「自動運転」「AI（人工知能）」などの投資テーマであるとか、純資産倍率（PBR）に基づく割安株のような定量評価に基づくスクリーニングから投資候補先を選ぶことはしていません。あくまでも「長期投資に適う面白そうな個別企業」から出発して、その競合企業、川上産業にいる企業、川下産業にいる企業を丹念に分析していく中で、まるでアメーバのように企業分析を重ねていきます。

例えば、日本電産を分析する過程で、産業用モーターで競合する（二〇一二年時点）Emersonを分析することは避けて通れません。そこで、Emersonの中核事業である「プロセスマネジメント（PM）」という素晴らしい事業に行きつきます。石油プラント、化学プラントでは、気体や液体のような流体を取り扱うわけですが、EmersonのPM部門では、それらのプラントで使用されるバルブやアクチュエーターの製造、販売、保守メンテナンスを行います。分析を行った当時（同時点）での同部門は総資産利益率二四・二％、営業利益率一八・九％と非常に高いものでした。

ここで、私たちは「何がEmersonのプロセスマネジメント部門の優れた経済性を可能にさせるのか？」と本質的に考えました。同じような工業部品を製造している企業はたくさんあるはずなのに、どうして……？　そこで、Emersonの川上に位置する流体制御システムを担うHoneywell、アクチュエーターで競合するRotorkなどの分析を重ねる中で、ある仮説がうかびました。

「プラントは一度動き始めると止められないので、バルブのような部材を採用する場合に信頼性の高いサプライヤーが志向される」。しかも「バルブのような部材にかかるコストは兆円規模のプラント全体のコストに比べれば些末であり、顧客にとってこれらの部材に対するスイッチングコストが非常に高い」というものでした。半面、「工場の自動化のために使用されるファクトリーオートメーション（FA）関連の部材は、プラントで使用される部材よりもスイッチングコストが低いため、FAサプライヤーの経済性はEmersonのようなPMサプライヤーよりも収益性の高さやブレにおいて劣後

図表6-2 ｜ 世界を股にかける企業調査

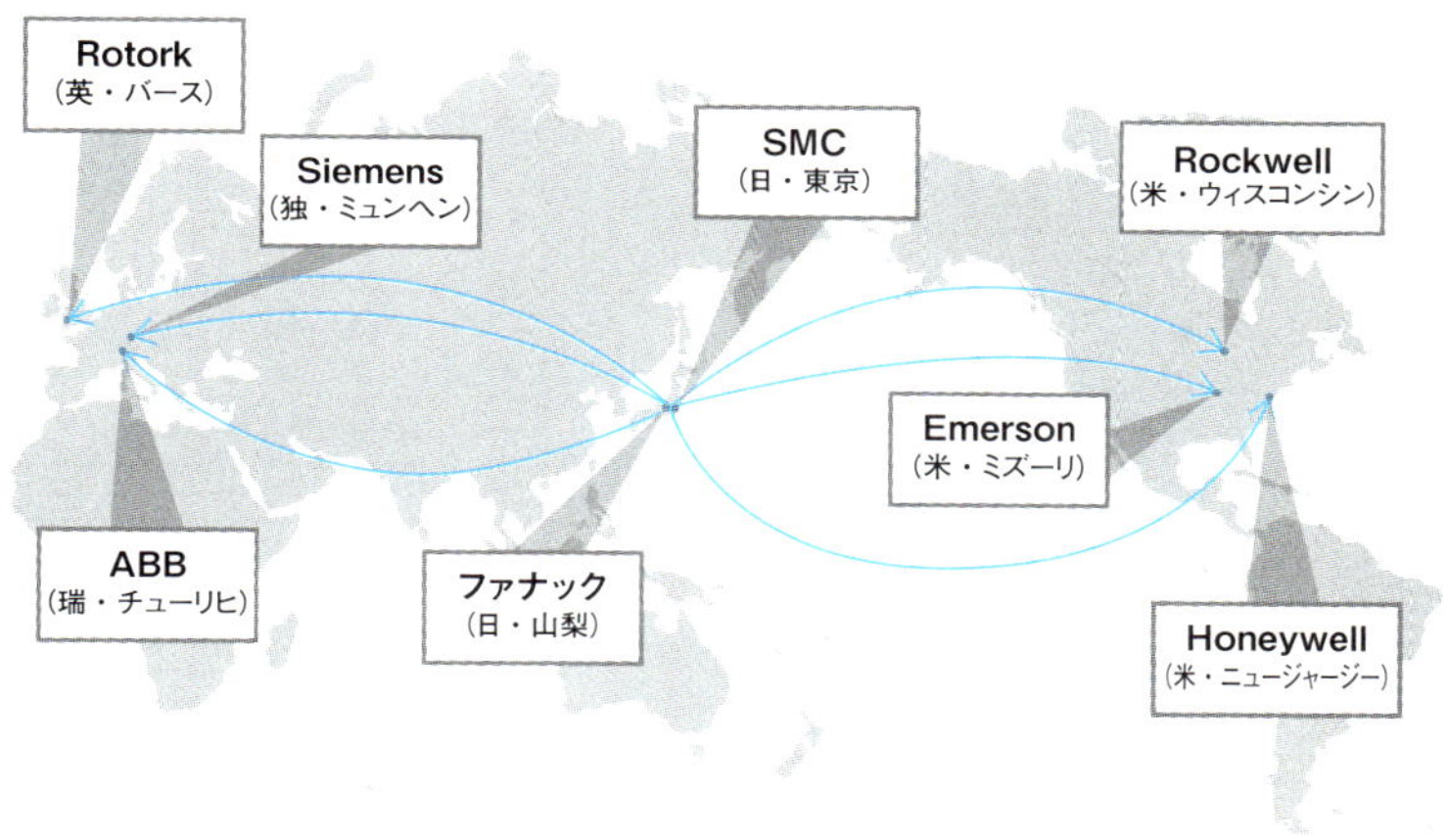

する」という仮説を同時に持ちました。これは、固体を扱う工場は、流体を扱うプラントと異なり、一度動かし始めたとしても部材を交換するために工場を止めることが比較的容易にできるのではないか、という仮説に基づきます。

これらの仮説を検証するべく、Emerson、Honeywell、ABB、Rotork、Siemens、ファナック、SMCと文字通り世界中を飛び回り（地図）、PM関連、FA関連の市場概観を現時点でまとめたものが二四二ページの産業図です（産業俯瞰図）。大きく業界全体を俯瞰すると、PM関連が一〇兆円程度、FA関連が六兆円程度の市場規模になっており、それぞれ得意とする企業群が存在します。

実際に継続的に国内外の川上、川下企業を訪問してわかったことがいくつかありました。

1．流体を制御するPM関連の財・サービス

図表6-3 ｜ 産業俯瞰図

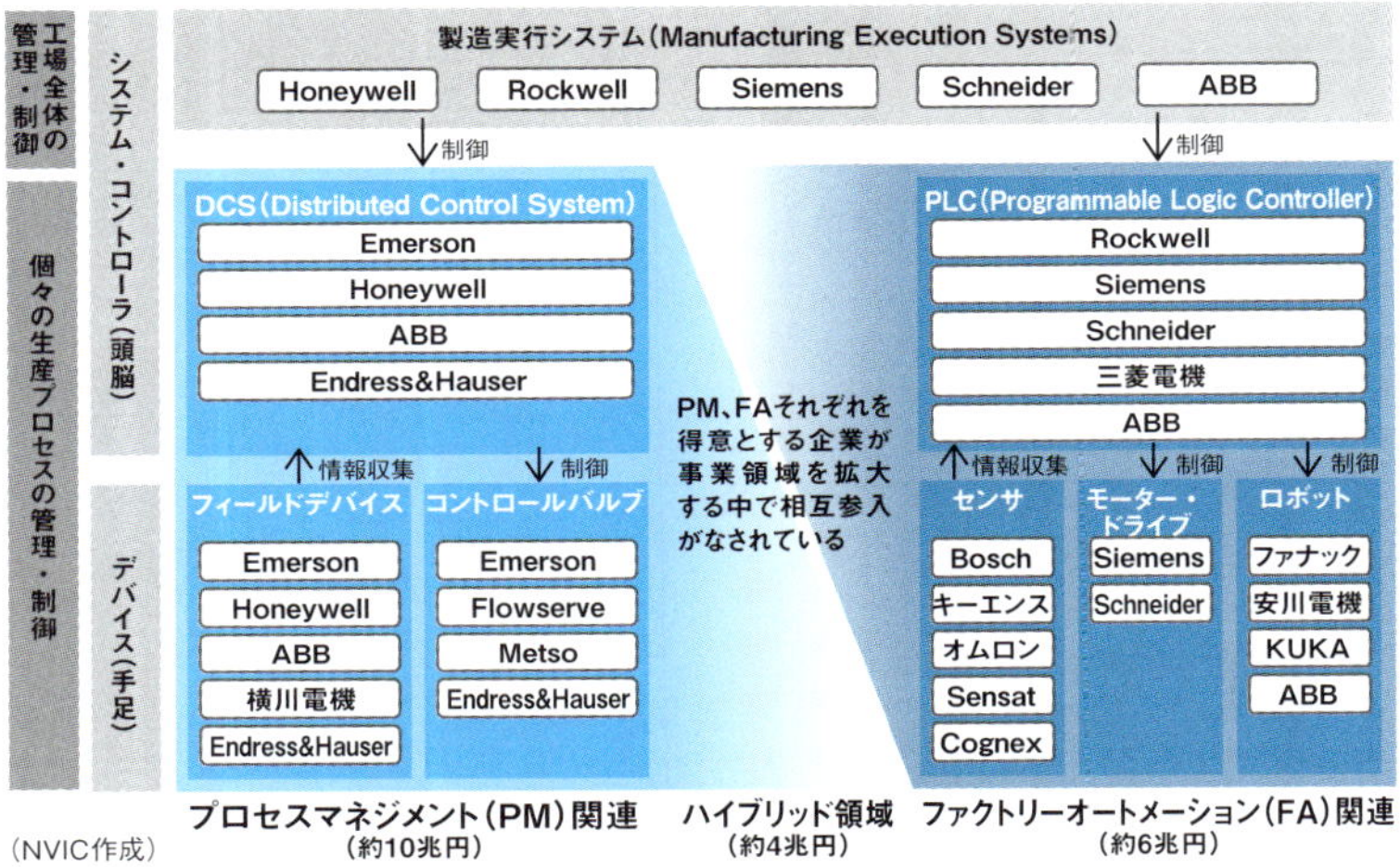

（NVIC作成）

のほうが、固体を制御するFA関連の財・サービスよりも、保守、メンテナンスの相対的な重要性が増すため、エンジニア部門などの顧客部門において優位性を築くことに成功すれば比較的高位安定した収益性を享受することが可能になります。つまり当初想定した仮説の確からしさが高まったと判断しています。

2．かつてはプラント関連、工場関連で棲み分けていたものが、相互に参入し始めている「ハイブリッド」と呼ばれる分野が存在しています。具体的には、食品業界や薬品業界のように工場内で液体・気体が扱われる分野では、流体を扱うことを得意とする企業群と固体を扱うことを得意とする企業群が互いにしのぎを削って戦い始めているのです。また、Emerson や Rockwell Automation など複数の企業が、こういった環境変化に対して着実に戦略を実行に移しているということも両社から直接聞くことができました。

このように、私たちは企業訪問する際に必ず私たちなりの仮説を持って、そしてそれを企業にぶつけるためにミーティングを行います。そこで経営者や財務担当役員から得られた情報を鵜呑みにすることなく、再び自らの頭で考えて仮説を精緻化していくのです。産業や企業は生き物なので、このプロセスに終わりはありません。

(2) コングロマリット経営の要諦

そのような分析活動の蓄積から生まれた仮説の一例として、コングロマリット経営の要諦についてご紹介しましょう。

米国企業を見ていると、複数の事業を営むコングロマリット企業が意外なほど多いことに気が付きます。先述の企業でも3M、Emersonなどが該当します。また、ウォーレン・バフェット氏という、「投資の神様」とも呼ばれ株式投資家として扱われることが多いのですが、彼が率いるバークシャー・ハサウェイは、保険事業、鉄道事業、インフラ事業、航空機部品から高級チョコレートまで、実に多くの事業から構成される典型的なコングロマリットです。

一口に「コングロマリット」といっても、そのあり様は多岐にわたります。私たちは、分析活動の中で出会ったコングロマリット企業群を「どのように事業ポートフォリオを選択するのか」、「どうマネジメントするのか」などの切り口から分析、類型化しています。

1．本部は買収対象となりうる事業の選択に専念し、事業運営は各企業のマネジメントに委任するタイプ……バークシャー、Roper Technologies など

2．自社の強みを共通プラットフォームとして、さまざまな事業にアメーバのように展開していくタイプ……3M、Church and Dwight など

3．プライベート・エクイティファンドのように、買収した企業を独自の手法でバリュー・アップしていくタイプ……Illinois Tool Works、Danaher など

これらは、いずれのタイプが優れているというものではありません。重要なのは、事業の経済性を見極め選択する「投資家」としてのキャピタル・アロケーション（投資）と、個別事業を適切に運営し企業価値向上を推進する「経営者」としてのビジネス・マネジメント（業務運営）が、企業の中で両輪として機能しているという点です。米国企業の経営者と議論をしていると、この点を強く意識していると感じます。例えば日用品メーカーの Church and Dwight のＣＥＯ（当時）Craigie（James Craigie）氏は、ニッチな分野において綿密なマーケティング戦略と広告宣伝費の集中投下によりマーケットの巨人Ｐ＆Ｇを相手に「ゲリラ的」に勝つ事業運営を進めるとともに、「自分の仕事の三分の一は、Ｐ＆Ｇに勝ちうる新しい分野での企業買収だ」と語っていました。

一方で、投資の世界では、「コングロマリット・ディスカウント」という言葉があります。複合経営企業は株価が割安になりやすいという理論です。その背景として、事業間でシナジー（相乗効果）を発揮することが難しく、個別に事業運営を行う場合よりも効率性が劣るという考え方があります。しかし、我々のような長期投資家にとって重要なのは、それぞれの事業が競争優位性を持ち、持続的に事業価値を高められるかという点であって、シナジーの発揮ではありません。たとえディスカウントが常態化していても、それぞれの事業価値が高まり、その総体としての企業価値が高まれば株価は上がるからです。バフェット氏も「シナジーという言葉は、M＆Aを仲介する投資銀行が語るファンタジーにすぎない」と述べています。

例えば信越化学工業は、買収ではなく既存の事業で蓄積された技術を他の素材に拡張することで事業領域を広げてきた産業コングロマリットといえます。塩ビ事業、半導体シリコン事業、シリコーン事業などの現在の五つの主要事業は、要素技術や原子レベルでの共通性はあっても、直接的なシナジーは多くないと考えられます。

しかしながら、信越化学の保有する事業群は、それぞれが参入障壁を持ち、製造業としては世界的に稀有なほどの高利益率の事業ポートフォリオとなっています。これは一九七四年に米国における塩ビ事業を開始したことに代表される過去の果断な投資判断と、「フル生産、全量販売」など当社の各事業に通底するオペレーションの合理化徹底の結果であると考えられます。

まとめると、コングロマリット経営で重要なのは、参入障壁を築くことができる事業領域の選択（キャピタル・アロケーション）と参入障壁を高める適切な事業運営（ビジネス・マネジメント）についての考え方が、単に一経営者のセンスにとどまらず、企業ＤＮＡとして根付き、適切に機能しているか、という点だと考えています。

企業名 エマソン（Emerson）（EMR）

企業名 プラントに関わるシステムや、バルブ等の部品、アフターサービス等を一貫して提供するグローバルメーカー。

創業 1890年	**本社** 米国ミズーリ州
時価総額<18.9> 5兆3,000億円	
財務<17.9> 売上高：1兆7,000億円	
営業利益（率）：2,800億円（16.9%）	
ROA：13.2%	

株価（ドル，四半期毎，配当再投資）

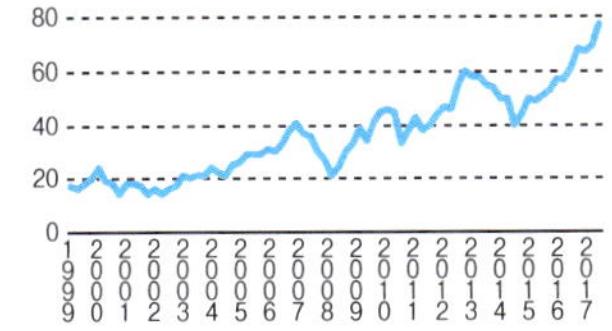

企業名 ハネウェル（Honeywell）（HON）

企業名 プラントに関わるシステムのほか、航空機エンジンや化学品の製造等を行うコングロマリット。

創業 1886年	**本社** 米国ニュージャージー州
時価総額<18.9> 13兆6,000億円	
財務<17.12> 売上高：4兆5,000億円	
営業利益（率）：9,100億円（20.4%）	
ROA：13.9%	

株価（ドル，四半期毎，配当再投資）

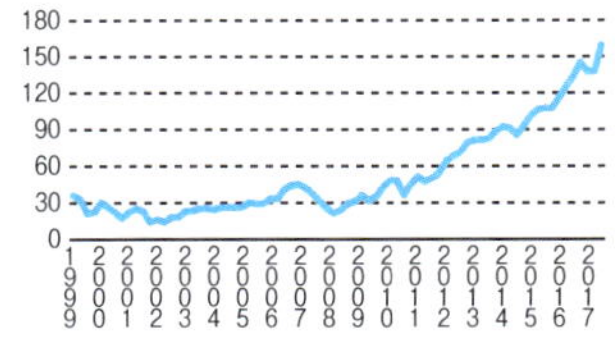

企業名 ABB
(ABBN)

企業名 プラント、工場の両分野で製品展開するほか、発電システム等の製造も行う。

創業 1988年　**本社** スイス

時価総額<18.9> 5兆7,000億円

財務<17.12> 売上高：3兆8,000億円

営業利益（率）：4,100億円（10.8%）

ROA：8.6%

株価 （スイスフラン，四半期毎，配当再投資）

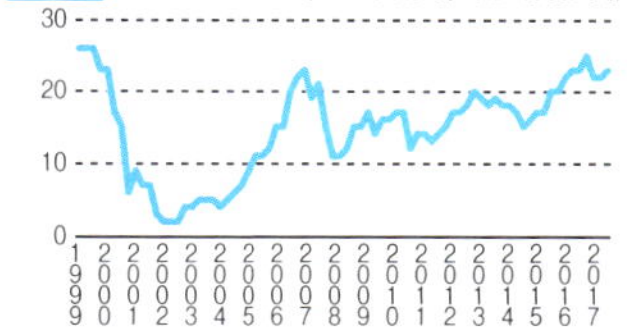

企業名 ロトルク(Rotork)
(ROR)

企業名 プラントにおいて、バルブの開閉を制御する「アクチュエーター」の製造を専業で行うグローバルメーカー。

創業 1957年　**本社** 英国

時価総額<18.9> 4,000億円

財務<17.12> 売上高：1,000億円

営業利益（率）：200億円（16.0%）

ROA：13.9%

株価 （ポンド，四半期毎，配当再投資）

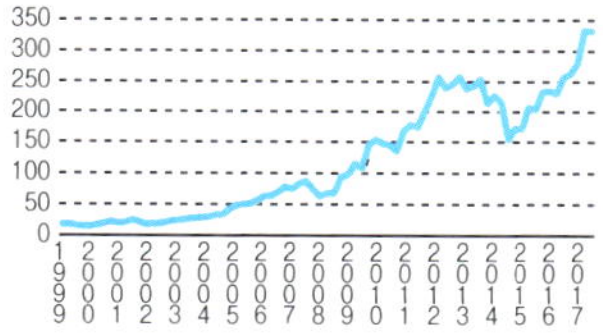

企業名 ファナック
(6954)

企業名 工場の自動化に関わる製品に特化したメーカー。工作機械の「頭脳」に値するCNC装置や産業用ロボットで世界トップシェア。

創業 1972年　**本社** 山梨県

時価総額<18.9> 4兆4,000億円

財務<18.3> 売上高：7,300億円

営業利益（率）：2,300億円（31.6%）

ROA：13.3%

株価 （円，四半期毎，配当再投資）

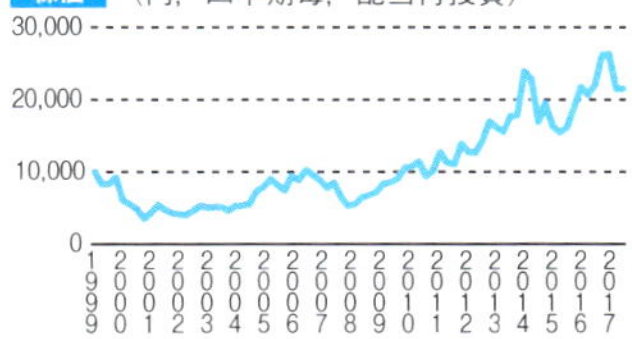

企業名 シーメンス(Siemens)
(SIE)

企業名 欧州を代表するコングロマリット。工場の流体制御、組立制御のほか、電力関連、列車設備、医療機器まで幅広く事業を展開。

創業 1847年　**本社** 独国

時価総額<18.9> 12兆2,000億円

財務<17.9> 売上高：10兆8,000億円

営業利益（率）：9,500億円（8.8%）

ROA：5.5%

株価 （ユーロ，四半期毎，配当再投資）

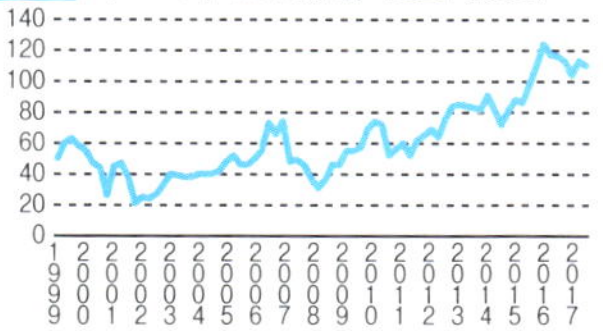

企業名 チャーチ＆ドワイト（Church & Dwight）（CHD）

企業名 米国の日用品メーカー。「アーム＆ハンマー」ブランドで展開する重曹を祖業とするが、近年、洗濯用洗剤、コンドーム、ビタミングミなど多くのブランドを買収。

創業 1846年　本社 米国ニュージャージー州

時価総額<18.9> 1兆6,000億円

財務<17.12> 売上高：4,200億円

営業利益（率）：900億円（20.6%）

ROA：12.9%

株価（ドル，四半期毎，配当再投資）

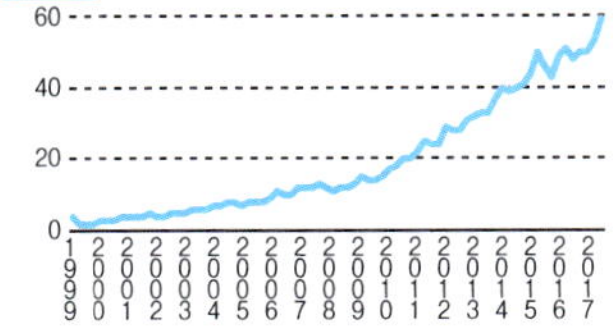

企業名 SMC（6273）

企業名 工場の自動化に関わるバルブやフィルター、シリンダ等の「空気圧機器」の製造を専業で行う。グローバルな販売網とサポート体制に強み。

創業 1959年　本社 東京都

時価総額<18.9> 2兆5,000億円

財務<18.3> 売上高：5,900億円

営業利益（率）：1,900億円（32.6%）

ROA：14.1%

株価（円，四半期毎，配当再投資）

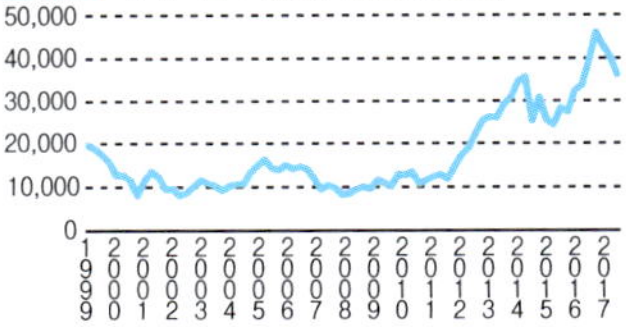

企業名 信越化学工業（4063）

企業名 世界的素材メーカー。塩ビ樹脂、半導体シリコンウエハ、シリコーン樹脂、セルロース、レアアース・マグネットなどでいずれも業界トップ級。

創業 1926年　本社 東京都

時価総額<18.9> 4兆3,000億円

財務<18.3> 売上高：1兆4,000億円

営業利益（率）：3,400億円（23.4%）

ROA：11.6%

株価（円，四半期毎，配当再投資）

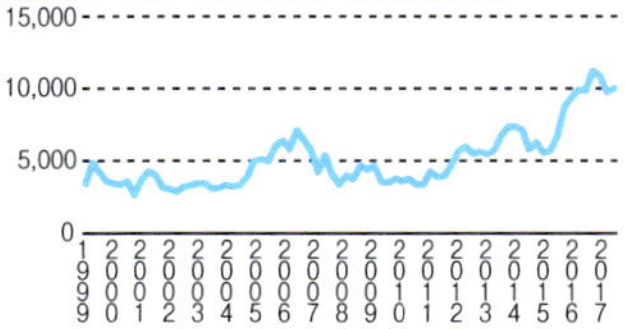

企業名 ロックウェル・オートメーション（ROK）

企業名 工主に工場の組立制御に関わるシステムや、センサー等の部品を製造するグローバルメーカー。

創業 1903年　本社 米国ウィスコンシン州

時価総額<18.9> 2兆5,000億円

財務<17.9> 売上高：7,000億円

営業利益（率）：1,200億円（17.4%）

ROA：15.3%

株価（ドル，四半期毎，配当再投資）

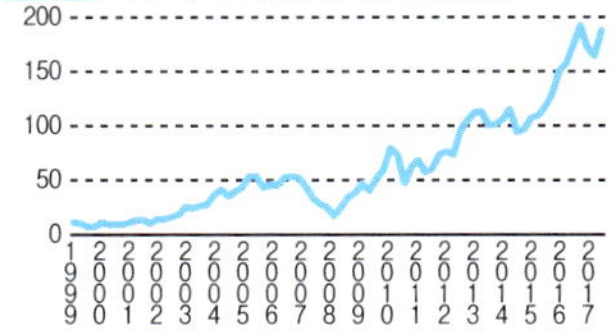

第2項 「組織をイノベーティブに保つということ～企業文化とは」

新聞を読んでいて、「イノベーション」という言葉が出ない日はありません。それほど、企業にとってイノベーションが重要であるということです。

ミネソタに本拠を置く3Mはイノベーションの重要性を体現した企業の代表だと思います。

当社は、Minnesota Mining & Manufacturing Co. として一九〇二年に創業しました。Mining（鉱業、採掘）という社名が示す通り、当初は研磨剤などの原料となるコランダムという鉱石を採掘する鉱山会社でした。その後、コランダムを原料とするサンドペーパーの製造に進出しますが、品質問題や需要減少により倒産の危機に陥ったこともあったようです。しかし、一九〇七年に入社し、後に中興の祖と呼ばれる McKnight 氏の下で、顧客の問題を解決する新しい製品、技術の開発を核とする開発型企業として花開きました。いまではセロハンテープなどの日用品から、さまざまな工業部品、歯科インプラント、道路標識など多種多様な製品を生み出しています。

五五〇〇〇種以上にも及ぶ当社の製品の中で、最もよく知られているものは「ポスト・イット」でしょう。この製品は、当社の一研究者である Arthur Fry 氏の日常の小さな不満から生まれました。彼は教会で賛美歌を歌う際に、分厚い聖歌集に挟んだしおりが何度もずれ落ちてしまうことにいら

図表6-4 | 3Mのイノベーションプラットフォームの図

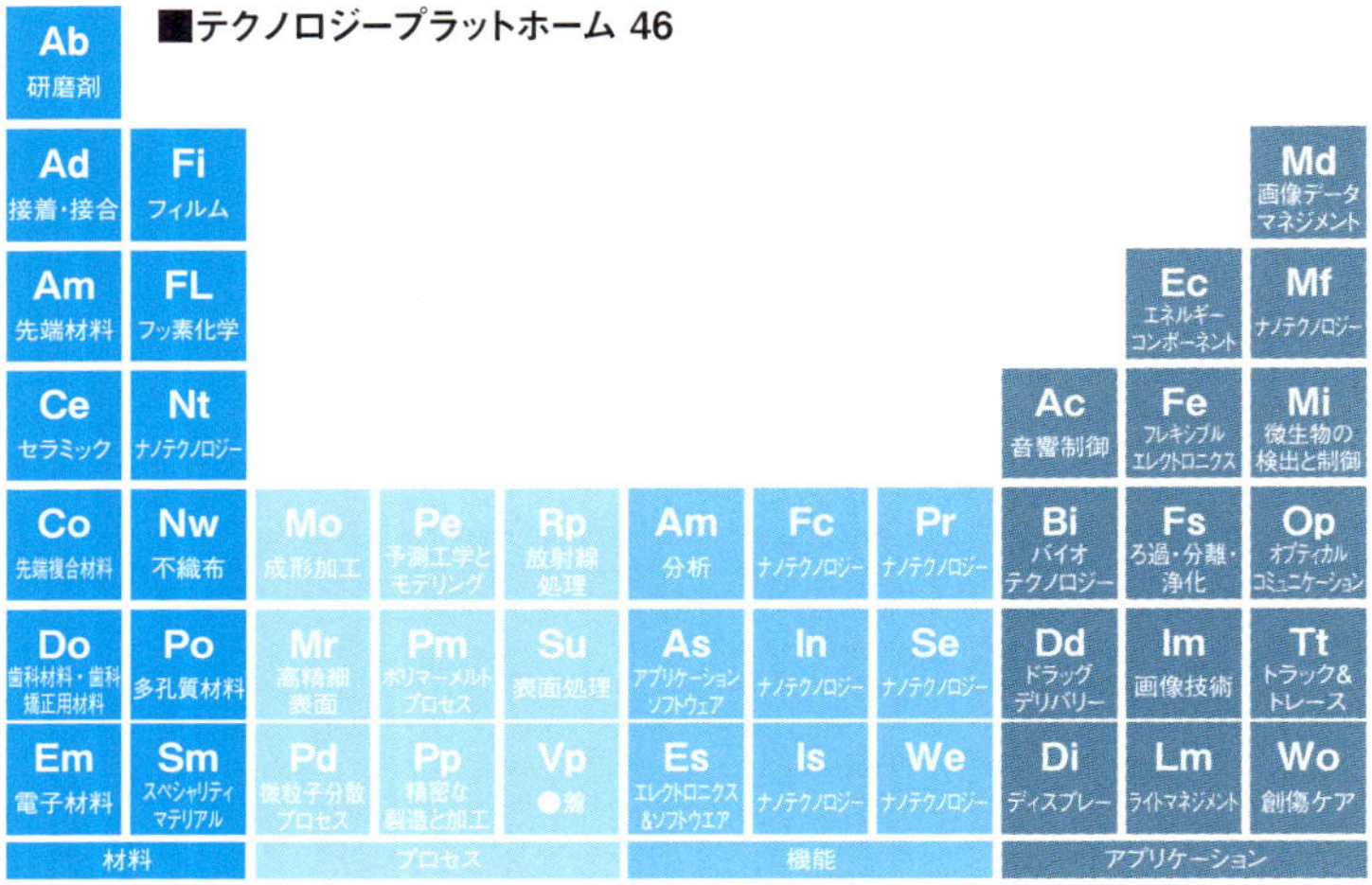

（3Mジャパングループ　会社案内）

だっていました。そこで、しおりに接着剤を付け、本に貼り付けてしまうというアイデアを思い付きました。そのためにはしっかりと貼り付けることができる一方で、はがすときには本を傷めずに簡単にはがすことができる「弱い」接着剤が必要でした。彼はすぐに社内にその技術が既に存在していることを思い出しました。

かつて彼の同僚が絶対にはがれない強力な接着剤を研究していたところ、何を貼り合わせても簡単にはがれてしまう弱い接着剤ができてしまいました。しかし、その同僚は、この「失敗作」を「きっと何かに使えるはずだ」と、仲間の研究者たちに紹介して回っていたのです。Fry氏はこの技術と自身のアイデアを結び付け、試行錯誤を重ね、時には上司に内緒で社内の設備や知見を利用しながら開発を続け、世界的な大ヒット製品を生み出しました。

この事例は、当社の企業文化を非常によく体現しています。当社の開発は、日常や顧客の現場での小さな不満や気付きを問題解決のアイデアに結び付けるところからスタートします。そのアイデアを生むために、すべての技術は、粘着、研磨など四六のコア技術に分類され「テクノロジープラットフォーム」として社内に共有されています。たとえ失敗作であっても可能性のある技術が軽視されることはありません。そして、業務時間の一五%は自分の好きな研究に使っていいという「一五%ルール」、上司に隠れて本来の業務外の研究を進めることを推奨する「ブートレッキング（密造酒作り）」など、自由な発想と研究を促進する独自の仕組みが存在します。

一度や二度なら、たまたまイノベーティブ（革新的）な商品を世に出すことは可能かもしれません。ところがそれでは、持続的に企業価値を増大させることは不可能です。私たちはそのような革新的な商品を生み出す構造にこそ興味を持ち、その核心にふれるために何回も当社を訪問しています。

3Mほどの大企業（時価総額一〇兆円規模）において、組織の官僚化を防ぐにはよほどの工夫が必要だと思われます。各種の仕組みが単なる都市伝説ではなく今も有効に機能し続けているのか、一方で資本効率を意識しない野放図な研究が行われる懸念はないのか、私たちは毎年行うミーティングの中で、常に確認しモニターするようにしています。

その中で、顧客と接する現場で考える仕組み、そういった顧客の問題解決を奨励する仕組み、そして問題解決そのものを評価する人事的な仕組みなど、企業としてイノベーションを生み出すことに、まさに「あの手この手」で飽くことなく、しかも論理的に取り組み続ける姿勢を感じます。そういった「3M的」企業文化が、イノベーションを成し遂げようという従業員を惹き付け、決して大企業病に陥っていないという事実はまさに驚嘆すべきことだと考えています。

当社に関してはこんなエピソードもあります。私たちは、運用ユニバースをグローバルに拡大した二〇一二年以降、一貫して当社を保有しており、当社IR（投資家担当部署）のGinter氏とは、ミネソタ・東京で何回か対話を繰り返していました。二〇一五年の米国出張時に、このGinter氏にいつも通りミーティングを依頼したところ、「オーケー、Thulin（Inge G.Thulin）社長（現会長）の時間を押さえておくよ」との返事をいただき、びっくり仰天。日本の慣習では私のような若輩者が一〇兆円企業の社長とサシで会う機会などほとんどありえないからです。こちらもせっかくの機会を無駄にするまいと万全の準備を行い、ミーティングに備えました。ミネソタではThulin社長以下、財務担当役員、技術担当役員勢ぞろいで、非常に有益な議論ができ、施設見学もさせてもらいました。

Ginter氏が我々のような日本の小さな投資家のために、Thulin社長の時間を準備してくれたことに大変な感謝を感じるとともに、3Mという企業のすごさを痛感しました。過去数回のミーティングの中で、私たちは自分たちが用意した資料を基に、3Mに関する私たちの仮説を展開し、Ginter氏と議論しました。その過程でGinter氏は「この投資家は小さいけれど、本質的に企業と向き合おうとしているな」と感じてくれたのだと思います。だからこそ時給に換算すると百万円以上のThulin社長と私たちを引き合わせてくれたのでしょう。日本だと、とかく年功とか権威が優先されることが多いと感じます。官僚主義がはびこればはびこるほど、「WHAT」よりも「WHO」が優先され、合理性が失われていきます。日本社会のいたるところで見られる「忖度」はその最たるものでしょう。ところが、３Ｍは、少なくともGinter氏は、私が若輩者であるかどうかではなく、ＮＶＩＣの行っている投資そのものを面白いと評価してくれたのだと思います。

同様のエピソードを二〇一四年の本講義でご登壇いただいた日本電産の永守重信社長からも伺いました（詳しくは、その講義録を収録した「京都企業が世界を変える」をご参照ください）。永守社長は二七歳の時に京都の桂に小さな工場を建て、日本電産を資本金二〇〇万円で創業しました。自らが作った小型モーターを東京の大企業に持っていくと、それらの担当者は異口同音に「あんた何歳や？」、「資本金は？」といって、全く取り合ってくれなかったといいます。そこで永守社長は試作品をアタッシュに詰めてミネソタに飛び、空港から電話を掛けた先が当時、カセットレコーダーも製造していた３Ｍだったのです。３Ｍの担当者は永守社長の試作品を見て「これをあと少し小さくして、大量に作ることができれば発注する」と言ってくれたそうです。これが五〇年後に売上規模二兆円をうかがう日本電産の始まりなのです。

永守社長は「３Ｍはちゃんとモノを見てくれた」と仰っています。この日本電産のエピソードは、レベルの違いはあれど、私たちのケースとも通じるものがあるとは思いませんか。

３Ｍほどの大企業組織を「イノベーティブ」に保つ秘策について、おそらく王道はありません。あるのは経営者の地道な仕組みづくりしかないように感じています。

そういった仕組みづくりで異彩を放っている日本企業の一つが今回ご登壇いただいたディスコです。

ディスコは「切る、削る、磨く」を事業ドメインとし、産業用切削機器、とりわけ半導体製造工程において、回路を形成したシリコンウエハーをチップに個片化する装置と刃物で圧倒的な世界シェアを誇っています。その事業ポジショニング、収益性の高さもさることながら、関家一馬社長のリーダーシップの下で進められている個人別採算会計（Will会計）、改善活動の社内コンペ（ＰＩＭ）などの仕組みづくりが非常に優れています（詳細は第四章参照）。

このWill会計は、聞けば聞くほど面白い仕組みですが、「本当に組織の末端まで染み通っているのだろうか」、そんな疑問を持っていました。そこでシンガポール出張の際に、当社のシンガポール現地法人の工場見学及びミーティングの機会をいただきました。ミーティングの内容はほぼ一〇〇％がWill、ＰＩＭを活用した業務改善の話となりました。

現地法人の社長、現場責任者は本当に楽しそうにWill、ＰＩＭの話をし、「本業であるはずの『切る・削る』は業務改善のネタ」とまで言い切っていたのです。このシンガポール出張を通じて、当社が行っているWill会計を使った組織運営が企業文化にまで昇華しているのだと痛感しました。この話を本講義の時に関家社長に話したところ、「そうですか、でもそうなるまでにどれだけ口が酸っぱくなるまで言い続けたか……」と仰っていました。

ここまで徹底してWill会計を活用した業務改善に集中できるのは、ディスコ独自の背景があると私たちは考えています。①本業が圧倒的に強いこと、②創業家がオーナーシップを持っていることの二条件が重なっていることが当社のWill会計浸透の必要条件となっていると思われます。

一般的に「風通しの良い社風」だとか「自由闊達な企業風土」だとか、企業文化については安易に雰囲気として語られることが多いように感じます。しかし、組織をイノベーティブに保ち、顧客にとって価値を生み続ける企業文化を醸成するには、経営者の論理的な仕組み化の努力が、漆塗りのように幾重にも積み重ねられなければならないことが、3Mディスコを研究していると、よくわかります。

このように、分析活動の中で深められていく仮説は、個別企業への投資判断に関わるものばかりではなく、多くは経営一般に関わるものです。本章で取り上げたもの以外にも、「持続的に企業価値を生み出すビジネスモデルの分類」、「企業買収を成功させるための秘訣」など、企業経営や長期的な企業価値を決定する要因に関わるさまざまな題材が含まれます。これら個別企業分析から一般化、普遍化された仮説は、洋の東西、業種を問わず、さまざまな企業に対して当てはめることができるものなので、企業との対話を深める上で非常に有益です。

そしてそれら一般化、普遍化した仮説から「持続的に企業価値を増大する要素」を含んだ個別企業を見つけ、投資候補先として分析・訪問するのです。このように個別具体的な事象を一般化・普遍化して、再び個別具体化するプロセスを永遠に回し続けることこそが、既存投資先との対話を深めることに有益であるばかりでなく、新しい投資先企業を見つけるプロセスでもあるのです。

企業名 3M

(MMM)

企業名 46の要素技術を核としたコングロマリット。ポストイットや粘着テープからヘルスケア用品や電子部品まで、5万5千に及ぶ製品を世界中で提供。

創業 1902年　本社 米国ミネソタ州

時価総額<18.9> 13兆6,000億円

財務<17.12> 売上高：3兆5,000億円

営業利益（率）：8,000億円(22.9%)

ROA：19.0%

株価 （ドル，四半期毎，配当再投資）

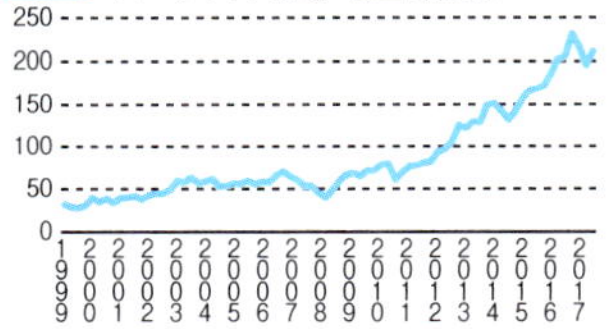

企業名 ディスコ

(6146)

企業名 「切る・削る・磨く」をコア技術とする、精密加工装置メーカー。主に半導体製造工程で必要不可欠なダイサ、グラインダーと呼ばれる加工装置とその消耗品を製造。

創業 1937年　本社 東京都

時価総額<18.9> 7,000億円

財務<18.3> 売上高：1,700億円

営業利益（率）：500億円（30.5%）

ROA：19.9%

株価 （円，四半期毎，配当再投資）

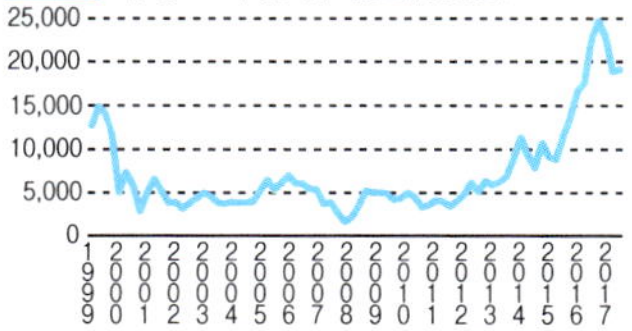

長期投資の優位性と投資方法

京都大学名誉教授 投資研究教育ユニット代表・客員教授　川北英隆

本章の構成は次のとおりである。まず、株式投資において長期投資が優れた投資方法であることを確認し、日本市場における長期投資の方法を述べる。その後で、二〇〇八年に起きたリーマンショック以降の日本市場の特徴を調べ、はやりのＥＳＧ（environment＝環境、social＝社会性、governance＝企業統治）投資に関する筆者の評価を示す。

長期投資の優位性を確認する

株式投資では、長期投資が短期投資や中期投資よりも優れている。その理由を、『京都大学で学ぶ企業経営と株式投資』（二〇一六年、金融財政事情研究会）第八章「投資スタンスと証券アナリストの役割」において述べた。

図表7-1 ｜ 経済活動と株価

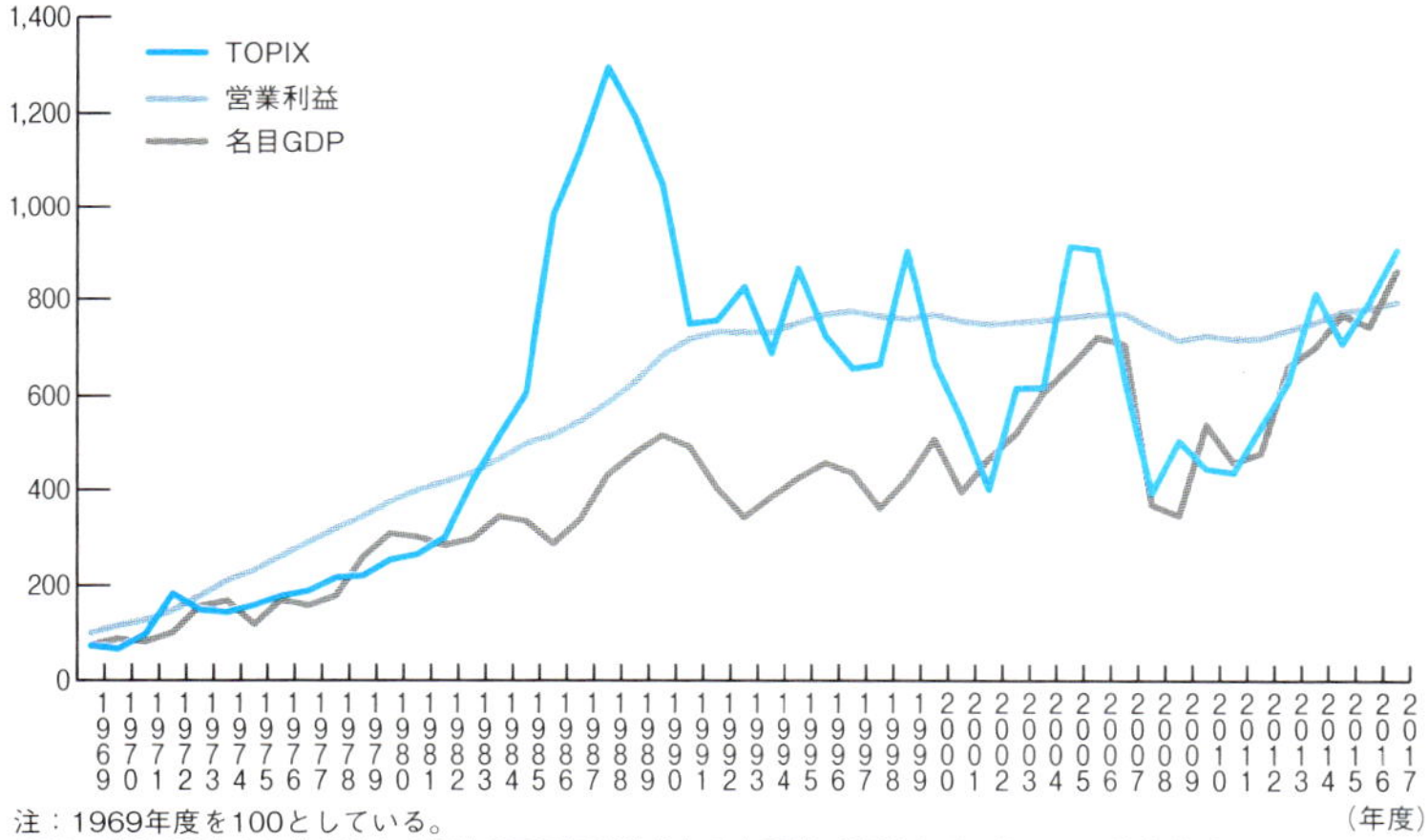

注：1969年度を100としている。
出所：財務省「法人企業統計」、内閣府「国民経済計算」、東京証券所資料などに基づいて筆者作成。

（1） 長期投資はプラスサム

最初に、そこで述べた長期投資が優れている理由を簡潔にまとめておく。

経済が成長し、それによって企業の利益が増える。これを受け、配当が増えるか株価が上がる。結果として、株式を保有しているすべての長期投資家が、経済活動から何らかの恩恵にあずかる。プラスサム（注1）（plus sum）の状態が得られると考えていい。

現実にはどうなっているのか。経済の成長と株価の関係を見たのが図表1である。

数十年の単位で眺めれば、やはり経済（名目国内総生産＝名目GDP）の成長とともに企業の稼ぐ

（注1）市場全体が拡大していくことによって、それぞれの部分も同時に大きくなる可能性のある環境をしめす。対語はゼロサム。

利益（営業利益）が増え、それにともなって株価も上がってきたことがわかる。

この図表では、一九八〇年代中盤から二〇〇〇年頃まで、株価と営業利益の動きが大きく異なっている。一九八〇年代後半のバブルの発生と、一九九〇年代のバブル崩壊である。経済や営業利益の状況から大きく離れた株価は、いずれ引き戻される。

もう一点、名目GDP（国内総生産）の水準が営業利益の水準を長期間上回っていた。これは、経済活動によって得られた付加価値の中から賃金に対して支払われる割合（いわゆる労働分配率）が上昇していたからである。ところが二〇〇〇年前後から企業のリストラが始まり、それ以降、労働分配率が低下した。これにより、足元では営業利益の水準が名目GDPの水準を上回るようになった。

(2) 短期投資の特性とＡＩの登場

長期投資と異なり、短期投資（短期的に株式の売買を繰り返す投資）では、株価の動きに方向性がないとすれば、「誰かの利益は、他の誰かの損失」、つまりゼロサム（zero sum）の状態になる。賭博と似ている。

もう少し正確に述べれば、売買には手数料などのコストが必要である。このコストを差し引き、短期投資家だけの損益を合計すると、マイナスサム（minus sum）になってしまう。相場の天才か洞察力の非常に鋭い投資家でないかぎり、短期投資を繰り返すと、結局は儲からないだろう。

以上は過去の短期投資の特性だった。さらに具合が悪いことに、二〇一六年以降、普通の短期投資家にとって非常に不利な状況が加わった。ＡＩ（artificial intelligence ＝人工知能）の急速な発展である。二〇一六年、グーグルの開発したアルファ碁が当時最強の一人とされた韓国のプロ棋士に勝ち、世界を仰天させた。これを境にＡＩに対する注目度が急激に高まった。

株式投資の場合、短期売買を行う主要な要素（根拠）は、株価の変動や売買高といったパターンへの反応か、ネットに流れるニュースへの反応に基づく。

昔から用いられてきたチャート分析（株価や売買高といった数値を図式化した分析）は、パターン分析の一種である。ネットに流れるニュースの多くはテキスト（文字）データであり、やはりパターンがあり得て、そこから短期投資家は売買のチャンスを嗅ぎ分けている。

人間の目や頭脳にとって、過去に体験でき、また売買などの瞬間に認識し判断できるパターンの数はどの程度だろうか。いずれにしても、現在のコンピューターには到底かなわない。

囲碁や将棋のプロ棋士がＡＩに負けるのも、結局のところ体験できる対局数の差（よく知らないものの、人間は数万局の単位、コンピューターはそれよりも一桁も二桁も上か）である。さらにコンピューターは、実際の対局における瞬間的な認識と判断も正確である。当然、対局における認識と判断を裏打ちするのが過去の対局に基づくパターン認識であり、それに基づく読みである。

短期投資も同様である。優れたプログラムで動くコンピューターの売買判断に勝てるだろうか。勝てると思うのが間違いになった。

短期投資では、もう一つ、囲碁との違いで見落としてはならない点がある。囲碁では相手が一手打てば、こちらも一手打てて、この点は互角である。しかし、短期投資では、こちらが一回売りか買いかを実行する間に、コンピューターはもっと多くの売りか買いかを実行できる。速度（手数）の差が大きい。これでは人間が勝てるチャンスは皆無に等しい。

(3) 状況が単純か複雑か

囲碁や短期投資において、人間が負けるようになった基本的な背景に何があるのか。

囲碁の世界もそうだし、その前に人間が追い付かれた将棋やチェスの世界がそうなのだが、複雑性が重要なポイントとなる。コンピューターに人間が追い付かれたのは、複雑ではないゲームの順（チェス、将棋、囲碁の順）であることに気が付かないといけない。

それでは、投資の世界はどうなのか。

短期投資が判断するのは、コンマ何秒先の世界から、数日先の世界だろうか。もしかして、一週間や一カ月先もあり得るだろう。

数日という時間の流れはごく短い。その中で投資判断ができるのであれば、新しいニュースを考慮する必要性に乏しく、あったとしてもきわめて稀である。市場に影響を与えそうなイベントの多くは、その予定が公表されている。

つまり、投資判断を乱す将来のニュースを考慮する必要がなく、考慮すべきイベントがあれば、その日を避ければいい。少し工夫すれば、過去の経験則やパターンだけで判断しても大きな誤りがない。

逆に、長期（例えば五年や一〇年）という先を見越して投資判断するには、不確定要素が多すぎる。過去の経験則やパターンだけでは不十分きわまりない。

たとえば、アメリカ大統領のトランプが明日、明後日、明々後日等、何をつぶやくのかは予測不可能に近い。もちろん、トランプの行動を分析すれば、その傾向は予測できるかもしれないものの、トランプがつぶやきたくなる事件として何が起きるのかを知ることは不可能に近い。このため、トランプのパターンを知ったとしてもあまり役立たない。

長期投資の世界では、将来のニュース（言い換えれば、経済や政治環境の変化）が重要となる。企業文化とその変化も同様であり、その原動力として経営者がいる。経営者を観察しないと、長期投資で成功することが難しくなる。投資家が企業経営者と議論し、提案することで、企業経営が大きく変化する可能性もある（投資家によるエンゲージメントと称される）。企業によっては、もっと多くの要素を考慮しないといけないかもしれない。

これらの認識や判断が、短期投資と同じようにＡＩを活用するだけで可能だろうか。もちろんＡＩの能力を借りる場面は多くなるだろう。とはいえ、いちばん重要なのはアナリストが行動し、情報を得ることである。

少なくとも近い将来、長期投資がＡＩ主導になっているとは考えられない。長期投資は、人間がＡＩよりも有利な分野、主導権を握れる分野である。

長期投資の方法

株式の長期投資がプラスサムだとすれば、どのような企業を選んでも、またどのような投資方法であっても、長期投資でさえあれば利益が得られるのだろうか。残念ながら、現実はそこまで単純ではない。

(1) 企業間格差が拡大する時代

日本の場合、一九七〇年を挟んだ高度成長期には、多くの企業が急速に成長し、世界的な競争力を獲得していった。このため、よほど下手なことをしないかぎり、長期投資でさえあればもうかったかもしれない。

いま投資家が直面している現実は、そんな高度成長期ではない。名目GDP成長率が一、二%程度の低成長の時代である。

成長率が低ければ、何らかの工夫がないかぎり、企業は成長せず、淘汰されていく。結果として、伸びる企業もあれば衰退する企業もある。そう考えるのが当然である。企業間の格差が大きいということでもある。

そこで、経済成長率と企業利益との関係を調べてみた。図表2である。ここでROAは総資産営業

図表7-2 | 景気動向と企業業績の格差

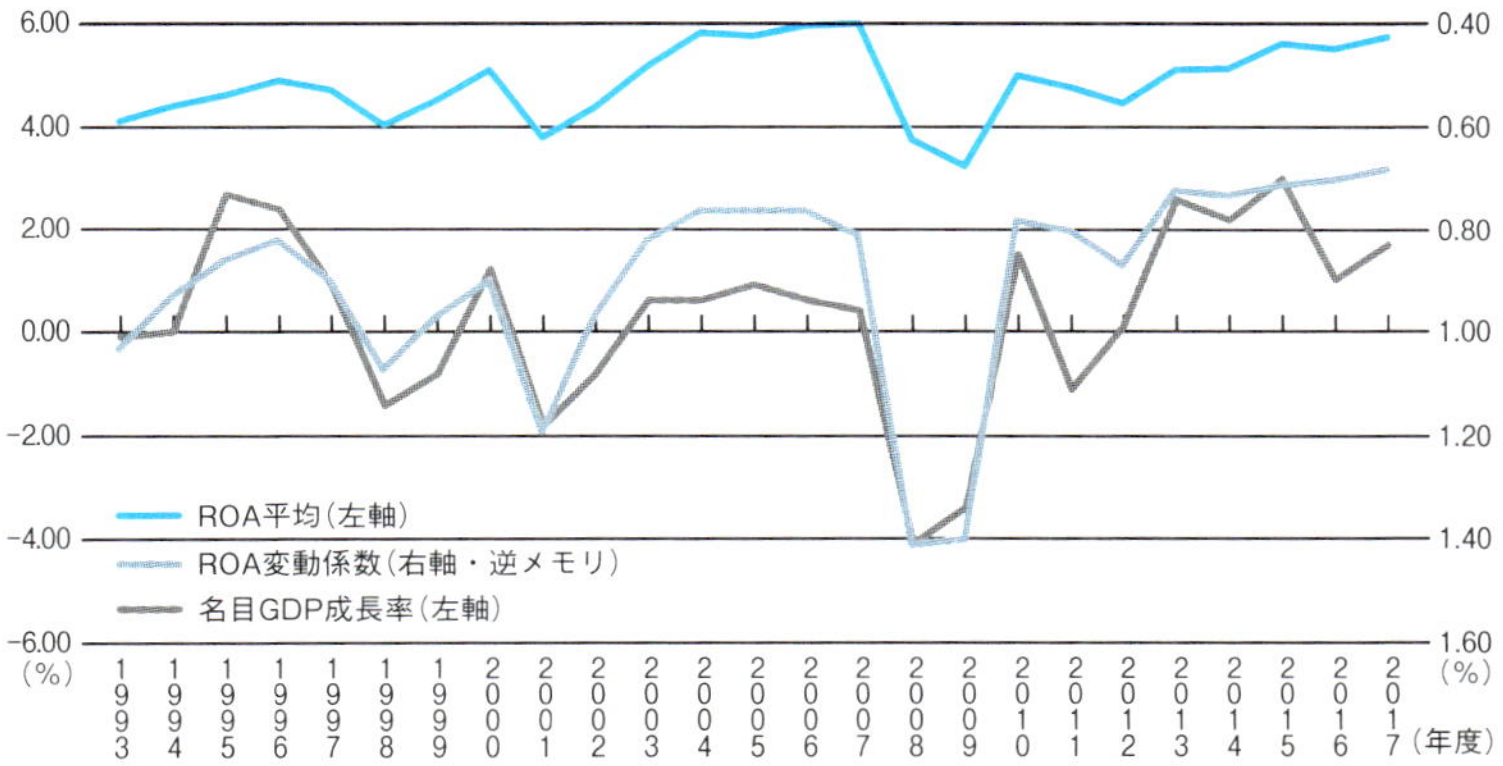

注：ROA＝営業利益／総資産、変動係数＝標準偏差/平均値。
ROAの平均値、変動係数は1993年度から継続して東証第1部に上場している全企業（金融、保険を除く）の、各年度の実績値に基づく。
出所：日経NEEDS、内閣府「国民経済計算」に基づいて筆者作成。

利益率である。ROAの企業間格差（変動係数）が逆目盛になっていることに注意が必要である。

図表2から二つのことがわかる。一つは、経済活動の変動とROAの水準が連動していることである。もう一つは、経済活動の変動とROAの企業間のばらつき（つまり格差）も連動していることである。経済活動が活発になり、成長率が高まると、ROAの平均的な水準が高まり、その企業間格差が小さくなる。逆に経済活動が停滞すれば、ROAの平均的な水準が低くなり、その企業間格差が大きくなる。

『京都企業が世界を変える』（二〇一五年、金融財政事情研究会）第一章「京都企業が世界を変える」で述べたように、日本の人口構成の老齢化と人口減少は、長期的な低成長をもたらす。活発に生産するには、国内に労働力が（単純労働者も高度技能者も）不足するし、国内で生産しても、十分な需要を見つけるのが難しくなる。

日本の成長率が将来において低いことと、図表2の事実から、「企業間格差が拡大することはあっても縮まることはない」と予測できる。そう考えざるを得ない。

海外に展開すれば日本企業全体が高い成長率を達成できるとの考え方もあるだろう。しかし、海外に展開して成功するのは簡単ではない。これまでも、多くの企業がつまずき、多額の損失を計上してきた。海外への展開は、経営力の差が如実に出てしまう。海外展開力こそ、企業間格差をもたらす最たるものだと考えられる。

(2) 市場を買うのか、企業を買うのか

企業間格差は株価にも大きな影響を与える。低成長であればこそ、また企業が海外展開に積極的になっているからこそ、企業を選んで長期投資しなければならない。

とはいうものの、先に示した図表1を根拠に、上場企業にまんべんなく投資してもいいのではないかとの議論があり得る。

株式市場全体を買う発想である。経済成長によって企業全体の利益が増えるのなら、上場企業全体の株価も上昇するはずであり、それに投資した長期投資家も潤うという発想である。

具体的には、個人であれば株価指数に連動するETF（exchange traded funds＝上場投資信託）を購入すればいい。年金ファンドなどであれば、株価指数の構成企業、その構成割合を完全に模倣する方

法である。いずれもパッシブ運用（注2）と呼ばれる。

パッシブ運用での株価指数として日本で主に用いられているのは、日経平均株価もしくは東証株価指数（TOPIX）である。この二つの株価指数は、日本の高度成長期から綿々と存続している。

この日本でのパッシブ運用を全面否定するものではないが、一度じっくりと考えないといけないことがある。一つは、二つの株価指数の性質である。もう一つは、投資家の社会的な役割である。

最初に二つの株価指数の性質について概略を述べておく。

日経平均株価は、それを構成する二二五企業の株価の単純平均に基づいて計算される。コンピューターがなかった時代、株価の単純平均を計算するのがいちばん簡単だったからである。

このため、少しイメージすれば理解できるように、高株価の企業の影響が、低株価の企業よりも大きくなる。高株価の企業の価格変動が日経平均株価を大きく左右することを意味する。確認しておかないといけないのは、高株価の企業が必ずしも日本を代表する企業とは限らないことである。

TOPIXは東京証券取引所第一部市場（東証第一部）に上場している全企業の時価総額を基準に計算される。このため、日経平均株価のような株価水準による偏りは生じない。

他方、東証第一部の上場企業数が近年急速に増え、二〇〇〇社を超えてきた。また、東証第一部に

（注2）投資方法のひとつで、日経平均株価や東証株価指数などの株価指数に連動した運用成果を目指すもの。例としては投資信託や年金などの運用が挙げられる。

上場されると、よほどのことがないかぎり、その地位を失うことがない。この結果、東証第一部の上場企業は玉石混交だとか、パッシブ運用のターゲット（的）が刻々と変化していくとか、一般に評価されている。

別の角度から述べておく。

日経平均株価は、この一〇年間以上、結果としてTOPIXの上昇率を上回っている。とはいえ、指数の計算方式が今の時代に合っていない。時代に即した工夫が求められる。

一方、TOPIXは株式市場全体の動向を示すのに適した指数である。東証第一部上場企業を網羅しているからである。一方で、企業数が多いこともあり、パッシブ運用の対象としては不向きな面がある。明確に区分することは難しいだろうが、玉になりそうな企業と、その可能性に乏しい企業を区分するような工夫が求められてしかるべきだろう。

この株式投資対象としてのTOPIXの問題点と改善の方向性については、「長期投資に適した株価指数とは」でもう一度述べる。

次に、投資家の社会的な役割の観点である。

株式投資家の社会的な役割は、投資対象である企業の価値を評価、判断し、買いもしくは売りを行うことである。これにより、株式での資金供給の適切性に貢献できる。もう少し巨視的に見れば、社会的な資源である資金の最適な配分に寄与できる。

比喩的に表現するのなら、投資は一種の投票である。これに対してTOPIXの対象企業をそっくりそのままパッシブ運用の対象とすることは、東証第一部上場企業を無批判に購入することであり、投票権の放棄に等しい。もしくは、「他の投資家の誰かが優れた企業とそうでない企業を選別してくれているだろう」、「その選別と価格形成に乗っかればいい」との、投資家としての責任放棄に通じる。

現在、投資家はESGに着目し、企業を選別しようと意気込んでいる。他方、その同じ投資家が単純にパッシブ運用を行うことは、投資家としての社会的責任（ESGのうちのS）の放棄でもある。意図的ではないにしろ、大いなる皮肉である。個人投資家ならまだしも、プロの投資家なら、投資家としての社会的責任を強く意識し、投資行動を行うべきだろう。

(3) 企業を選んで長期投資する

『京都大学の経営学講義Ⅱ』（二〇一八年、ダイヤモンド社）第七章「長期投資のための企業を選び出す」で例示したように、企業選定のベースにあるのは、どの企業に高収益を生み出す力があるのか、その力が持続するのかどうか、の評価である。

もう少し立ち入れば、企業が生産する製品やサービスの種類と社会的な役割、その競争条件、経営者の力、経営者と歴代の経営者が築いてきた企業文化（社風）が、長期的な収益力の重要な要素となる。

これに関連して、株式投資においてはESGが重要だと、声高にいわれるようになった。ESGに優れた企業を選んで投資しようというわけだが、これと長期投資とには関係があるのだろうか。

結論から先に述べると、企業のESGには経営者の意識や意欲が色濃く反映される。別の表現を用いると、ＥＳＧは社風によって表現される割合が高い。もしくは、社風を知れば、その企業におけるＥＳＧが本物かどうか、判明してくる。

このことから、半ば真実が浮かび上がる。それは、ＥＳＧが企業の収益性と関係するのは、今日や明日の利益ではなく、少なくとも数年後の利益であり、さらに先の利益かもしれないということである。この意味で、ＥＳＧと長期投資とは深く関係していると考えていい。

以下では、日本の株式市場を分析した場合、長期投資の観点から何がいえるのか、最初にその結果を示したい。また、ＥＳＧの観点から株式市場を分析した結果も得られている。この二つを事例から、長期投資の本質に少しでも迫れればと考える。

一〇年間の株式投資

一〇年前の二〇〇八年九月、リーマンショックが世界の金融市場を震撼《しんかん》させた。そのショックから今日までの一〇年間を振り返りつつ、筆者は日本市場の特徴を分析している。いくつかの結果を紹介しておきたい。

また、最近、声高に叫ばれているＥＳＧに関して、実は二〇年近く前から地道に調査してきた機関がある。そこに蓄積された長期データを用い、筆者は共同研究を行っている。その分析のエッセンスも紹介しておきたい。

図表7-3 ｜ 日本、アメリカ、ドイツの株価推移

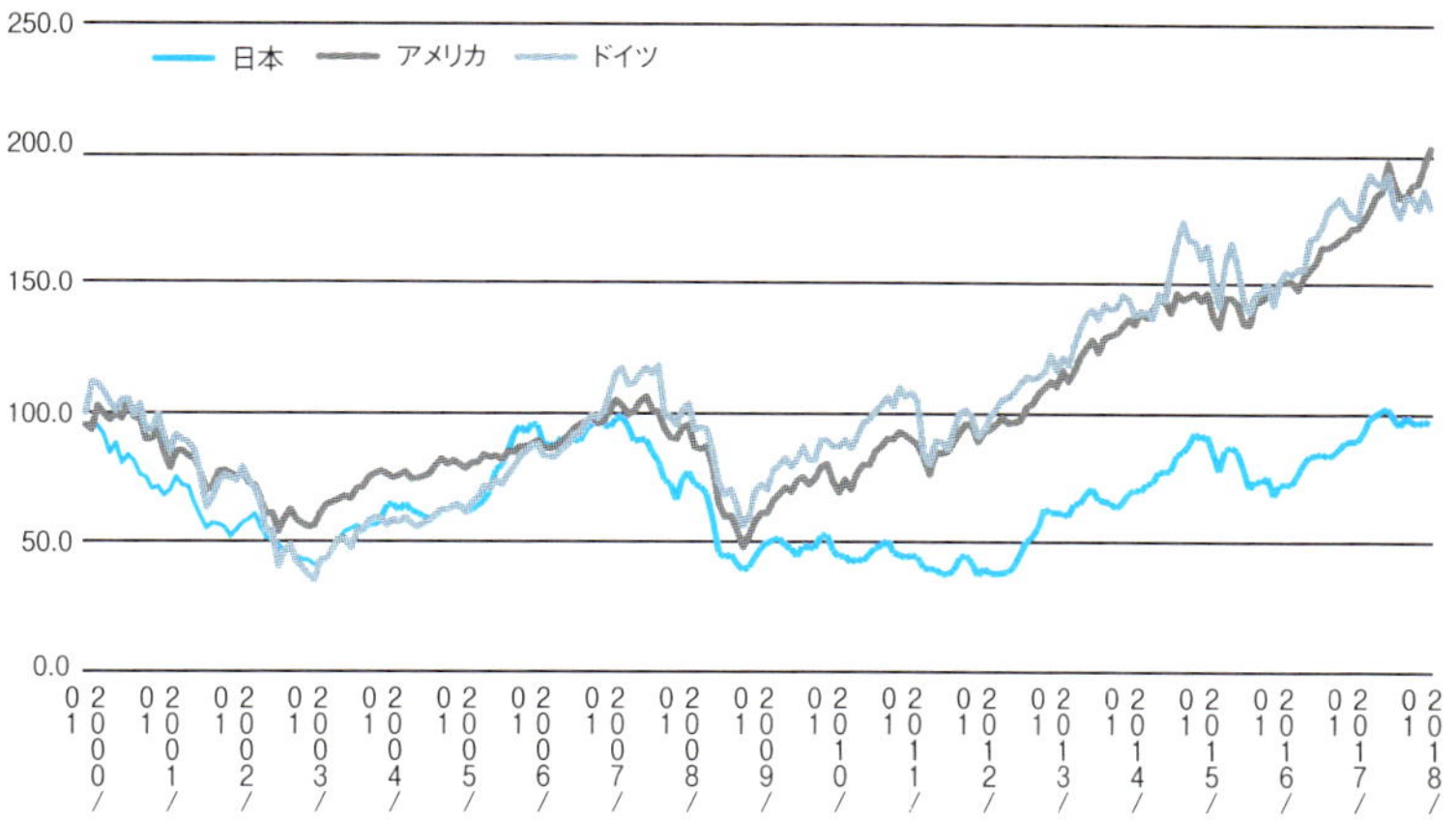

注：2000年1月末を100とし、日本(TOPIX)、アメリカ(S&P500)、ドイツ(DAX)の推移を示した。
出所：QUICK社Astramanagerのデータに基づいて筆者作成。

(1) 欧米と日本市場との対比

日本の株式市場について語るに際して、最初に先進各国との比較を行い、特徴を把握することが重要である。図表3は日本、アメリカ、ドイツの株価推移である。

この図表から次の事実が読み取れる。一つは、リーマンショックの前まで、日本の株価は多少欧米に遅れ気味であったものの、ほぼ同水準を保っていたことである。もう一つは、より重要なのだが、リーマンショック以降の世界的な市場の回復過程において、日本が欧米に大きく遅れたことである。二〇一二年末の第二次安倍政権誕生以降、この差は広がってはいないものの、縮まってもいない。

この日本と欧米との差は、経済の力強さの差を反映している。

アメリカの場合、アップル、グーグル（上場しているのは持ち株会社のアルファベット）、アマゾンに代表されるＩＴ関連企業の急速な成長と巨大化である。これらの企業以外にも、技術革新を取り込んだ企業が次々と生まれ、成長している。もっとも、トランプ大統領の時代錯誤などにより、少し暗雲が垂れ込めてはいるが。

ヨーロッパの代表としてのドイツは、ユーロ圏の中核国としての恩恵をフルに受けている。製品やサービスの販売圏が広がったことが背景にある。同時に、ユーロ圏にはギリシャを代表として、イタリアやスペインなどの南欧の諸国が入っている。これらの国がユーロ圏全体の足かせとなっている。このため、通貨としてのユーロ高を抑制し、ドイツ企業の世界的な競争力を高めてきた。

これに対して日本はどうだったのか。自動車の競争力は維持されているが、テレビをはじめとする家電製品の競争力は著しく低下した。電子部品では競争力の高いものもあるが、部品のコアともいうべき半導体では競争に敗れ、壊滅に近い。

背景には、日本企業のホームグラウンドである国内経済において、高齢化と人口減少が顕在化したこともあろう。

とはいえ、根本的な要因が日本企業の意思決定の遅さにあるとの見解もある。サラリーマン的な経営者が多くなり、またバブル崩壊以降のリストラ、言い換えれば縮小均衡が習い性となった影響でもある。

後者の事例として、大胆な意思決定（たとえば大規模な設備投資、企業買収など）が回避されてきたことを指摘できる。

慎重な議論を経て大胆な意思決定がなされることもあるのだろうが、適切な時期を逃してしまうなどの弊害が生じた可能性も高い。設備投資の意思決定の場合、世界の同業他社がすでに同じような設備の増強を決め、着工しているとすれば、その後で日本企業が意思決定すれば、出遅れである。

いずれにせよ、リーマンショックからの一〇年間の株価推移は、日本企業が直面する状況の厳しさを端的に表現している。このことと、先に示した図表2とを併せて考えると、同じ上場企業であっても、やはり業績の良好な企業と不良な企業との格差が相当あるとの推測につながる。

(2) 株価純資産倍率（PBR）の意味

株式市場を分析する前に、株価純資産倍率（PBR、price book-value ratio）について少し説明しておきたい。

PBRとは、企業の時価総額を純資産額で割った指標である。

企業が有する純資産額とは、資産や負債の金額が実勢金額を正しく表していると仮定すれば、企業が現時点で解散した場合、株主に対して最終的に払い戻される金額である。株主が現時点において企業に提供している資金額でもある。

通常の説明では、PBRが一倍を超えていれば、投資家が企業の株式にプレミアムを付けて売買しているとされる。逆にPBRが一倍を割っていれば、ディスカウントされているとされる。

以上の説明からすれば、ＰＢＲ一倍割れの企業は「お買い得」となりそうだが、本当だろうか。もう一度、上で述べた純資産額の説明を読み直してほしい。「企業が現時点で解散した場合に」と書いた。資産や負債の金額が実勢金額を表しており、純資産の金額が計算上は正しいとしても、企業が今すぐ解散することを前提としてはじめて、ＰＢＲ一倍割れ企業が「お買い得」だと評価できる。

現実の世界において、企業が今すぐ解散することはない。そうだとすれば、ＰＢＲ一倍割れは何を意味するのだろうか。これについては『「市場」ではなく「企業」を買う株式投資』（二〇一五年、金融財政事情研究会）第一章「市場は買えるのか」で書いた。

簡単に繰り返しておく。株式投資家は、「我々は企業に資金を提供（投資）し、それが純資産として蓄積され、貸借対照表に表示されている」、「この純資産を用い、事業することで、企業には少なくともこれだけの率の利益をあげてほしい」と考え、期待している。ＰＢＲ一倍割れの企業は、この投資家の期待を満たしていないのである。そのように投資家が評価しているにすぎない。つまり、「お買い得」でも何でもない。

少しだけ、数字を用いて説明しておく（図表４）。

株式投資家が一〇〇の純資産（資金）を企業に投資し、企業はその資金を用いて事業用の資産を揃えた。投資家は企業に対し、その事業資産を使って一〇％の利益率をあ?げてほしいと（それが自然であり当然だと）期待したとする。この期待はすべての投資家に共通だとしておく。企業がこの投資

図表7-4 | PBR1倍割れの意味

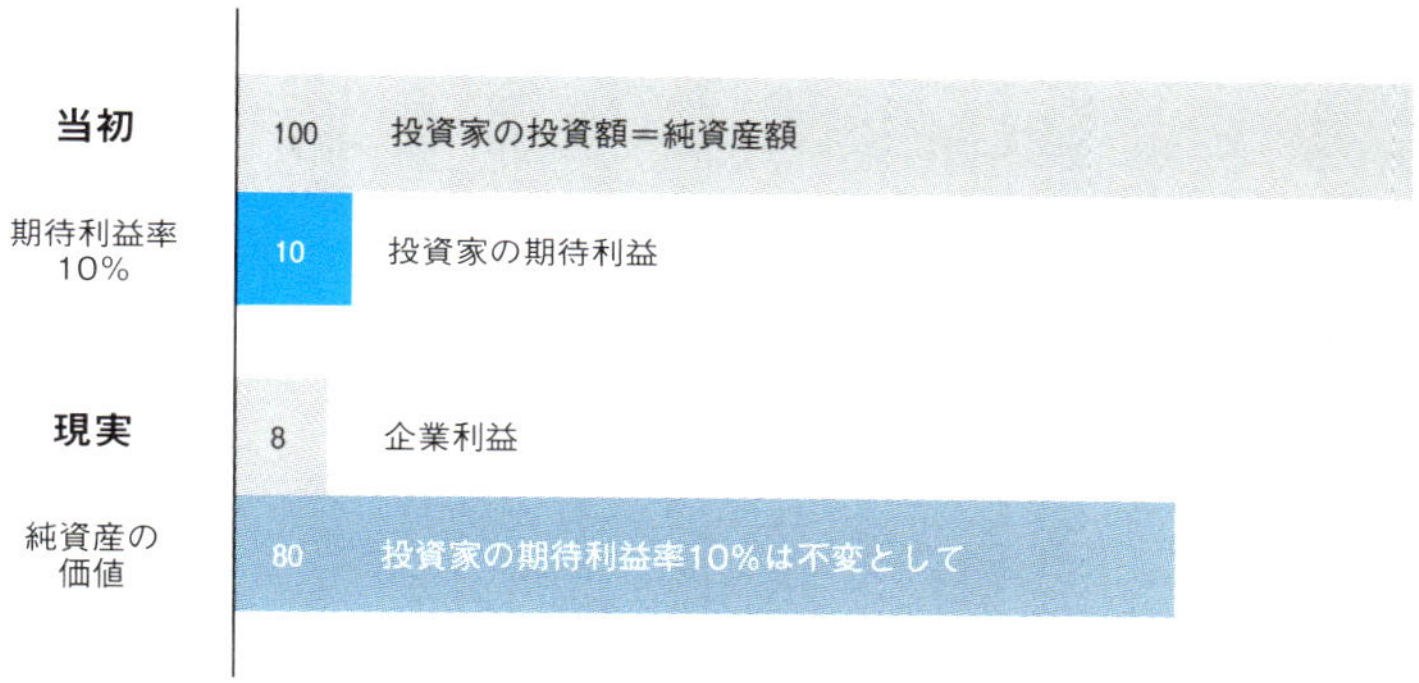

出所：筆者作成。

家の期待に応えるには一〇〇の利益を生み出さなければならない。しかし現実の経営陣には、八の利益を生み出す力しかなかった。この場合、何が生じるのか。

他の状況に変化がない（投資家が期待する一〇％の利益率に変化がなく、企業が成長のための新規投資をせず、経営陣も交代しない）とすれば、最初に投資家が投資した一〇〇の純資産は、実際には八〇の値打ちしかない。最初に投資した一〇〇を他の投資家に売ろうとすれば、八〇にしか売れないということである。八〇の資本に対して八の利益なら、それで一〇％の利益率になるからである。つまり、当初に投資した資本（純資産）が毀損している。

企業が今すぐ解散してしまい、事業用資産が当初の金額と同じ一〇〇で売却できれば別だが（厳密に言えば、事業用資産を売却して当初の投資金額を回収できたとしても、時間的価値は失ってしまうが）、この解散と売却の実現は難しい。

もっとも、事業用資産の売却とほぼ同じ効果をもたらす現実的解決法がある。企業買収（もう少し幅広くM&A、

mergers and acquisitions）である。敏腕な経営者が登場し（登場してもらい）、「この事業用資産を使うのなら一〇の利益を生み出せる」と判断すれば、株式市場で八〇の値打ちだと評価されたものを一〇〇で購入してくれる。

一点だけ注意しなければならないのは、ここで議論したPBR一倍割れとは、長期間その状態が続くことをイメージしている。株式市場の短期的なムードによっては（たとえば投資家が総悲観になったとき）、短期的にPBRが一倍を割れることはよくある。その場合は、むしろ「お買い得」になっているだろう。

(3) 株価純資産倍率から見た産業動向

PBRの意味を理解したところで、日本の産業構造に関する分析を示しておく。

これはニッセイ基礎研究所「年金ストラテジー　二〇一八年六月号」向けに分析したものであるため、半年近く古い分析になっている。とはいえ、状況には大きな変化がない。

二〇一八年四月末時点でのPBRは一・三倍台だったが、これは平均値である。平均が一倍を少し超えている程度であるから、一倍割れの企業もたくさんあるだろう。そこで、PBRの分布を調べてみようと考えた。

結果は、二〇一八年四月末現在、東証第一部上場企業（銀行、保険会社、証券会社、日本郵政除き）一九七五社のうち六四三社がPBR一倍割れだった。日本経済が明るさを増し、投資環境も悪くはないのに、三分の一近くの上場企業のＰＢＲが一倍を割れている。これは、市場の短期的なムードというよりも、上場企業の相当数が、投資家の期待利益率を達成できていないことを意味する。

この状況をもう少し分析するため、二〇一八年一月末時点におけるＰＢＲ一倍割れの企業数を業種別に調べた。業種分類は東京証券取引所が用いている三三業種、対象企業は東証第一部上場企業（銀行、保険会社、証券会社、日本郵政除き）の一九七〇社である。四月末時点よりも企業数が少ないのは、二〜四月に新規上場があったことによる。

図表7-5 ｜ PBR1倍割れ企業の状況（2018年1月末）

東証・33業種	対象企業数	1倍割れ（%）
鉄鋼	32	75.0
繊維製品	40	65.0
倉庫・運輸関連業	23	60.9
電気・ガス業	22	59.1
金属製品	41	58.5
パルプ・紙	12	58.3
輸送用機器	62	46.8
卸売業	171	44.4
その他金融業	25	44.0
ガラス・土石製品	33	42.4
石油・石炭製品	10	40.0

注：対象企業が10社以上、PBR1倍割れ率が40％以上の業種を示した。
出所：QUICK「Astra Manager」のデータに基づいて筆者作成。

二〇一八年一月末のＰＢＲを計算したのには理由がある。日本では三月末決算かつ黒字の企業が多いこと、この三月末を過ぎて決算数値が固まるまで時間が経過すること、決算期を過ぎると純資産額が増えてＰＢＲが低下する傾向にあること（言い換えれば一月末のＰＢＲは、純資産を実績値で把握した場合、三月末より高い傾向にあること）、一月末の株価が高値圏（日経平均株価で二三〇〇〇円台にあったこと（このためＰＢＲが高いこと）による。

結果は図表5のとおりである。

これによれば、素材関連業種や国内需要依存度の高い業種において、ＰＢＲ一倍割れの割合が高い。また、分析には銀行、保険会社、証券会社、日本郵政を除いたが、現時点において、金融関係にＰＢＲ一倍割れが多いのは周知の事実である。

輸送用機器にＰＢＲ一倍割れ企業が多いのは、造船関係は予想の範囲内として、日産自動車、ホンダ、マツダといった自動車メーカーも一倍を割れているからである。このことからすれば、自動車産業の成熟産業化、グローバルな過当競争、電気自動車に代表されるような技術革新に関する不透明感を反映しているのかもしれない。

一方、図表5にはないが、機械、化学、電気機器、精密機器、医薬品、サービス業、情報・通信業ではＰＢＲ一倍割れの企業の割合が低い。これらの業種では、成長分野において製品やサービスを提供している企業が比較的多いと考えられる。

また、不動産、陸運業、小売業もＰＢＲ一倍割れの割合が低い。東京オリンピック、インバウンド需要、ニーズに則した事業展開などが背景にあると推測される。

以上、ＰＢＲ一倍割れの業種別割合を見てみれば、産業構造の変化が如実に浮かんでくる。そこには、株式市場全体から長期投資の対象としてどの産業、企業を選ぶのかの重要な示唆がある。

(4) 大企業のパフォーマンスは良好か

企業規模を表す数値として時価総額を用いて、いくつか分析を行っている。最初に大企業に関する

図表7-6 ｜ 大企業の株価推移（2008年8月末～ 18年8月末）

	株価上昇率・プラス（社）	平均株価上昇率（年率、％）	相対投資収益率・プラス（社）
時価総額最上位20位	8	-1.6	3
21 ～ 40位	12	1.1	11
41 ～ 60位	11	1.2	10
61 ～ 80位	15	6.0	13
81 ～ 100位	15	2.9	10

注：相対投資収益率はTOPIX（配当込み）との対比。株価は分割等を修正したもの。
時価総額の上位ランクキングは2008年8月末時点のもので、銀行、保険会社、証券会社、日本郵政を除いた東証第1部上場企業を対象としている。
出所：QUICK社Astramanagerのデータに基づいて筆者作成。

分析を示しておきたい。

図表6は、二〇〇八年八月末から二〇一八年八月末までの一〇年間について、時価総額上位企業の株価推移を分析したものである。

二〇〇八年八月とは、リーマンショックの前月である。その八月末、時価総額上位一〇〇社に入っていた企業の、その後の株価推移が良好だったのかどうかを調べたことになる。

この問題意識は、一つに、アップル、グーグル、アマゾンといったアメリカ企業に少しでも迫れる企業が、日本にあったのかどうかを知りたかったからである。もう一つは、逆に、欧米に比べて日本の株価が劣後した背景に時価総額上位企業の不振があるのではないかと考えたからである。

図表6は、時価総額上位一〇〇社を二〇社ずつに区切り、株価（株式分割などを修正した株価）が上がったのか下がったのか、二〇社の平均的な株価上昇率（年率）がどの程度だったか、最後にTOPIX（配当込み）よりも投資収益率が高かったのか

どうかを示している。

図表から一目瞭然なように、最上位二〇社が最悪である。最上位二〇社において、一〇年間で株価が上昇した企業は半数（一〇社）に満たない。平均的な株価上昇率もマイナスである。実は、この最上位二〇社には原子力発電所の事故を起こした東京電力が入っている。そこで、東京電力を除き、平均的な株価上昇率を再度計算してみた。それでも〇・八一％の値下がりだった。

以上を反映し、TOPIX（配当込み）と比べた相対的な投資収益率がプラスだった（つまり、市場に投資するよりも高い投資収益率が得られた企業）は、最上位二〇社のうちの三社のみだった。ちなみに、TOPIX（配当込み）の一〇年間の投資収益率は年率五・五％である。

この三社とは、トヨタ、NTT、NTTドコモである。NTTとNTTドコモが親子関係にあることからすれば、実質的に二社しかなかったともいえる。残りの一七社には、大手銀行、トヨタ以外の自動車、電機、総合商社が複数社含まれている。鉄鋼、薬品、鉄道など日本を代表する大企業も入っている。

言い換えれば、一〇年前に日本を代表していた企業は株式市場を底上げするどころか、総じて足かせとなった。

この状況は六一～八〇位の企業を除いて、他の区分でも大きく変わらない。たとえば、平均的な株価上昇率はプラスになっているものの、この間のTOPIXの上昇率が年率三・三％であったことと比較すれば、六一～八〇位を除き、それぞれの区分の平均的な株価上昇率は市場平均を下回っている。相対的な投資収益率がプラスだった企業数は半分か、かろうじて半分を超す程度である。

唯一、六一～八〇位に入った企業に元気さが見られる。平均的な株価上昇率が高かったことに加え、相対的な投資収益率がプラスだった企業が一三社ある。

いずれにせよ、元気のいい企業を見つけるには、日本を代表する企業ではなく、もう少し中堅クラスにまで下りないといけない。

(5) 高投資収益をもたらす企業とは

そこで、二〇〇八年八月末から二〇一八年八月末までの一〇年間に高収益をもたらした元気のいい企業を、次の基準に基づいて探してみた。

基準の一つは、当然ながら投資収益率である。二〇〇八年八月末に投資した金額が一〇年後に三倍以上（年率一一・六％の投資収益率）になった企業とした。

元気がいい企業だから、「三倍程度にはなってもらわないと困る」と思っただけである。高度成長期には一〇年で二倍になる投資機会がふんだんにあった。だから、二倍（年率七・二％）では物足りない。

ちなみにＴＯＰＩＸ（配当込み）に投資した場合は一・七倍（年率は先に示したように五・五％）になっていた。この点でも、二倍では市場に少し勝つだけであり、元気がいいとはいえない。

図表7-7 ｜ 高投資収益の企業（時価総額1兆円以上）

	2008/8末時価総額（兆円）	同順位	10年間　配当込み投資収益（倍）
キーエンス	1.12	71	7.02
ソフトバンクグループ	1.96	41	5.95
ファーストリテイリング	1.18	68	5.21
日本電産	1.07	77	4.82
村田製作所	1.09	74	4.71
ダイキン工業	1.09	73	4.29
資生堂	1.05	79	3.72
東京エレクトロン	1.13	70	3.55
KDDI	2.87	24	3.54
花王	1.70	45	3.45
スズキ	1.26	62	3.37
エーザイ	1.29	59	3.27
伊藤忠商事	1.41	55	3.10
TOPIX（配当込）投資収益			1.70

注：時価総額の上位ランキングは2008年8月末時点のもので、銀行、保険会社、証券会社、日本郵政を除いた東証第1部上場企業を対象としている。
出所：QUICK社Astramanagerのデータに基づいて筆者作成。

もう一つの基準は規模である。中堅以上の規模の企業でないと株式市場にインパクトをもたらさない。そこで、二〇〇八年八月末当時の時価総額が一兆円以上の企業とした。

結果は図表7のとおりである。一三社がピックアップされた。この一三社を眺めると、次のような外観が得られる。

一三社のうちの二社は、公的な参入障壁に守られた大手携帯キャリアである。時価総額上位二〇社のうち、投資収益率において市場平均を上回った三社（実質二社）の中にNTTデータが入っていたことと併せて考えれば、携帯事業の特徴と競争条件がよくわかる。

伊藤忠商事の場合、資源価格下落の影響を最小限に食い止めた。大手総合商社の中で唯一、PBRが一倍を超えている（分析時点）。なお、図表7

の一三社の中にＰＢＲ一倍割れの企業はない。伊藤忠がいちばん低い。

これ以外の一〇社は海外を積極的に使って事業展開している。しかも製造業としての色彩が強く、製品や販売などにおいて独自性を有している。

この一〇社の特徴は京都企業を彷彿させる。実際、一〇社の中に京都企業が二社（日本電産（注３）、村田製作所（注４））入っている。

(6) 京都企業はどうなったか

『京都企業が世界を変える』（二〇一五年、金融財政事情研究会）第一章「京都企業が世界を変える」において、京都企業（京都府に本社のある企業）の特徴をまとめておいた。一口で述べれば、日本の中での京都は、観光地としてだけではなく、文化も風土も独特である。

京都企業の特徴を知るため、もう少し書いておく。

七九四年から一八六九年まで、京都は日本の都（首都）であり、文化や技術の中心だった。首都が東京になり、天皇の住居である御所も東京に移転したが、京都人の中には「天皇が長く出張されてい

（注３）京都市内に本社を構え、世界中にグループ企業を有する、総合モーターメーカー。設立は一九七三年。世界トップだった精密小型モーターから、現在は車載、産業用などの中大型モーターへと軸足を移している。

（注４）京都府長岡京市に本社を置く電子部品メーカー。創業は一九四四年。最先端の電子部品、多機能かつ高密度なモジュールなどを設計・製造し、セラミックコンデンサーにおいて世界のトップ企業である。

る」と理解している者も残っている。また、第二次世界大戦において京都は空襲を受けず、文化がそのまま残った。これらの事実が今でも京都人の高いプライドを支え、東京を田舎だとする風潮も残っている。

この京都に育った企業は、やはり他の地域の企業と異なっている。

第一に、都だった頃の技術を基盤とする企業、それも製造業が多いことである。島津製作所がその代表であり、戦前の新興京都企業を牽引した。その社員であった田中耕一氏がノーベル化学賞を受賞したのは、京都企業の技術力の象徴だろう。

第二に、製品の独自性が高く、それを誇りにしていることである。逆に、他社の製品を真似ることを嫌う。すぐ隣の大阪とは大きく異なっている。これは京都のプライドの高さによると説明される。

第三に、事業展開のグローバル化が進んでいることである。事業規模が大きくなっても、本社を京都に置いたままの企業が多い。京都企業の場合、製品のニッチ度が高く、大量生産に向いていなかったから、東京というよりも、世界を取引先にせざるを得なかった事情もあるだろう。

これらの特徴は、京都企業を数値分析した結果にも表れる。京都企業の最大の特徴は、海外売上高比率が日本の製造業の平均を大きく上回っていること、売上高当たりの営業利益率が高いことである。また、現在活躍している多くの京都企業がベンチャー企業として発展してきた歴史から、大企業系列に属さず、オーナー色が強い。この点は意思決定の速さをもたらしている。

では、京都企業に投資したとして、二〇〇八年八月末からの二〇一八年八月末までの一〇年間、どの程度の成果が得られたのだろうか。

図表8がその一覧である。分析対象としたのは、製造業が一七社、非製造業が二社、合計一九社である。この一九社を選んだ基準は、京都府に本社があり、二〇〇八年八月末時点での時価総額が五〇〇億円以上とした。

この図表において、TOPIX（配当込み）よりも高い投資収益率を示した企業（図表の超過収益がプラスの企業）が一二社ある。一二社とは、一九社の六三・二％である。これに対して市場全体では五三・六％である。京都企業の割合は市場平均よりも有意に高い。

一〇年間に投資した金額（図表の一〇年間投資収益）が三倍以上になった企業は六社ある。すべてが製造業であり、一九社の三一・六％に当たる。市場全体（同）では一九・五％であるから、やはり京都企業の割合が高い。


一方、一〇年間の投資収益がマイナスだった企業（投資収益が一未満の企業）は三社、一九社のうちの一五・八％である。市場全体（同）では一九・三％であり、京都企業の方が低い。

非製造業では、アイフルの一〇年間の投資収益がマイナスである。京都銀行の投資収益はプラスであるものの、市場平均よりも低い。金融政策が超緩和であることから、銀行の収益環境の厳しさを反映している。他の銀行との比較では、京都銀行の投資収益率が高位にあると付け加えておきたい。

これまでも何回か、京都企業の投資収益率を分析してきた。最近では『京都大学の経営学講義』

図表7-8 ｜ 京都企業の10年間の投資収益(時価総額500億円以上)

	2008/8末 時価総額（兆円）	同順位	10年間 投資収益（倍）	超過投資収益（倍）
任天堂	7.338	5	0.92	-0.78
京セラ	1.766	43	1.78	0.08
村田製作所	1.090	74	4.71	3.01
日本電産	1.071	77	4.82	3.11
ローム	0.751	110	1.92	0.21
オムロン	0.461	168	2.99	1.29
島津製作所	0.305	238	3.57	1.87
NISSHA	0.267	260	0.43	-1.27
ジーエス・ユアサ	0.207	300	1.15	-0.56
ワコールホールディングス	0.185	322	1.60	-0.10
宝ホールディングス	0.164	347	1.68	-0.02
SCREENホールディングス	0.118	425	3.82	2.12
日本新薬	0.096	485	5.45	3.75
堀場製作所	0.092	497	3.66	1.95
ニチコン	0.070	588	1.72	0.02
三洋化成工業	0.063	618	2.54	0.84
日新電機	0.052	689	2.42	0.72
(京都銀行)	0.416	184	1.11	-0.59
(アイフル)	0.149	373	0.83	-0.88

注：超過収益率はTOPIX（配当込）との差異。
注：時価総額の上位ランクキングは2008年8月末時点のもので、銀行、保険会社、証券会社、日本郵政を除いた東証第1部上場企業を対象としている。
出所：QUICK社Astramanagerのデータに基づいて筆者作成。

（二〇一七年、ダイヤモンド社）第七章「企業を選別して調査、対話する」において、京都企業に投資することで、市場平均よりも高い投資収益が安定的に得られることを示した（過去の実績であり、将来を保証するものではない）。図表8は、これまでの分析を個別企業ベースで裏打ちしている。

(7) 長期投資に適した株価指数とは

リーマンショックから一〇年間経過した日本の株式市場を多角的に分析して判明するのは、大企業に元気がないものの、もう少し規模を下りれば元気のいい企業が見つかるという事実だった。低成長が企業間格差を拡大させていること、成長の見込める海外への進出が企業間格差の拡大に拍車をかけていることでもある。この観点からすれば、日本の大企業が必ずしも成功しているわけでない。

この事実を用いて株価指数を評価すれば、TOPIXの問題点が浮かび上がる。市場全体の株価動向を測るのに適してはいるものの、投資対象としては効率が良くない。欧米を見渡しても、市場全体の値動きを表す株価指数を投資対象として用いる例はほとんどない。

日経平均株価は二二五企業を選び出し、指数を算出している。この点で優れているのだが、指数の計算方式に問題がある。

さらにいえば、日本を代表する二つの株価指数は、すぐれた投資方法である長期投資を意識して計算が開始されたわけでない。そもそも、これらの株価指数の計算が始まった時代（日経平均株価は一九五〇年、TOPIXは一九六九年）には、株価指数を模倣して株式投資を行うというパッシブ運用の概念すらなかった。

『京都大学の経営学講義Ⅱ』（二〇一八年、ダイヤモンド社）第七章「長期投資の企業を選び出す」では、長期投資のための企業の選別方法を示したうえで、長期投資に適した企業の実用に耐える選別が可能だとの結果を得た。

この分析結果を踏まえ、東京証券取引所と長期投資のための新たな株価指数の研究を行っている。長期投資に応えてくれそうな企業を選別し、長期に保有することを前提として、指数を計算しようとの研究である。

指数の計算と公表において、もう一つ重要なのは中立性である。とくに指数を構成する企業を選別するとなれば、この点がポイントとなる。大学が主導して企業を選別すれば、中立性の観点から優位性を持ち得る。

近い将来、稿を改め、長期投資のための新たな株価指数の研究と開発状況について、紹介したいと思っている。

ＥＳＧ投資と効果

最近、ＥＳＧ投資がブームである。この背景には、二〇一七年七月、公的年金ファンドの運用機関である年金積立金管理運用独立行政法人（ＧＰＩＦ）がＥＳＧに関する指数を選定し、それを模倣するパッシブ運用を開始したことがある。

上場企業は、ＥＳＧ指数の構成企業に選ばれることで、ＧＰＩＦの投資対象企業になりたいと考えるようになった。アセットマネジメント会社も、ＥＳＧ投資に熱心であることをアピールし、ＧＰＩＦからファンドの運用を受託しようと躍起である。

とはいえ、ＥＳＧ投資に取り組めば、これまで以上に高い投資収益率を得られるのかどうか、必ずしも明らかではない。実際、ＧＰＩＦによるＥＳＧ投資の場合、まだ一年間とはいえ、採用したＥＳＧ指数の投資収益率が市場平均よりも劣っている。この点は、ＧＰＩＦ「平成二九年度ＥＳＧ活動報告」（二〇一八年八月）三一頁に示されている。

では、ESGはあだ花なのか。以下では、最初にESGとは何か、その本質や効果を考えたい。その後、GPIFのESG投資ではなく、別のESG評価に基づき、ESG投資を分析したものがあるので、それを紹介したい。

(1) EとSとGの相互の関係

ESGの概念や目的は企業だけでは完結しない。国の役割にも目配せすることが大事である。とはいえ、現在の議論の対象は主に企業なので、本稿でもその流れに従う。

このESGと並んで、二〇一五年九月の国連サミットで採択されたSDGs（sustainable development goals＝持続可能な開発目標）も議論されている。企業がSDGsの一翼を担う場面もあるだろうが、こちらは国の役割がメインである。企業とすれば、EとSに関する目標を作る過程で、SDGsを参照することが合目的的だろう。

ESGもしくはSDGsに関して、まずイメージすべきことがある。それは、ESGやSDGsが「天から降ってきた」ことである。GPIFや国連という天である。おかげで多くの企業が急に真剣になり、ESGに取り組むようになったわけだが、これに関して、もう一つの卑近な例がある。二〇一一年の東日本大震災後の節電である。

社長や取締役会がESGの重要性を多少理解していたとしても、ESGに役立つ提案が下から上がってきた場合、それが社内での共通の目標となるには多くの壁がある。共通の目標になるとしても、時間がかかるだろう。逆に、社長もしくは取締役会が、「これだ」と提案というか命令をすれば、そして部下がその提案の具体化に真剣かどうかを社長や取締役会が定期的にウォッチすれば、時間を要することなくＥＳＧが社内での共通の目標となる。また、個々の具体的対応に整合性が生まれる。

別の角度から考えれば、ＥＳＧには序列がある。つまり、社長や取締役会というＧがあり、それらが経営方針を組み立てるプロセスの中で、ＥとＳが具体化されていく。

とすれば、社長が部下にＥＳＧを考えろと単純に命令するだけでは、表面だけで終わりかねない。社長として、ＥとＳに関して具体的なアイデアやコンセプトを持つこと、Ｇに関して改善すべき点を指摘すること、以上が重要である。つまり、経営トップ層がＥＳＧの推進役として機能しなければならない。

ついでに書いておくと、国としてのＳＤＧｓも同様である。行政が、そして行政のトップが推進役である。推進するために、必要であれば法律をはじめとする制度を積極的かつ整合的に変えなければならない。

(2) 企業の目的と対価

推進役のことはともかくとして、企業が正しくＥＳＧを遂行するには、最初に「企業とは何なのか、その目的や役割」をしっかりとイメージしておくことが望ましい。

企業とは、事業を遂行することで、必要十分な付加価値を生み出す組織である。必要十分な付加価値を生み出すには、顕在化しているか潜在的かはともかくとして、社会の要請に応えなければならない。取引先、消費者、地域などを意識しなければならないということである。

根底にあるのは、企業が生み出す付加価値とは、企業の社会的活動に対する対価だという事実である。こうして生み出された付加価値から、必要十分な賃金を支払い、資金の貸し手には本来の金利を支払い、株主に十分な投資収益（配当と、成長による株価上昇）を提供することになる。

事業を推進するのが経営者である。自動車にたとえれば、経営者はエンジンとハンドルだろう。経営者はナビゲーションやブレーキの役割も担うが、主たる役割がエンジンと舵取りだという意味である。

とはいえ、事業を遂行するには多くの落とし穴が待っている。いわゆるリスクである。そのリスクに対して事前に、ある場合は事後的に備えるため、ガバナンス体制を整えなければならない。現時点において、ガバナンス体制の視点は、法令は当然として、ESGにも重点が置かれつつある。

ガバナンス体制のコアは取締役会だが、その他、リスク管理、内部統制などの補助的組織がないと、取締役会だけでは機能しない。このガバナンス体制の主な役割はナビゲーションとブレーキである。

では、経営者（代表としての社長）と取締役会のどちらが重要であり影響力が大きいのか。当然、経営者である。取締役会をはじめとしてガバナンス体制に関する方針を決めるのも、その方針の中で取締役などの候補者を一次選定するのも、多くは経営者の役割である。

この意味で、経営者が長期的、定量的な企業業績を決定づける。先に経営トップ層がESGの推進役として機能すべきだと述べた。これらを併せて考えると、投資家として、経営者との面談を含めて、企業の定性的な評価に努めることが重要だといえる。

経営者に頻繁に会えないとしても、部下と会って議論し、観察すれば、その背後にある経営者の姿や姿勢が自ずと見えてくる。いわゆる企業文化（社風）の観察である。

反対に、企業と議論せず、公表されたデータだけで企業やESGを評価してしまうのでは、表面的な評価に終わり、無意味である。それどころか、弊害をもたらす恐れさえ多分にある。

好例が、ガバナンス体制において優等生とされた東芝である。形式の整え方は優等生だったが、それが実質的に機能していなかった。多くの投資家もその表面に騙された。

金融庁が策定したスチュワードシップ・コード（注5）において、「企業と投資家の建設的な対話」が強調されている点は正しい。この対話をESGにまで広げないといけない。

以上をまとめ、図示したのが図表9である。

(3)　ESGと企業経営の関係

繰り返しになるが、経営者（代表としての社長）が、その企業としてのEやSを形作る。またGにも経営者の意向が強く反映される。つまりESGの要が経営者にあると表現できる。

では、ESGによって経営者は何を狙うのか。また、狙うべきなのか。結論は、少なくともEやSの長期的な効果である。Gについても、短期的な効果もあり得るだろうが、やはり長期的な効果がポ

図表7-9｜企業組織と外部との関係

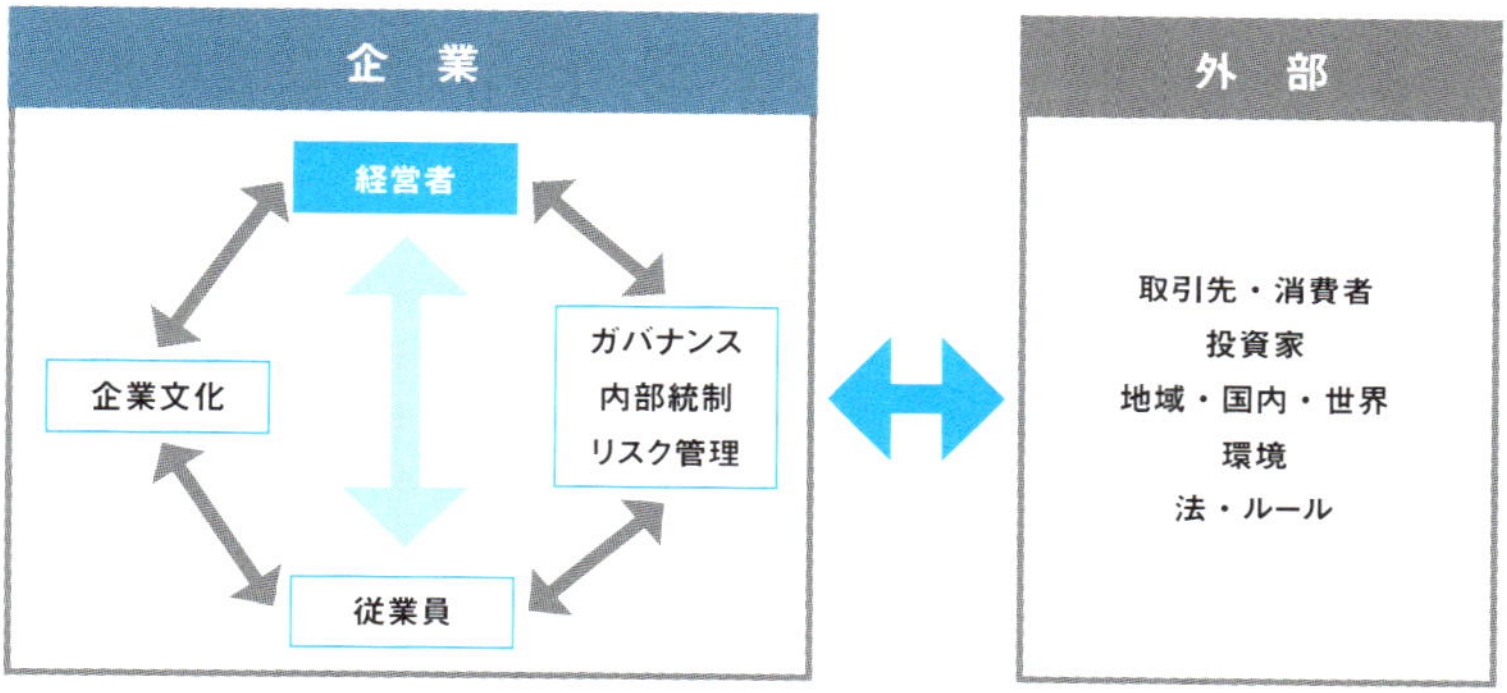

出所：筆者作成。

イントだろう。

少し別角度から考えれば、経営者が率先してESGに取り組むのであれば、社風がいい方向に変化していく。その効果が企業の事業活動に影響を与え、企業の価値を高めると考えていい。

ESGをコスト要因だと考える向きもある。たとえば、ガバナンス体制を強化するために社外取締役を選び出し、さらには内部管理体制を強化するには、追加のコストが当然必要になる。ここで考えないといけないのは、これらのESGへの注力がどの程度の効果をもたらし、企業の利益水準を高め、もしくは企業価値を高めるのかである。

そこで、具体的に何がどのようにして企業価値に作用

（注5）二〇一〇年、イギリスにおいて示された指針（ガイダンス）であり、金融機関や機関投資家のあるべき姿を規定している。金融機関が投資先企業のコーポレートガバナンスへの取り組みを十分に行わなかったことでリーマンショックの影響を強く受け、金融危機を招いたとの反省がある。日本のスチュワードシップ・コードはイギリスを手本とし、安倍内閣の成長戦略の一環として二〇一四年に策定、公表された。

図表7-10 ｜ ESGがもたらす企業価値向上の経路

	利益の向上	リスクの軽減
ガバナンス	優れた後継者の選出	経営陣の独善の排除
	優れた判断の支援、方向感	リスク監視、評価、対応の強化
環境・社会	社会ニーズの先取り	不祥事の回避
	企業ブランドの向上	（企業ブランド毀損の回避）
	人材の確保	（人材流出の回避）
	投資家の信頼獲得	（投資家の離反回避）

出所：筆者作成。

するのかを考えてみた。ＥＳＧと企業価値との間には、いろいろな経路が想定できる。その経路を、とりあえずは利益の向上とリスクの軽減とに分けて考えると、理解がしやすいだろう。

図表10には、その考えられる経路を書き出した。いずれも大まかであることを断っておく。また、形式だけではなく、実質的にＥＳＧに取り組んだとの前提に立っている。

この図表のようにまとめると、ＥＳＧの本来の効果が長期的なものであると理解できるだろう。ＥＳＧへの取り組みが短期的に話題となり、株価が上昇することを否定しない。しかし、実態が伴わなければ、いずれ上昇した株価は剥げる。

いずれにしても、短期的な効果だけを狙ってＥＳＧに取り組むのは本末転倒である。ＳＤＧｓに「sustainable ＝ 持続可能な」とあるように、ＥＳＧの狙いも、企業の長期的な存続に置く必要がある。

企業にとっての長期的な存続とは、単純に生き延びることを意味しない。相対的な地位を保持し、むしろ向上させていないと意味がない。

(4) ＥＳＧデータを用いた投資分析

ＥＳＧは株式投資の収益率と関係するのだろうか。ＥＳＧ調査に基づく投資信託など、ファンドの株式投資に関してさまざまな実証分析がなされている。その結果には、ＥＳＧ投資の効果を認めるものと、認めないものとが混在している。

先に示した図表10を正しいとするのであれば、ＥＳＧに基づく株式投資には長期的な効果があってしかるべきである。他方、歴然とした効果が認められないのが現実だとすれば、その要因として、次のものが考えられる。

①ファンドの場合、ＥＳＧ調査だけで投資をしているわけでなく、ファンドマネジャーなどの判断も入っている。このＥＳＧ以外の要素に基づく判断がノイズとなっている。

②分析の方法が、長期の効果ではなく、短期的な株式投資への効果に重点が置かれている可能性がある。

③表面的な（すなわち企業訪問などを実施しない）ＥＳＧ調査の場合、株式投資に対する効果があまり期待できない。

④そもそもＥＳＧの調査と株式投資の収益率とは直接的な関係がない。

そこで、ＥＳＧの調査結果と株式投資の長期パフォーマンスとの直接的な関係を分析することにした。それも、企業訪問などを交えた調査データが必須となる。

ESG調査データとして、株式会社グッドバンカー（筑紫みずえ社長）のものを利用させてもらった。グッドバンカーは日本初のESG専門の調査会社であり、一九九八年七月に設立された。二〇年間という長期間のデータと知見が集積している。

グッドバンカーのESG調査の方法を簡単に紹介しておく。

ESGに関する基本的なデータや情報は、企業の公表データ、企業に対するアンケート調査、マスコミ情報で形成される。これらに加え、不足するデータを得たいか、企業の生の声を聞いたほうがいい場合、電話、訪問、周辺調査などを用いる。こうして、数値データや定性情報を収集している。

得られたデータや情報を、アナリストが分析し、点数と格付けを付与し、その結果を格付評価委員会に諮る。この委員会には複数の外部専門家が参加し、多角的な議論を行い、ESGに関する企業の点数と格付けを最終決定する。このようにして決定された点数、格付け、これらに関するコメントは、契約に基づいて機関投資家に提供される。

以上のグットバンカーのデータを使わせてもらい、青山学院大学の白須洋子教授と共同研究している。この分析は定期的に行っていて、その分析を通じ、グッドバンカーのデータの有用性を検証しつつ、一方で企業のESGへの取り組みの変遷を把握しようとしている。

図表11は、二〇一〇年当時のEに関する分析結果である。

これによれば、Eの場合、その点数（高いほどEへの取り組みが高い）は一年後というよりも、三、

図表7-11 ｜ 環境(E)に関する調査結果と株式投資収益率

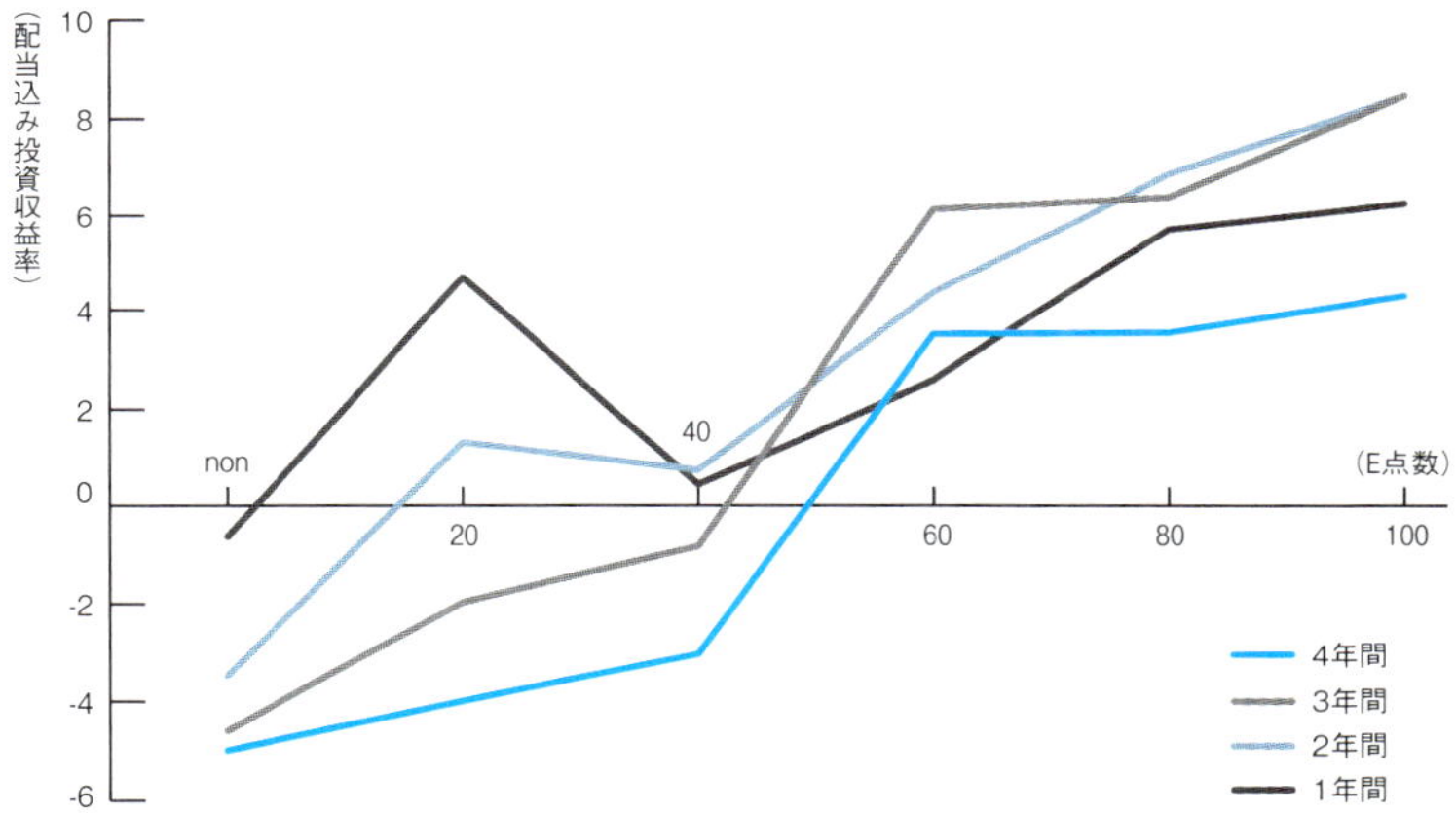

出所：グッドバンカーのデータ、QUICK社Astramanagerのデータに基づき青山学院大学・白須洋子氏作成(2010年)。

四年後の株式投資収益率と関係が深い。なお、SとGについて、当時は長期間のデータが揃っていなかったので、長期投資収益率に与える影響を分析しなかった。

同様の分析を、二〇一四年度までのESGデータを用いて行っている。概略、EとSに関して、二〇一〇年当時と同じ結果が得られている。すなわち、一年後には効果が出ないものの、二年目以降、五年目前後に大きな効果が得られる。他方、Gの効果は明確ではなかった。

ESGデータと株式投資との関係を研究論文とするために、現在もさまざまな角度からの分析を追加で行っている。

現時点において、進行中の分析でわかっているのは、一つに、Eの効果がどうも薄れていることである。Eに取り組む企業が多いからかもしれない。もう一つは、Ｅとの比較でＳの効果が強い。これらの点について、できれば二〇一八年までのＥＳＧデータを用いて追加分析をしたいと考えている。

以上から、ＥＳＧ調査と株式投資との関係について、次のことがいえる。

一つに、ＥとＳに関しては短期的な効果はないものの、五年前後をピークとした効果がある。一般的に行われている分析において、ＥＳＧの効果に関する明確な結論が得られていないのは、用いたデータが良くないと考えられる。

二つに、企業はＥＳＧへの取り組みに短期的な効果を期待してはいけない。あくまでもＥＳＧは長期を見据えた取り組みが本筋である。

三つに、ＥＳＧ調査の質に関して、公表データだけを用いるのは望ましくなく、それでは表面的な調査に終わってしまう。企業訪問も含め、定性的な評価を行わないと本物の調査ではない。

もう少しいえば、ＥＳＧにおいて公表データだけで十分だと主張するのでは、スチュワードシップ・コードが対話を求めているのに、それとＥＳＧ調査は別物と言わんばかりの過信を主張に感じてしまう。

結語

本章では、日本の株式市場を主な対象として、長期投資の意義と、その方法を考えてみた。長期投資が望ましいものの、日本を取り巻く経済環境からすれば、投資する企業を選別すべきだというのが結論である。

では、どのような企業を選び、投資すべきなのか。残念ながら、日本市場の大企業に投資したのでは成果が得られない。

独自性の高い企業を選び出す必要がありそうだ。

この観点からすれば、京都企業の事業スタイルが参考となりそうである。それは独自性の追求である。もっとも、京都企業にも物足りなさがある。事業分野がニッチであり、また製造に重点が置かれているため、グーグルやアマゾンのような大きなプラットフォームを作り出せていない。

長期投資の観点から、人気のＥＳＧ投資には効果がありそうである。とはいえ、ＥＳＧに関する調査の性格には十分な注意が求められる。

この点に関して詳しくは述べなかったが、ＥＳＧの効果が、他の要素（たとえば財務的な要素）がもたらす効果よりも大きいとは言い難い。ＥＳＧとは、あくまでも社風に大きく関係する要素かもしれない。

社風だから長期に効くともいえるし、純粋にEやSとして効果を発揮するというよりは、結局のところ製品やサービスの質やブランド価値、つまり価格に反映するのかもしれない。

ＥＳＧデータの分析においてGの効果が明確でなかった。このことは、Gの中で最重要に近い社風という要素が、表面的な公表データからもっとも遠いことを示唆している。

いずれにせよ長期投資においては、流行に流されず、冷静かつ理論的に市場と企業を観察することが求められている。

これはいつの時代にあっても真実である。

【執筆協力】

岡島翔士郎（おかじま・しょうじろう）

農林中金バリューインベストメンツ株式会社　企業投資部　シニア・リサーチ・アナリスト
北海道大学法学部卒業、公益社団法人日本証券アナリスト協会検定会員。
2007年農林中央金庫入庫。オルタナティブ投資、事業法人融資等に従事した後、2014年より農林中金バリューインベストメンツに出向し、国内外企業の調査・分析業務を担当。

大福谷修平（おおふくたに・しゅうへい）

農林中金バリューインベストメンツ株式会社　企業投資部　リサーチ・アナリスト
東京大学経済学部卒業。
東京海上日動で債券投資、A.T.カーニーで経営戦略に関するコンサルティングに従事した後、2018年に農林中金バリューインベストメンツに入社。国内外企業の調査・分析業務を担当。

高島秀歩（たかしま・しゅうほ）

農林中金バリューインベストメンツ株式会社　企業投資部　アソシエイト
慶應義塾大学商学部卒業、公益社団法人日本証券アナリスト協会検定会員。
2013年農林中央金庫入庫。宇都宮支店にて事業法人融資等に従事した後、2016年に農林中金バリューインベストメンツに出向し、国内外企業の調査・分析業務を担当。

【編著】
川北英隆（かわきた・ひでたか）
京都大学名誉教授 投資研究教育ユニット代表・客員教授
財政制度等審議会委員、日本価値創造ERM学会会長、日本ファイナンス学会理事、みずほ証券社外取締役、あすかコーポレートアドバイザリー社外監査役等
京都大学経済学部卒業、博士（経済学）。日本生命保険相互会社（資金証券部長、取締役財務企画部長等）、中央大学、同志社大学を経て、現在に至る。

奥野一成（おくの・かずしげ）
農林中金バリューインベストメンツ株式会社 常務取締役（CIO）
京都大学法学部卒業、ロンドンビジネススクール、ファイナンス学修士（Master in Finance）修了。公益社団法人日本証券アナリスト協会検定会員
1992年日本長期信用銀行入行、事業法人融資、長銀証券・UBS証券にて債券トレーディング業務（東京・ロンドン）に従事。2003年に農林中央金庫へ転籍しオルタナティブ投資を担当した後、2007年より現在の原形となる「長期集中投資自己運用ファンド」を開始。

京都大学の経営学講義Ⅲ
経営者はいかにして、企業価値を高めているのか？
京都大学経済学部・人気講座完全聞き取りノート

2019 年 1 月 16 日　第 1 刷発行

編著 ―――――― 川北英隆・奥野一成
発行 ―――――― ダイヤモンド・ビジネス企画
〒 104-0028
東京都中央区八重洲 2-7-7 八重洲旭ビル 2 階
http://www.diamond-biz.co.jp/
電話 03-5205-7076（代表）
発売 ―――――― ダイヤモンド社
〒 150-8409　東京都渋谷区神宮前 6-12-17
http://www.diamond.co.jp/
電話 03-5778-7240（販売）

編集制作 ―――― 水早將
編集協力 ―――― 前田朋
撮影 ―――――― 原田康雄（グライド）
装丁 ―――――― 村岡志津加
本文ﾃﾞｻﾞｲﾝ・DTP ―― 村岡志津加
印刷・製本 ――― 中央精版印刷

©2019 The Norinchukin Value Investments Co.,Ltd.
ISBN 978-4-478-08457-1
落丁・乱丁本はお手数ですが小社営業局宛にお送りください。送料小社負担にてお取替えいたします。但し、古書店で購入されたものについてはお取替えできません。
無断転載・複製を禁ず
Printed in Japan